奈良武次とその時代

陸軍中枢・宮中を歩んだエリート軍人

波多野 勝 著

芙蓉書房出版

はじめに

奈良武次は明治・大正・昭和と日本陸軍の誕生から消滅まで、その栄枯盛衰の時代を生き抜いた軍人である。また号は、柏城と称する。

奈良の史料の存在はかなり前から知られていた。世に出るきっかけはマスコミの番組取材だった。その後、筆者と黒沢文貴氏が奈良家を訪問、史料を確認、その後膨大かつ重要な「日記」などの整理には多くの研究者が関わることになった。そして諸般の事情でまず大正時代を中心に研究が優先されることになった。気がかりだったのは、出版された「日記」や「回顧録」がすべてではなく、残された史料（「メモ」など）にも多くの情報がはいっていることだった。

「日記」は発刊部数の問題、さらに紙面的制約もあり、彼の宮中勤務時代、つまり東宮武官長、侍従武官長時代を中心に『奈良武次日記・回顧録』*1として出版された。軍務局長時代は「奈良武次軍務局長日記」*2にも一部所収されている。また同史料を利用して多くの研究成果が出されてきた。だが現在、奈良の生きた時代、つまり全体像を知る伝記などはない。

奈良は、日清戦争では砲兵隊に従軍、日露戦争でもやはり砲兵隊として旅順攻防戦に参加、またドイツに留学、陸軍大臣の副官、支那駐屯軍司令官、青島守備軍参謀長、軍務局長を歴任、その後パリ講和会議陸軍代表、帰国後、宮中入りし、東宮武官長、昭和に入り侍従武官長を歴任して本庄繁に後任を譲った。これを見るだけで陸軍のエリート将校というだけでなく、日本政治外交の大きな節目に重要な任務についていたことが理解できる。従来、学界やマスコミでは宮中や昭和天皇の政治的役割を研究する志向が強く、それがために侍従武官長時代の史料分析が先行していた。

　しかし、彼の経歴を眺めると、日露戦争の旅順攻防戦、陸軍の官制改正問題、対華二一ヶ条要求問題、第三革命への関与、シベリア出兵問題、裕仁皇太子の初のヨーロッパ外遊への供奉など侍従武官長時代の前の職務でも、重大な政治課題において奈良は常に陸軍の幹部として渦中の人であったことも判明する。

　本書は、彼の生誕から軍人奈良の生活信条や時の政治課題の状況を吟味しながら、奈良の視点や彼を取り巻く陸軍の動きを中心に、奈良武次の生きた時代を「日記」、「回顧録」は当然だが、外務省外交史料館や防衛省防衛研究所戦史部（現、戦史研究センター）図書館の史料を活用して、奈良の軍人生活時代、特に大正から昭和初期を中心に振り返るものである。このため、現役引退後、特に枢密顧問官時代や浪人時代はできるだけ簡略し詳細は「回顧録」に委ねることにする。

　なお引用は「日記」と「回顧録」を中心にしているのでこの部分はあえて註を記していない。本文中の註は、最小限の文献にとどめ、「日本外交文書」は「外文」と略記し頁数を省略するなどできるだけ簡潔にしたことを予めお断りする。

1　波多野澄雄、黒澤文貴代表編集『奈良武次日記・回顧録』全四巻（柏書房、一九九九年）。

2　黒澤文貴「奈良武次軍務局長日記」（『東京女子大学紀要論集』第五三巻一・二号、二〇〇二年・二〇〇三年）。

奈良武次とその時代●目次

第１章
☆青年将校時代

砲兵将校への道

奈良武次(たけじ)は慶応四（一八六八）年四月六日、会津戦争の真最中、下野国都賀郡南摩村（現、栃木県鹿沼市）に父彦一郎、母フミのもとに生れた。六歳の時から寺子屋で手習いを始めたが、まもなく学制が始まり新しく小学校に入学、兄の彦作と共に模範生だったため飛び級で進級し、兄と同学年となった。武次の他に弟の善作、妹にサツという三男一女の兄弟だった。

さて卒業は武次が一位、兄が二位という秀才ぶりだった。伯父の井出善明は奈良武次の秀才ぶりを見抜き、養子にしたいと何度も奈良宅を訪ねて願いを伝えて、一度はまとまった。しかし後日、井出家に男子が生まれ、この件は立ち消えとなった。それでも教育については井出の支弁があった。その後、奈良は栃木県の中学、師範学校に入学したが、さらに東京に出て勉学することになった。東京在住の井出が東京での勉学をすすめ、明治一七年五月上京、伯父宅に奇寓した。井出は武士の家に生まれ素養もあり、徳望もある人格者だった。

上京した奈良は本郷にある私塾の進文学舎に入学した。同校は東京帝国大学の予備門的な学校で、漢学、洋学に分かれており、坪内逍遥や高田早苗が英語を教え、宮武外骨、池田成彬、森鷗外ら後の著名人が多く学んだ。試験では奈良は良い成績を残し、その後法律を学ぼうとしたが、司法省法律学校が生徒募集を中止したため、悩んだ結果、陸軍士官学校に入学することとなった。明治一九年八月のことだった。これが奈良の運命を変えることになる。彼はそれまでの伯父の熱心な世話に感謝の気持ちを何度も「回顧録」に記している。

ところで明治一八（一八八五）年、日本陸軍はドイツに倣い陸軍大学校を創設した。ドイツからやってきたメッケル少佐の指導の下で、明治二〇年士官候補生制度が制定され、士官編成も大きく改正されていた。だが、幕末にフランスの軍事顧問団を招いて兵制を導入した名残がまだ生きており、メッケルが指導力を発揮するまで陸軍はフランス方式だった。陸軍幼年学校では教官はほとんどフランス人、用語もフランス語という極端な時代があった。メッケルは、新しい方式を取り入れ、将校は原隊で隊付を経験させることに重点をおいた。少尉任官後も原隊で勤務することが、原隊での将校団の一体感を持ち込む意味でも大きな役割を果たしたといえよう。このあたりは、林三郎氏の『参謀教育―メッケルと日本陸軍』*1を参照されたい。

林三郎氏は、終戦時に阿南惟幾陸相の秘書官を務めた高級将校である。終戦後は外務省の東欧課長を歴任した。一九八〇年のことである。林氏は、防衛研究所戦史部図書館でメッケルの研究をされていた。閲覧室と書庫を自由に出入りされおり、当時まだ昭和の陸軍高官に門外漢だった筆者は紹介されて初めて彼の履歴を知ることになった。筆者が竹下勇海軍大将の関係史料を調査していたときだった。何度も閲覧室で同席した林氏は、縁戚の誉田甚八大佐の「日露戦争感想録」*2を紹介された。さらに井口省吾大将の「日記」の存在を教示され、筆者が日露戦争研究に入るきっかけとなったことは記憶に新しい。陸軍軍人として過去の戦争に自身が向き合った貴重な高潔な高級将校だった感がある。

本来ならインタビューなど貴重な話を伺うチャンスだったが、むしろ前述の御著書を後に拝領するという貴重な体験をすることになった。これを機に、井口省吾大将のご遺族とお会いすることとなり、『日露戦争と井口省吾』、長岡外史についても『長岡外史関係文書　回顧録』、『長岡外史関係文書　書簡・書類編』*3を出版するきっかけにもなった。

当時、もう一人戦史部図書館でよくお会いした研究者が秦郁彦氏である。秦氏はそのころ、軍人の生没、経歴を精力的かつ詳細に調べられており、日露戦争研究を始めた筆者に暖かいアドバイスをいただいた。調査の成果は『日本陸海軍総合事典』（東京大学出版会）となって広く研究者や識者の必須文献となったことはいうまでもない。また、一九五六年大蔵省に入省した秦氏の同期に大橋宗夫氏がいる。父親は大橋武夫氏である。浜口雄幸の四女富士と結婚、長男が宗夫氏である。大橋武夫氏は島根県選出の衆議院議員で、労働、運輸大臣を歴任した。この大橋家については後述する。

さて、黒船来航以来、外敵は海からという意識があった明治政府は、当初海軍拡充を重視して海主陸従の路線を敷いた。外国からの侵入を防ぐには、海軍強化は当然だった。だが明治維新後、しばらくして陸主海従に転換していく。萩の乱、神風連の乱、西南戦争など国内の反乱への対応に忙殺され、海外からの侵攻という危険意識が低下したため、国内治安を優先させる陸軍の充実につながったからである。その後、陸軍の強化は当時のドイツ陸軍の強化策の導入になる。

ドイツ陸軍の参謀本部が送り込んだのが、お雇い外国人の一人メッケル少佐だった。彼は陸軍大学校の教官となり、参謀将校の養成に尽力することになる。ドイツ兵制の導入でメッケルの指導は厳しくなった。メッケル少佐が重視した参謀演習旅行は、敵軍の上陸・侵攻を阻止するような、つまり国土防衛の思想があった。それが、海岸砲台や要塞の建設につながったのである。奈良が砲兵を目指したのは、こうした歴史的経緯を学んでいたからであろう。今日的な発想で言えば専守防衛である。つまり陸軍には外征など全く想定外だったのである。参謀本部については『日本の参謀本部』などを参照されたい＊4。

奈良は勉学ではかなり秀でており、士官学校在学中、第一学年では三番、第二学年では首席だった。旧一一期生の同期には菊池慎之介がいる。奈良が入学した士官学校の校長は曽我祐準中将、次長は大島義昌大佐だった。

曽我は柳河藩士で、長崎で砲術を学び、イギリス商人のトーマス・グラバーの援助で上海やシンガポールへ航海した経験があった。函館戦争、西南戦争で功績をあげ、竹橋事件では校長として戸山学校生を派遣して皇居を守った。陸軍内では、山県有朋などの藩閥に対抗する反主流で、後に陸軍改革で対立して軍籍を離れた。

この当時一年次はすべてが歩兵生徒として教育され、年末の試験で専門教育が受けられるシステムになっていた。幾何学、力学、化学、地学、代数学を学んだ。因みに、彼が望む砲兵科は乗馬訓練が必要なため、第二年次は騎兵生徒と合同で乗馬教育を受けることとなった。第三年次では砲兵科教育を受けたが、歩兵と工兵は技術上の学識が必要とされ、なおかつ卒業後は特科（砲工兵の略）生徒として少尉のままさらに三年在校、当然俸給も他より月額三円多く、進級も他の兵科より早く、奈良も希望して選抜されて砲兵科に進級した。

ところが、明治二〇年から陸軍の教育方針が従来のフランス式からドイツ式に変更された。士官学校の校長も寺内正毅大佐となった。奈良は二二年七月に卒業した。彼は若いころをふり返って、父母は正直有徳の人で、伯父に対しては教養あり人格者で徳望もあり、士族としては温厚すぎると思うほどだったという。いつも奈良のことを心配し、もし伯父がいなければ「立身出世の基を開くことも出来なかったと思ふ」と率直に「回顧録」に残している。

卒業式では天皇の臨席もあり、奈良は優等生として銀時計を下賜された。ところが、卒業式の予行演習のとき障害で奈良はあやまって落馬、足を骨折して入院した。そのため奈良は栄えある式には出席できなかった。奈良は卒業後、天皇に直隷する、明治五年創設の近衛都督の近衛砲兵連隊に配属された。連隊長は村井長實大佐、近衛都督は小松宮彰仁親王だった。近衛兵は宮城守衛が任務で、士官学校卒業生はまだ慣れていないため直ちには配属されず、一年余り他の師団で配属の後、経験者から選抜して転属するのが慣例になっていた。

しかし、士官候補生制度創設と共に、この慣例を破って奈良は近衛砲兵連隊に候補生で入隊することになった。当時はまだ近衛師団ではなかったが、宮城護衛の主要任務のため苦労したのが教練での演習行軍だった。その後、奈良は千葉県市川市の要塞砲兵幹部練習所（明治二二年設置、二九年陸軍要塞砲兵射撃学校に変更）に入り砲兵将校として教育を受けた。明治二四年一月淡路島の由良要塞などの見学を経て、五月二四日、要塞砲兵第四連隊第一大隊（下関）に配属となった。由良は現在の洲本市である。同地に要塞司令部がおかれ、大阪湾に侵入する敵艦船を迎撃する要塞として建設された生石山砲台など三つの砲台、三つの角堡塁があった。当時の戦略が専守防衛であったことがわかる。今もこの要塞の跡地は記念に残されている。

明治二〇年代、朝鮮半島問題で清国との対立が深まるなか、日本は北洋艦隊の来襲に備えるため対馬、下関、由良の要塞を建設した。だが要塞砲の設置が間に合わなかった。大阪砲兵工廠で大口径要塞砲を生産するのはこの頃からである。明治二二年三月由良要塞の工事は着工され、二九年基地開設、三六年五月に鳴門要塞と合併した。砲兵の教育は増えていたが、肝心の要塞砲などが完全に自前で生産できず、国内でも砲の製造が順調ではなかった。奈良は要塞の強化の過程に遭遇する稀有な将校の一人となった。

当初要塞砲は、イタリア人砲兵将校の技術指導でイタリア式砲を生産していた。日露戦争前後はフランス式へ転換、結局明治時代の大型口径は、フランスやドイツから買うことになった。戦史部図書館の「明治一五年軍事日記」、「明治一七年大日記」*5などにイタリア陸軍側との接触を示す書類がある。また、お雇い外国人としてイタリアの砲兵将校を招聘していることが確認できる。日露大戦時の二八珊榴弾砲はイタリア製を参考にして大阪砲兵工廠で造ったものである。

これを見ると、明治一八年ころ伊軍からボンベオグリ少佐を招き、山砲車台や野砲車台などの製造に尽力していたことがわかる。またその後、ブラチヤナリー少佐が来日、従来の多数の砲弾を発射するやり方を止めて、新たに弾道学を学び側遠機も発明、射撃練習が大きく変わり始めていた。お雇い外国人の教えが兵法に大きく関わる変革の時代だった。だが砲の製造については、技術導入問題で相手国が二転三転していたようだ。

明治二〇年九月に着工した下関要塞は東京湾に次ぐ要塞で、二八年に完成した。瀬戸内海に外国の軍艦が進入する際これを監視する重要拠点だった。ところが、日清・日露戦争では現場で砲台が使用されることはなく、むしろ砲そのものが旅順に運ばれて使用されるという皮肉な結果になった。専守防衛ではなく外征になったからである。

このように、奈良が見た海岸防禦は「進歩遅々たりしも」、ようやく準備され始めてきた。整備が遅れていた要塞に奈良が赴任したころは一大隊のみが配置されていた。大隊長は松岡利治少佐、奈良は第一中隊附となった。中隊長は喜田精一大尉で、能力がすぐれ、多芸多能、名利に執着せず剛情の人物だったようだ。それがためにかえって進級が遅く、士官一期生にもかかわらず、まだ大尉だった。だが、人物として「学ぶ所ありし」と評価している。

明治一九（一八八六）年八月、丁汝昌提督率いる四隻の清国北洋艦隊が来航した。明らかに日本への威嚇を意識した来航だった。艦隊乗組員は、八月一三日、長崎に上陸し、市中で飲酒、一部が暴行など傍若無人の行動をおこし、巡査に逮捕されるという事件が発生した。長崎県の知事は艦隊側に水兵の上陸禁止の要請をしたが、再び一五日、数百名の水兵が上陸して騒動がおき、数十名の死傷者が出た。日本は当時四〇〇〇トン級の軍艦しか所有しておらず、定遠、鎮遠という七〇〇〇トン級の清国軍艦には対抗できない。その威力をまざまざとみせつけられたのである。

この事件については安岡昭男「明治一九年長崎清国水兵争闘事件」＊6にも紹介されている。日本政府は事件の再発を危惧し、当日下士官以外は下関市内に入るべからずとの命令を下した。日本としては北洋艦隊に威圧され手も足も出ない状況だった。奈良も下宿先から望遠鏡で田ノ浦に停泊する艦隊を見つめるだけだった。田ノ浦は、かつて長州藩がアメリカ商船ベンブローク号に対し攘夷を決行したいわゆる下関砲撃の地点でもある。いまや欧米の艦隊ではなく北洋艦隊が奈良の眼下に停泊していた。しかし、後の日清戦争における日本艦隊の大勝でこれら北洋艦隊は四分五裂となり「甲の強さは物よりも人であることを証明した」と記している。

その後、北洋艦隊は明治二四年六月、六隻で再び来航、その威容に日本はまた圧倒された。砲艦外交に煮え湯を飲まされた日本では、これを機に艦隊充実が叫ばれていくようになる。

日清戦争時代

明治二四年一二月、奈良は砲工学校高等科に入学するため再び東京に帰着した。在学中、奈良は隈部潜中佐から、今後は砲兵将校も大学で学ぶことが必要と陸軍大学校入学を勧められる。しかし、奈良は「全く意外のこと」と驚いた。

元来、要塞砲兵の戦術は来襲する敵艦への射撃であり、これさえ熟練すれば任務完了というムードがあった。このため要塞砲兵将校の陸大入学は不要との空気が砲兵科にはあり、奈良もそう考えていたのである。だが隈部中佐は、これから要塞も漸次整備され、司令部参謀を育てることが必要と彼を説得した。奈良の力量を高く評価していたようである。これも人生の分岐点だった。このように、奈良の栄達には、彼自身を高く評価する上司が常にそのときの部署にいたのである。

奈良は試験準備のため猛烈に勉強を始めた。明治二三年八月には塩原温泉の宿で保養を兼ねて勉学したが、同地で隈元義徳砲兵少佐、税所篤文砲兵少佐、伊地知幸介砲兵少佐らと同宿となり、知遇を得た。伯父の井出が健康を害したのもこのころだったが、九月に入ってから重態となり二五日、死去した。

明治二六（一八九三）年一月二四日、学年大試験がおこなわれ、フランス人の個人教師について準備していた奈良は成績優等だった。三月末、下関の隊附として出発するにあたって、同僚の世話で元文部省書記官、士族梅田義信の長女光子（明治六年生）と結婚することになった。戦史部図書館の資料では、結婚は明治二九（一八九四）年一一月二〇日になっている。梅田は文部省出身、横浜市長*7を歴任した名士だった。

川上操六参謀次長が来営したのはこの三月二四日だった。東アジアの諸国を視察する出張の途上に立ち寄ったのだった。川上は薩摩出身だったが、藩閥意識はそれほどなく、能力主義で、自身もまた二度の外遊をして兵制を研究、フランス方式をドイツ式に変え、陸軍の近代化に尽力した有能な軍人である。当時川上は「陸軍の明星」で「我陸軍を一身に担ふの観あり国民全体よりも大なる信頼を博し」ていたというから、陸軍内では大きな評価があったのだろう。

しかし、陸軍には長州閥の首領たる山県有朋が存在した。ほどなく山県と川上の確執が流布されるようにもなり、「識者を心配せしめたる」状況でもあった。

勉学に多忙となったころ、朝鮮で東学党の乱が発生した。明治二七年春から朝鮮には清国が出兵、日本も出兵した。その後、朝鮮の内政改革をめぐり日清両国は対立、ついに八月開戦、日清戦争となった。伊藤博文首相、陸奥宗光外相の戦争指導は、いわゆる政治指導であり、山県有朋らの率いる大陸遠征軍には政府のイニシアチブが浸透していたことはよく知られている。

かくして本格的な外征が始まった。六月二二日、参謀本部より東京湾及び下関要塞の臨時守備司令部編成の命が下った。一方、遠征軍は、第一軍司令官は山県有朋、配下に第三師団、第五師団、第二軍の司令官は大山巌、配下に第一師団、第二師団、騎兵第一大隊と第二大隊、そして野戦砲兵第一大隊と第二大隊、第三大隊、それを臨時徒歩砲兵連隊の和田由旧隊長が指導、第一大隊は豊島陽蔵、第二大隊は税所篤文が隊長になった。いずれも奈良の元々の上司だった。

この当時、参謀本部には攻勢計画はなく守勢作戦あるのみという状況だった。このため国防といえば内地の海岸を防禦することだった。当然、要塞砲兵が外征に従軍することなど「夢想だもせず」という理解だった。要塞砲兵の職務は敵艦攻撃が目的にある。これが敵要塞への攻撃となれば戦術も変わる。だが、この名誉に奈良たちは「驚喜」したという。

砲兵関係者内では議論噴出だった。つまり八月二日の砲兵会議では、三〇口径、二八口径珊米加農にドイツ製の火薬を応用する話が出ており、戦闘を目前にして使用する大砲及び砲弾で議論がなかなかまとまらなかった。一〇月一四日、奈良は広島大本営に呼び出され、第二軍の遼東上陸、旅順進撃に参加するため臨時徒歩砲兵連隊(三大隊)と臨時攻城廠を編成せよとの命令があった。いうまでもなく目的は旅順要塞の攻撃だった。

部隊は公用行李三〇個などを携行することになったが、一六日付電報の「臨時徒歩砲兵一連隊及臨時攻城砲廠列に要する運搬材料増加の件大本営に於いて確定相成り候」*8という文書を見ても、十分整えて出発をしたわけではない。連隊の第一大隊は東京湾要塞砲兵を、第二大隊は下関要塞砲兵をもって編成することになった。奈良中尉は第二大隊の副官になった。連隊長は村上猿三大尉、今井豊吉中尉だった。

ここから砲兵隊の難作業が始まった。あわただしい準備だった。これほどの砲が海を越えて大挙して大陸に運ばれるのは初めてだった。火砲、弾薬、砲床、築設材料等を内地で準備したがここでは交付せず、大陸の上陸地点に輸送、同地で交付するという乱暴な計画で大混乱のまま作業に入るというたいへんな事業だった。砲兵隊の外征を十分に準備していない不十分な体制だった。当然のことながら日清戦争という最初の外征で軍首脳も大混乱で、これが現場にも如実に反映されたことが理解できる。

編成を完了したのは一〇月二四日、まさに「兎も角」編成を終えたのである。同日山地元治率いる第一師団が花園口に上陸を開始しようとしたが、清国艦船の攻撃を恐れて、上陸地点の変更を余儀なくされた。本隊は金州近くで後続部隊と合流、一一月六日から攻撃が始まった。だが清国軍の抵抗は弱く、同日には金州は陥落した。上陸部隊は勢いに乗り大連に侵攻、七日には諸砲台を落とし、いよいよ旅順攻撃となった。

一方、奈良に課せられたのは砲兵隊による旅順攻撃だった。一一月九日、臨時攻城廠長となった和田由旧大佐（砲兵会議議長を歴任）は、奈良と共に一〇日、宇品を出航、下関で臨時徒歩砲兵連隊第二大隊が乗船した。一一月一一日、約一〇〇〇トンの木造船に乗り組んだ部隊は一五日、大連に到着した。すでに第二軍本隊は前進しており、急いで揚陸作業にかかり、二昼夜をかけて強行作業している。なにしろ各隊の大半の将校は、使用する攻城砲を見たこともない。それも分解して梱包したため、上陸地点でこれらを受け取り、図面を見ながら同地で組み立てるという「乱暴なる処置」だった。

奈良たちが上陸地点で準備している間に、清国軍の撤退は続き、これを追って野戦砲兵隊が進出し、案子山砲台、二竜山砲台などを次々と陥落させた。奈良の徒歩砲兵隊は必死に組み立てて前進し、二一日午前六時砲撃を開始した。そして午後四時には旅順は陥落した。なんと一日で旅順は陥落したのである。

奈良にすれば、戦闘は逐次攻撃状態となり「中途半端の勝利に甘んずる」ものだった。だが砲兵隊は労力が必要で、徴発の馬や轢き車などが思うように集まらず、予定の行動が取れず、やむなく人力で砲を運ぶこともあった。なかでも一二珊加農などは当初の予定では一日約六里の前進だったが、わずか二里の前進で馬を諦めて人力で引いたほどだった。歩兵の移動とは比べようもない馬力が必要とされた。機動化されていないこの時代の砲兵隊は、泥濘の道の移動に四苦八苦だった。兵站業務で最も苦労したところである。

大本営や第二軍は旅順攻略が難航すると読んでいた。だからこそ攻城砲兵使用が考えられたわけだが、戦闘が始まり清国軍の防備も不備とわかるや、砲兵隊の到着如何にかかわらず前線部隊には攻撃命令が出た。そして砲兵にも強行前進の命令が下った。この攻撃は統一性のないまま戦闘に入り、終結するという事態が続出した。結果としては成功だが、お粗末な攻撃でもあった。しかも清国軍に徹底抗戦する意思がなく、戦闘半ばにして敗走するケースが多く、遼東半島の占領作戦では、日本軍は労せずして同地を手中に収めた。この経験が日露戦争での予測を見誤らせたのである。

この間、疲労困憊した和田大佐が病気になり、一二月半ば本国に送還され、代わって豊島陽蔵が中佐進級で連隊長に昇進した。第二大隊はしばらく旅順市内に駐屯した。ただ旅順では掃討作戦で虐殺事件が発生していた。これは、清国兵が戦死した日本兵に対し、戦果として死体損壊をおこなって見せしめのようにしていたため、市内に突入した乃木軍配下の歩兵部隊が激昂して掃討作戦を遂行したという背景もあった。大山司令官は「文明」の戦闘を部隊に訓令していたが、現場ではすべてが厳格におこなわれていたわけではなかった。

明治政府が、アメリカと不平等条約改正交渉の最中でもあったため、伊藤首相は弁明に追われたことが知られている。

さて、砲兵隊の一部はさらに和泉丸に乗船し山東半島の威海衛攻略に向かった。部隊は栄城湾に上陸、清国軍の砲台を全て破壊し、二八年二月二四日、旅順に帰着した。日清戦争は奈良の初の実戦だったが、後の日露戦争とは想像もつかないほどの短期決戦だった。このため攻城砲兵隊として教訓を明確に勉強する戦闘ではなかったと思われる。旅順攻防戦が本格的におこなわれなかったことも日露戦争における苦難の攻防戦の一因といえる。少なくとも要塞砲の遠征は、特に運搬という点で学習したことは間違いない。

奈良にしてみれば元来要塞砲兵が外征するとは考えられず、自身が大隊副官の職で業務し、大混乱の中での準備だったことが辛い体験だった。各隊の使用する攻城砲は大半の各将校が見たこともない砲で、訓練もなく、これでよく勝利したというほどの状況だった。大混乱だった中での奈良の副官ぶりは評価されていた。

身軽な歩兵部隊と違い、重装備の砲兵隊だが、戦後参加将校からいくつかの意見書が出された。たとえば野戦砲第四連隊所属の古川岩太郎砲兵中尉は、二八年八月一三日の意見書「軍事上に関する意見」*９で、砲兵隊の任務等について、部隊の長途の行進で、材料の故障修理が激増、車輌に属する人員が不足して移動に時間がかかったこと、また寒暑が激しく病気患者になるものが増加、その上、道路が劣悪で行進が遅れたことを指摘している。他にも大八車の不足、現地の人夫が途中で逃亡して運搬がままならないこともあった。

補給、兵站の不備はこのとき十分経験したはずだった。旅順があまりに短時間で陥落したため行動予定に不備があったが、砲兵隊にも道路事情、病気の蔓延、砲の移動など様々な問題を提起した戦争だった。

帰国した七月、奈良は要塞砲兵監副官に転補、八月二三日、監軍部に着任した。兵監は塩屋方圀少将、高級副官山口勝少佐の配下に入った。塩屋（石川県出身）は西南戦争で砲兵第六大隊を率いて熊本鎮台に籠城している。明治二五年から陸軍大学校長に転じた。塩屋は欧州出張をおこなって「新知識を吸収し派手な交際家」と奈良は捉えている。また山口は士官学校卒業後イタリアに留学するなど新進気鋭の将校だった。同期に大島健一、岡市之助がいる。後年、山口勝の息子の山口一太郎中尉が二・二六事件に関与、有罪になっている。

奈良が見た二人は公平無私で、部下思いの上司だったという。山口は部隊に所属するという隊付経験を尊重していた。奈良は一〇月の由良要塞の大隊創設において大隊長に就任、その後副官として同地に在任、これによって中央の幹部と接触する機会が増えた。同年末に奈良は金鵄勲章を下賜された。

一方、伊藤内閣は下関で日清両国の交渉を始めたが、独仏露三国のいわゆる三国干渉があり、遼東半島を返還して下関講和条約を結んだ。この横槍によって国民の間に臥薪嘗胆がスローガンになったのはよく知られるところである。

戦争勃発により陸軍大学校入学を一時断念した奈良だったが、今回の戦争でも「大学出身者の有能ぶりは実証された」とする塩屋の推薦があり、奈良は受験候補者となった。二九年一二月二一日、奈良は参謀本部に呼び出され、晴れて陸大一三期生として入学した。同期生には、首席は後に関東軍司令官となった武藤信義、他に菅野尚一、森岡守成、稲垣三郎、高山公通などがいる。

この時の陸大校長は塚本勝嘉大佐、幹事は井口省吾砲兵大佐、奈良の担当教官の一人に歩兵少佐松川敏胤がいた。塚本大佐は日清戦争中、歩兵第六連隊長として出征、平壌や海城の戦いに参加した。井口、松川のコンビは日露戦争時の満州軍総司令部高級参謀である。

奈良は要塞砲兵副官の肩書きのまま入学した。戦術の勉学は多いが、隊付も経験、おりしも塩屋第二旅団長の部隊に所属し、厳しくも暖かい対応で学ぶところも多かった。塩屋はこのころの奈良の恩人というべき上司だった。士官学校で一位だった奈良だが、陸大では七位だった。学術試験だけではなく戦術実施、参謀旅行や人物の大胆機智頓才といった考査が加味されて判定されるため、このようなランクとなったわけである。

この種のシステムになじめない学生も存在した。因みに奈良と共に入学した同期生五〇人中、卒業した者は四〇名、また優等生上位六位までで中将・大将まで進級したのは三名、退校した者が一〇名。この数字は、軍人教育専門学校の厳しさを一面物語っている。

この間に明治三〇年一二月二五日、下関要塞砲兵連隊の中隊長に転補、明治三二年一二月二一日に成績第七位で卒業した。翌三三年四月一一日、奈良は参謀本部付となった。

当時の参謀総長は大山巌元帥、次長は寺内正毅中将、第一部長は伊地知幸介少将、第二部長は福島安正大佐、第三部長は上原勇作大佐、第四部長は東条英教大佐、第五部長は落合豊三郎大佐である。第一部は作戦面を、第二部は動員、第三部は情報、諜報、第四部は運輸、兵站、という業務である。奈良は第三部に配属された。上司は同じく砲兵出身の上原だった。ようやく落ち着く先が決まったと思った五月一七日、今度は陸軍省砲兵課長の命があった。

実はすでに砲兵課長村木雅美大佐より、奈良が「陸軍省砲兵課に必要」との申し出があり、次官と人事局長との間に了解が成立していた。だが全く同じころ参謀本部からも奈良を採用したいとの申し出があり、人事局がこれを認めて発令したのである。不服な村木砲兵課長は苦情を訴え、参謀本部と陸軍省合意の上で先約の陸軍省砲兵課に転職ということになった。まさに引く手あまたの感がある。

奈良としては、卒業後参本入りを望んでいただけにこの人事異動はショックだった。陸軍省としてもおりしも五月から軍務局砲兵課が再編され、課としても人材が欲しいこともあって引き下がらなかった。ついに寺内正毅次長に呼ばれ「貴下を陸軍省にやるのは不本意なるも、止むを得ざる要求もあり之に応じた次第」と辞令が伝えられた。上原第三部長からも同様の懇諭があった。

当時陸相は桂太郎、次官は中村雄次郎少将、軍務局長は木越安綱少将という布陣だった。桂は長州、中村、木越も長州閥である。長州閥が跋扈する陸軍の一時代だった。一方、砲兵課に配属された奈良は、戦訓からまず野戦要塞砲兵隊の編成や火砲の運用について調査を開始した。

清国派遣

明治三三年七月二五日、奈良は清国派遣を命じられた。日清戦争後、清国は混迷の度を加えた。すでに明治三二年から始まった義和団の乱は「扶清滅洋」をスローガンに北清一帯に拡大した。この勢いを見て、清朝の攘夷グループの勢いは増して明治三三年六月、列国に対し宣戦布告をおこない北清事変となった。列国はすぐさま居留民や公館を守るため出兵を決定、連合軍が派遣された。ほどなく北京の列国大公使館は義和団に包囲され、二ヶ月あまりの攻防戦が始まった。

蛇足だが、このとき北京の日本公使館で西徳次郎公使と共に籠城戦に奮闘した柴五郎中佐は内外に知られる軍人となった。彼もまた砲兵将校である。柴は会津生まれで、会津戦争で一族の多くが自刃し、敗戦後青森の斗南に移住、しかし、その後陸軍幼年学校、士官学校（陸士第三期、同期に上原勇作、内山小二郎、秋山好古）を経て陸軍砲兵大尉を皮切りに、台湾軍司令官となった大将である。昭和二〇年の敗戦まもなく自決を図り、それがもとで死去した。会津出身でありながら大将にまで昇進し、他方で会津戦争と第二次世界大戦と二度も「国」の敗戦を体験した稀有な陸軍将校だった。

さて、北京の状況を見た日英米仏露独などの列国は、連合軍を組織して出兵、日本からも第五師団が派遣されることになった。奈良は日本軍の出兵に際して日本軍用の金銀正貨輸送の護衛と北京攻城戦用に使用される可能性のある一二珊榴弾砲研究と攻城砲兵隊の進出という三つの任務を帯びて出発した。

七月二六日、奈良は宇品を出発、天津に到着した。日本軍は、一二珊榴弾砲四門を率いて野戦砲兵隊の一中隊が北清に入った。これは実戦には間に合わなかったが、攻城砲兵隊を送り込む研究でもあった。すでに北京は八月一四日に連合軍により陥落し、各国の外交官は解放された。連合軍の一部は略奪を始め、故宮に押し入った部隊もあった。しかし日本軍の規律は守られ、各国の評判は高かったという。

そこで奈良は、目的を各国陸軍の装備見聞に変えた。これが奈良には大きな刺激になった。各国陸軍の装備の「威容」を見て圧倒された。なかでも川岸に並んだロシア軍の幕営には「其蛮勇を感じたり」と記しているところをみると、かなりの迫力だったであろうことは想像に難くない。

一方でロシア軍は、この事変に乗じて満州に入り居座った。連合国は清国と北京議定書を結び、多額の賠償金や利権を獲得して、清国を半植民地化していくことになる。さらに列国軍は北京の周辺に軍を駐留する権利を勝ち取った。これが天津の駐屯軍である。いわゆる清国駐屯軍、後に支那駐屯軍と名称が変わった。奈良も後に駐屯軍司令官になる。

一一月二日、奈良は早くも砲兵課付から軍事課付に異動となった*10。これは宇佐川一正軍事課長の要望ということだった。唐突だったが参謀官ということで砲兵課も承知したらしい。新たな出会いは一二月一五日だった。桂に代わって児玉源太郎が台湾総督兼任のまま陸相に就任したのである。児玉との出会いは衝撃的だった。

台湾総督を兼任していただけに、児玉の職務は超多忙だった。次官や局長まかせにせず、児玉は細かい仕事まで目を通した。次官に軍務局長を兼任させるという「少員多働」を信条としていた。陸軍省の歴史でも極めて稀な状況であった。余りに有能な上司につくと部下の仕事量は確実に増える。同課には岡市之助中佐、斎藤力三郎少佐、田辺元二郎大尉といった将校がいたが、実に折り合いも良く、奈良もまたここで軍政に関する知識を大いに学んだという。

児玉が陸相就任後、まもなく山口中佐が砲兵課長、井口省吾大佐は軍事課長に転任した。井口は日清戦争では第二軍の作戦参謀を務め、その後軍事課長、総務部長とエリートコースを歩んでいた。二人はいずれも砲兵課長を経験し、奈良の先輩になるわけだが、これは児玉陸相の「活動本位の選抜」人事だった。山口は要塞砲兵隊に挽馬を配属するという後の野戦砲兵隊編成の基礎を立案、井口は編制に通じており、その意味で陸軍省は大きく変わろうとしていた。

また児玉は諸事務の起案に際して、局課長を経て指示するのでは手間がかかるとして直接主任課員を呼んで指示し、そして児玉自身が筆を取って文章を修正加筆することがあった。奈良は児玉や山口について「頭脳明晰緻密にして英断」と激賞している。児玉にまつわるエピソードは枚挙にいとまがないが、歴代陸相では稀有なタイプで、実力主義の姿勢だったことがわかる。

北清が戦乱から収束に向かう中、厦門出兵事件が発生した。台湾総督府と海軍が連携した出兵作戦だった。日本政府は明治三一年、清国と結んだ福建省不割譲協定を高く評価して、イギリスやフランス同様、同地で日本の単独行動が許されると思っていた節もある。つまり同地での日本の優先的影響力を信じて、台湾総督府では対岸の厦門への侵攻を模索した。明治三三年の「斎藤実日記」*11 の巻末には、有事に対処する海軍陸戦隊の上陸作戦のメモがある。要するに、厦門に義和団の乱が波及した場合、協定に基づいて海軍陸戦隊、続いて台湾陸軍部隊が上陸する作戦だった。

ところが、義和団は、いっこうに福建省に波及せず、作戦の中心にあった総督府は焦慮した。後藤新平民政長官の「後藤新平日記」を見ると、後藤は厦門布教所の高松誓を台北に呼び出し、彼に資金を渡し、そのまま高松は厦門に戻り、下旬にその布教所で火事が発生し、それを合図に海軍陸戦隊が上陸した*12。しかし、義和団は福建省までは押し寄せておらず、結局有事にはならなかった。そこで焦った総督府が布教所の放火を命じていたと考えられる。

日本の動きを列国の領事が嗅ぎ付け、福州の日本領事から本省に不穏な動きの問い合わせがあり、また事件を知った伊藤博文が政府に抗議のため来訪したといわれている。このため斎藤海軍次官は出先艦船に「とにもかくにも撤退」を厳命し、事なきを得た。これが厦門事件である。この事件は謀略か否かで長い間議論されてきた。台湾総督府の発想からすればまさに謀略的要素は濃いが、海軍側から見れば、有事即応で、居留民保護のため陸戦隊上陸という通常の作戦の延長だった。つまり海軍は工作を知らなかったと思われる。いずれにせよ日清戦争後の台湾獲得に続く日本の南進政策の権益拡大工作のひとつである。

この事件は中途で列国からの非難が集中し、伊藤博文も政府を批判し、山県有朋首相や児玉源太郎総督や後藤新平台湾総督府民政長官にも非難が集中した。山県内閣は総辞職したが、児玉は辞職することはなかった。いや辞職する環境ではなかったといった方が正解であろう。

この時、事件を前に南進論の後藤が上京、対露強硬論という北進論を唱える貴族院議長近衛篤麿と会見した。これは非常に興味深い。近衛は北進論、後藤は南進論、結局両者は物別れに終わった。直後の厦門進攻の挫折により北進論に転換していくことになる。

またこの混乱の中で、孫文が中心となって恵州蜂起が発生した。おそらく、孫文は福建を日本軍が手中に収め、一方で孫文派が蜂起して、東と西で提携するつもりだったのだろう。だが、恵州事件はすぐ頓挫し、厦門事件は海軍陸戦隊や台湾総督府の部隊の撤退で南進政策と孫文革命が連携しなかった。このあたりは『近衛篤麿日記』や中村弥六の「布引丸秘録顛末」や『満蒙独立運動』*13を参照されたい。このように、当時の中国の政治変動は日本との関係が不可分だった。奈良も上級将校に昇進していくにつれて関わっていくことになる。

いずれにせよ、日本の南進論は挫折、朝鮮問題を中心に北進論に転じ、孫文の革命運動はしばらく中断した。山県内閣はこの事件後、ほどなく総辞職、後継の伊藤博文は、藩閥政治の限界を悟り立憲政友会を組織、三国干渉や厦門事件で列国の反発を受けたことを経験に第四次伊藤内閣を組織した。伊藤は外相に加藤高明を招き、国民同盟会や帝国党、憲政本党の対外硬運動を制し、政友会党員がみだりに外交問題について発言することを禁じた。伊藤は外交の第一人者として国際協調路線を明らかにして列国と渡り合った。政友会の協調路線はここにルーツを求めることが出来る。だが翌明治三四年六月、鉄道新規事業問題で閣内対立が生じ総辞職した。次いで第一桂太郎内閣が成立した。桂は、ドイツ留学後、山県の下で軍政を学び、陸軍次官、第三師団長、台湾総督、陸相などを歴任していた。

一方、陸軍省において軍政を勉学していた奈良は明治三四年一一月三日、砲兵少佐に進級、由良要塞連隊第四大隊長に転補した。小野田健二郎少佐の後任として赴任した彼が直面したのは綱紀粛正の問題だった。東京を出る前に、中村雄次郎軍務局長から、鳴門衛戍地の憲兵からの報告で軍紀に問題のあることを奈良は知らされていた。その報告とは、海岸線に孤立して配置されている要塞部隊の将校以下の軍紀が弛緩しているというもので、軍隊組織にあるまじき内容だった。前任者の小野田健二郎少佐が温厚で事務に徹した将校だったため見逃されていたのだろう。この改善が最初の仕事だった。

さっそく奈良は調査した。原因は芸妓相手の遊場にあった。そのうえ軍人の給料は高いと思いこんだ土地の者の対応にも問題はあった。奈良は正直に関係者に軍人の薄給を話し、将校には店への出入りを慎むよう厳命し、不良将校は容赦なく摘発するという姿勢に出た。その結果、半年で綱紀は粛正されたようだ。奈良の誠実さ、そしていざとなったら断固たる処置をとるという性格が表れている。

さらに翌三五年一月、鳴門要塞司令官の奈良に対し防御計画や将校育成の検閲があった。テーマは「将校の養成法に関する所見」だった。奈良は、在隊期間を短くして学校教育を充実する、将校候補者は精神教育が重要で幼年学校出身が良いこと、将校の外国語教育の充実、将校団教育での体育教育の充実などを答えた。

その後四月には小川又次師団長の検閲があり、大山元帥が立ち会った。奈良は質疑応答のために様々配慮し、同行した岡市之助中佐は、奈良の細やかな動きと注意深さに感服したと述べている。さらに六月には豊島陽蔵要塞砲兵監の検閲と続いた。豊島は明治八年陸軍士官学校に入学、一二年砲兵科を卒業し、その後大阪鎮台野戦砲兵第二大隊、教導団教官などを経て要塞砲兵第一連隊大隊長、要塞砲兵幹部教習所所長を歴任して日清戦争を迎えた。

この際、随行してきた副官山内存砲兵少佐からドイツ留学の話がもたらされた。「陸軍省日報・月報　明治二六年」を見ると、山内と奈良は砲工兵学校第二期の同期生である。その後、山内は広島陸軍兵器支長廠になっている。

しかし、奈良は専門がフランス語だったので驚きを隠せなかった。山内によると、ドイツ派遣は要塞砲兵射撃学校の仕事を習得するためで、帰国後は同校教官、さらに校長にしたいという話だった。将来を約束されるような奈良への評価だった。これを了解した奈良はドイツ留学を決意してドイツ語学習に必死に取り組んだ。八月には要塞砲兵射撃学校で一週間戦術や射撃を学んだ。

奈良にドイツ駐在の命が下ったのは明治三六（一九〇三）年二月九日のことである。「陸軍省大日記」には、小村寿太郎外相より寺内正毅陸相に対し「今般軍事研究のため独国駐在被仰付」*14 との文書がある。おりしも満州問題をめぐって日露対決が激化していたころだった。北清事変後、ロシアは露清密約などで満州への浸透を強め、旅順要塞を強化、鉄道も拡充していた。これに対し、伊藤博文は日露協調を主張、他方で日露対決を主張する者も多く、国論が沸騰していた。

明治三五年には日英同盟が締結され、日露協調論は影を潜めていた。一〇月、児玉は大山参謀総長の強い意向で大臣の座を降りて参謀次長に就任した。これは降格人事であり、陸軍ではまずありえないことだった。参謀本部で総務部長の職にあった井口少将は、奈良も記したように、参謀本部においても児玉の少数精鋭主義の猛烈な仕事ぶりを記している。陸軍は体制を整え始めていた。

一方、奈良は三月七日、横浜を出港するマルセイユ行きの阿波丸に乗船した。一九日香港、二六日シンガポール、四月四日コロンボ、二〇日ポートサイド、そして二六日マルセイユに上陸してパリに向かい、そこからドイツに入国した。

ドイツ留学から帰国

五月一日、奈良はベルリンのポツダム駅に到着した。同地には大井憲太郎（後に成元と改名）歩兵中佐、浄法寺五郎歩兵少佐、長尾駿郎砲兵少佐らが出迎え、さらにハノーバーに七日移動、ドイツ人宅で生活を始めた。鈴木貫太郎海軍少佐もしばし同宿しており、後に昭和に入り共に宮中で重職を担った二人がハノーバーで親しく出会っているのは興味深い。

一八八八年即位したウィルヘルム二世は、宰相ビスマルクを更迭して親政を始め、新航路政策という積極的な対外主義を実践してイギリスとの対立を煽っていた。ヨーロッパで急成長するドイツはフランスと共にロシアのシベリア政策を支援していた。特にシベリア鉄道の建設がその鍵を握っていた。三国干渉の当事国だったドイツでは、日本に対する感情はあまり良いものではなかった。

彼が一般家庭に下宿する一つの理由は語学研修のためだった。勉強のためフランス語を少し話せる女性教師と小学教師の二人の男性を家庭教師に招き勉強したが、家人との雑談や茶飲み話の会話が一番有効だったようである。夫妻、子供一人、召使一人という家庭のため生活習慣の中で会話が上達するからである。

健康にも細心の注意をはらう奈良だったが、なんといっても驚いたのはドイツ人たちの几帳面な風俗習慣だった。路上に泥酔者はおらず、服装が乱れて歩いている者もいない、妄りに喫煙せず、仕事中も喫煙をしない、銀行や郵便局、警察など公共施設の中はいたって静粛、知人に出会えば帽子を取って挨拶する、一日五度の食事（朝六時過ぎ起床、八時、一一時前、午後四～

五時、午後八時）、温食は昼で、あとは冷食、昼の休みは午後三時ごろまでと、現在からは想像もつかない生活ぶりだった。これが二〇世紀初頭のドイツ帝国だった。

シベリア鉄道敷設をめぐって独仏両国はロシアと連携しており、ロシアの極東進出、それも満州進出を容認していた。他方、日本に対する評価の低さもあり、日本人陸軍将校への信頼度はもうひとつだった。そのため留学将校も独軍の機密事項にはなかなか近づけなかったようだ。

ようやくハノーバー生活にも慣れたころ、日露開戦の風説がヨーロッパで伝わり始めた。日清戦争後、ロシアは露清密約などで旅順の要塞を強化し、鉄道を整備し、ロシアの満州権益は急速に拡大していた。これに対し日本国内では、伊藤博文に代表されるように日露協調を説く者もいたが、多くは三国干渉という苦い経験から臥薪嘗胆の声が高かった。

一九〇二年の日英同盟は明らかにロシアを意識したものだった。またこれに触発されるように、陸軍の田中義一、福田雅太郎、海軍の秋山真之、上泉徳弥*15、財部彪、外務省の山座園次郎、石井菊次郎らが新橋の湖月亭に参集し政府に対し対露強硬論を唱えた。彼らの多くが後年、中国第三革命に関与することになる。

これが湖月会、あるいは湖月組と戦後言われることになるグループである。彼らは外交について常に強硬論だったわけではない。ロシアの南下に危惧した軍部や外務省中堅層にあったナショナリズムが集約されたものだったということだろう。

一方、開戦七博士と言われた学者達が声高に開戦を唱え、さらに政治家や記者を中心に対露同志会という戦闘的なグループが誕生していた。日本ではまさに風雲急を告げていたのである。開戦となれば、海外の駐在将校にいつ帰国命令が発せられるかもしれない。開戦に対しドイツが「日本に好意を有するや否疑問」であり、隠密に行動することになった。ほどなく一二月二二日、岡市之助中佐、小池安之少佐、古海厳潮少佐ら第一陣グループがハノーバーからベルリン経由で帰国した。

明治三七年二月一四日の仁川沖会戦で日本側が勝利した直後、奈良に引き揚げ命令があった。これを受けて奈良は二〇日、ハノーバーを出発した。留学はこうして一年も満たないうちに中途終了することになった。ベルリンに移った奈良はロシア大使館から引き揚げて来た一行と遭遇した。ぐずぐずしている余裕はなかった。ドイツはロシアと友好関係にあり、帰朝に対しドイツ側から妨害が入るかもしれない。捕虜となる可能性もあるとの危惧もあり、日本人軍関係者は用心して数人のグループをいくつか作り、ともかく同盟国イギリスに渡ることになった。

二四日、河合操少佐、長尾駿郎少佐と共に出発、翌二五日、ロンドンに到着し奈良たちは胸をなでおろしている。ロンドンでは宇都宮太郎中佐、稲垣三郎中佐らの出迎えを受け、ヨーロッパ各地からの引揚武官と合流した。あらためて情報活動で残る将校と別れ、一行は多人数が一団となって三月二日、ロンドンからリバプールに移動、セルチュック号でニューヨークに向かうことになった。出港してまもなくクエンスタウンに寄港したが、そこでベルリンの大井中佐から乗船中の長尾少佐に対し、ストックホルムに行き明石元二郎中佐の指揮を受けるように命令があった。長尾は大いに当惑した顔をしてやむなく下船した。

明石はロシアを引き揚げてヨーロッパ各国を回り、ロシア情報、諜報活動に従事した将校である。レーニンなど様々な反体制グループに接触していただけにロシア当局の目は明石に注がれ、身辺は必ずしも安全とはいえなかった。後に日露戦争が終了し、本国より工作中止、帰朝の命を受けたとき、ロシア崩壊まで想定して工作していた明石は、無念の思いでヨーロッパを後にした。その時に「落花流水」を著したというのはあまりにも有名である。明石については「明石元二郎関係文書」*16、で紹介したが、情報将校だったためだろうか、このころの史料はほとんど残っていない。むしろロシア側でスパイ活動していたことが当地の史料で確認されている。

一行は三月一〇日ニューヨーク、そして大陸を横断、バンクーバーを経由して二一日エンプレス・オブ・インディア号に乗船、四月四日横浜に到着した。ドイツを出国して約一ヵ月、すでに旅順周辺では日本艦隊とロシアの旅順艦隊との攻防戦が始まり、何度も閉塞作戦が実施されていた。

1　林三郎『参謀教育―メッケルと日本陸軍』(芙蓉書房、一九八四年)。
2　誉田甚八大佐「日露戦争感想録」防衛省防衛研究所戦史研究センター所蔵。以下防研とする。
3　井口省吾文書研究会『日露戦争と井口省吾』(原書房、一九九四年)、長岡外史文書研究会編『長岡外史関係文書・回顧録編』(吉川弘文館、一九八九年)、同編『長岡外史　書簡・書類編』(吉川弘文館、一九八九年)。
4　大江志乃夫『日本の参謀本部』(中公新書、一九八五年)、また黒野耐『参謀本部と陸軍大学校』(講談社現代新書、二〇〇四年)参照。
5　「明治一五年軍事日記」(「明治一七年大日記」)防研。
6　安岡昭男「明治一九年長崎清国水兵争闘事件」(『法政大学文学部紀要』第三六号、一九九〇年)。
7　「奈良砲兵大尉結婚願の件」(「陸軍省大日記　弐大日記」明治二九年四月、防研)。また梅田義信は第三代の横浜市長で、横浜開港資料館に「梅田義信関係資料」が寄贈されている。

8 「軍務、経理局より臨時徒歩砲兵連隊用攻城砲廠縦列用運搬資材の件」（「陸軍省大日記　日清戦役」）防研。

9 古川岩太郎砲兵中尉「軍事上に関する意見」（「日清戦役」）防研。また日清戦争については、井上寿一『山県有朋と明治国家』（NHK出版、二〇一〇年）、岡本隆司『世界の中の日清韓関係史』（講談社選書メチエ、二〇〇八年）、斎藤聖二『日清戦争の軍事戦略』（芙蓉書房出版、二〇〇三年）、戸部良一『逆説の軍隊』（中央公論社、二〇〇七年）などを参照。

10 「要塞幹部演習参列員の件」（「陸軍省大日記」明治三三年）防研。

11 「斎藤実日記」明治三三年（「斎藤実関係文書」）国立国会図書館憲政資料室。以下憲政資料室とする。

12 「後藤新平日記」明治三三年（「後藤新平関係文書」）憲政資料室。

13 近衛篤麿日記刊行会編『近衛篤麿日記1〜5』（鹿島出版会、一九六八・九年）を参照。また中村の資料については、中村弥六「布引丸秘録顛末」（「梅屋庄吉関係文書」）や岡山県の犬養木堂記念館に所蔵されている。犬養書簡を鷲尾義直が保存し鷲尾家からここへ寄贈された書簡が、巻物に添付されて保存されている。また中村弥六が残した「布引丸秘録顛末」は、「梅屋庄吉関係文書」にも存在する。犬養が反論したと思われる赤字で文章の横に記してある。これをも見比べるだけでも、あの事件の真相に近づくことになるかもしれない。なお、中村の出身地高遠周辺では、この文書の縮刷版を確認することができた。孫文からの支援金が流用されたのかどうか、断定は難しいが、少なくとも防研の史料では、弾薬のみが払い下げされていることがわかる。また波多野勝『満蒙独立運動』（PHP新書、二〇〇一年）、同『近代東アジアの政治変動と日本外交』（慶応通信、一九九五年）、斎藤聖二『北清事変と日本軍』（芙蓉書房出版、二〇〇六年）参照。

14 「陸軍省大日記」明治三六年、防研。

15　湖月会については、田中義一、財部彪、福田雅太郎、井口省吾などが文献、史料を残している。「上泉徳弥関係文書」（上泉徳雄氏所蔵）。池井優・波多野勝・飯森明子「上泉徳弥関係資料及び解題」（『法学研究』第七二巻第一号、一九九九年一一月）。

16　日本政治外交史研究会「明石元二郎関係文書及解題」（『法学研究』第五九巻第九号、一九八五年九月）、及び「明石元二郎関係文書」（憲政資料室）、稲葉千晴『明石工作―謀略の日露戦争』（丸善ライブラリー、一九九五年）など参照。

第2章
☆日露戦争時代

日露戦争始まる

　奈良は帰国した明治三七年四月五日、参謀本部に出頭した。そして、佐藤綱次郎中佐から、近く第三軍が編成動員され、その下で攻城砲兵司令部が設置されることを知らされた。司令官は豊島少将、司令部長に佐藤中佐、その下で奈良少佐、吉田豊彦大尉という顔ぶれがそろった。

　五月二日、第三軍の編成動員の下令があった。軍司令官は乃木希典中将（まもなく大将）、参謀長は伊地知幸介少将である。伊地知は砲兵出身であり、第三軍は明らかに攻城戦を想定しての布陣だった。さらに参謀副長大庭二郎中佐等以下、留学生将校が第一、二軍にくらべて多い。

　日清戦争で容易に旅順が陥落したため、陸軍では早く陥落すると読んでの、いわばハク付けするための編成人事だったとも思われるが、奈良は顔ぶれを見て率直に「第一軍第二軍に比し稍劣弱の感あり、中央部旅順攻略を稍軽視せるにあらざるか」と記している。旅順を軽視はしていなかっただろうが、第一、第二軍の編成に比べ、第三軍の編成は旅順攻撃を考えると奈良の目にも安易な部分が存在していたのである。

第三軍は陸軍大学校を事務所にして編成をはじめ、攻城砲兵司令部も第三軍と協力していた。第三軍の砲兵隊は野戦重砲兵連隊、徒歩砲兵第一連隊及び第二連隊、第三連隊、徒歩砲兵第一独立大隊で編成され、火砲一八〇門、一門につき三〜四日分で一〇〇〇発位の試算で準備を始めた。この試算も大きくまちがっていたことがまもなく判明する。日清戦争では田庄代での戦闘で第一軍砲兵部長黒田久孝少将が七二門の火砲を直接指揮したのが最大だった。今回の総砲数三六〇門の指揮は陸軍創立以来の快挙で、砲兵将校としてはまさに「快心の至り」であった。

しかし現実は簡単ではなかった。六月一日、第三軍司令部と共に奈良は宇品を出発した。後発した攻城砲兵司令部は一六日に宇品を出航する佐渡丸に乗船していた。まもなく僚船の常陸丸と佐渡丸、日本に向かっていた和泉丸がウラジオ艦隊に襲撃された。和泉丸は乗員が下船後に撃沈、常陸丸も撃沈され一〇〇〇名あまりの兵士が戦死した。一方、佐渡丸は大破し、長崎に緊急避難した。奈良は先発していたため危うく難を逃れた。

襲撃については田村弘太郎工兵大佐の話として、午前一〇時四〇分ごろからロシア艦から攻撃を受け、秘密図書などを焼却して対応、輸卒、馬卒、雇人などは下船を命令した。将校や下士官は船と運命をともにするはずだった。しかし幸い、被害は軽微で沈没は免れた。

これについては「攻城砲兵司令部遭難に関する報告」＊1 が残されている。乗船していた司令部員は一四人が戦死した。日清戦争と違い、日本海にはウラジオ艦隊が遊弋しており、朝鮮半島や遼東半島方面に向かう船舶は、通商破壊作戦の対象になっていた。七月には伊豆半島沖まで進出して多くの船舶を臨検、あるいは撃沈した。当初、日本海軍は海上権を完全に掌握していなかったのである。

その後八月一日、上村彦之丞中将率いる第二艦隊はウラジオ艦隊を捕捉、ようやく撃破した。蔚山沖会戦である。上村司令長官は、それまで神出鬼没の同艦隊に悩まされ、議会や民衆から相当の誹謗中傷を受けていた。だが、このとき戦闘不能になった巡洋艦リューリクの生存者六二七名を救助したことは後世に語られている。

かくして攻城砲兵司令部の移動予定が大幅に狂うことになった。二週間をかけて司令部は編成、輸送計画を練り直し、七月上旬大連湾に上陸した。ところがその間に、今度は上陸した奈良が赤痢に罹り、一週間余り横臥して静養した。真面目な奈良は医者の指示を守り、絶食して何とか復帰した。奈良に限らずけっして衛生状況は良好とはいえないこの地で病気を患った兵士は限りなく多い。外征は軍事作戦のみならずあらゆる生活状況が変化するため予期せぬアクシデントの連続だったのである。さらに友軍の砲撃に巻き込まれ酒井甲子郎大佐や大林角太郎大佐が戦死するという不幸もあった。

攻城砲兵司令部及び各部隊は前進したが、苦労したのが火砲、弾薬の運搬だった。鉄道は破壊され復旧には時間を要したため、軽便鉄道を敷設することに尽力したが、材料がなければ馬と牛を投入するといった状況だった。また停車場設定も重要だった。見晴らしのよさは重要だが、ロシア軍から狙われてはいけない。そこで選ばれたのが交通の要衝で大連湾近くの大房身だった。ここならば旅順要塞から離れ、鉄道の要衝でもあった。攻城砲兵司令部には弾薬庫の配置、砲床の設置、補給などロシア軍の直接的な砲撃を回避するため歩兵部隊とはまた違う苦労があった。

砲兵隊は第三軍司令部の正面に陣地線を張った。日清戦争では旅順の西正面から攻撃し一日で陥落したが、今回は平坦で突撃可能な地域で、ロシア軍の第二、第三の防御陣地も存在するということもあり、東正面からの攻撃となった。また東郷平八郎連合艦隊司令長官からの依頼もあり、旅順艦隊撃滅のため海軍重砲隊も参加した。これにより攻城砲兵隊は急いで展開することになった。付近の住民を立ち退かせ、前線のロシア軍を掃討、付近一帯を立ち入り禁止にして鳳凰山、干大山にいたる高地線と背面の望台、松樹山、二龍山の高地線の間に砲兵諸隊の陣地線を設定、一七日、準備が完了した。

第三軍司令部は鳳凰山の東南の高地、豊島少将率いる攻城砲兵司令部は、鳳凰山前面の高地に設けられた。そして見晴らしのいいところに観測所を設営した。奈良は、まさかここで五ヶ月も起居することになるとは思わなかったと後に述懐している。この間下山したのは五〜六度、入浴は三度、まさに「我慢」の一文字だった。ロシア軍との白兵戦こそなかったが、奈良の人生でも最大の試練だった。

八月一九日より第一回総攻撃が始まった。攻城砲兵隊は午前六時より射撃を開始した。総兵力約五万、火砲三八〇門だった。砲撃は昼夜を問わず続けられた。奈良は直弾する砲弾を見て命中は良好ととらえていた。軍司令部も当然同様の判断で、二一日、総突撃が始まった。だがひとつの堡塁も占領できず失敗に終わり、特に第一師団と第一一師団が大損害を蒙った。戦死者は五〇〇〇人、負傷者は一万人を超えた。一個師団分の損害だった。ロシア軍の最新の機関砲を相手に従来型の歩兵突撃を行ったことによる失敗だった。

前進部隊が撃退された後、奈良も「意外の不成功」に驚いた。すぐさま調査の結果、第三軍砲兵隊の旧式弾薬では、土壌を掘りおこすことできても、中の新式のコンクリートを破壊できなかったことがわかった。奈良は、「予想外」の堅固であり、旧式の砲では「効力不十分」と理解した。さすがの奈良も不成功を認めざるを得なかった。旅順は日清戦争時の要塞ではなかったのだ。近代築城に対する旧式火砲と弾薬の威力不足、さらには要塞攻撃の研究不足、これが苦戦の大きな原因であり、結局多くの損害を出すことになる*2。

大本営での乃木司令官の評判は急落していた。攻撃が失敗した直後、長岡外史参謀次長は「軍司令部及び師団司令部は殆ど砲弾の達せざる遠距離にありて、戦前は素より、攻撃中の偵察も第一線の歩兵士官に任せ在るにあらざるか」、「驚くべき不始末」*3と強い不満を満州軍総司令部井口省吾少将に伝えた。井口は八月二一日、長岡への書簡で、大本営の主張、つまり夜間や濃霧にまぎれての攻撃を述べ、日中の強襲は「無理なる事」*4がはっきり理解できていないとして、第三軍の認識には「困った事に御座候」と書き送っている。井口少将は昼間の正面攻撃は困難と理解していたのである。

第一回総攻撃の状況を知った大本営首脳は第三軍の認識に危惧を覚えたが、第三軍関係者は強硬だった。大庭二郎参謀副長は七月一八日、行動開始から四~五日間全砲門で「旅順の嶮を陥し全戦役の大勢を相定度と存知居申候」*5と長岡次長に楽観的見通しを伝えたが、八月一三日にも「要塞戦程不愉快にて面白くなきものは無之」*6と前線の陣地の取り合いに後方から落ち着いた報告をしている。

しかし他方で、「敵の防禦工事の上手なること意外に強頑の抵抗を為すには頗る感じ居申候」と書き送っている。奈良も大庭も攻撃してみて初めて「頑強」な防禦に驚いているのである。ちなみに、大庭は陸大を優秀な成績で卒業、参謀本部での職務が長く、山県の副官も務めた。旅順陥落後、旅順攻囲戦の責任を取らされる形で、大庭は後備第二師団参謀長として朝鮮半島に残ったが、その後、大将に上りつめている。長州閥だったことが幸いしたかもしれない。

大本営は、第一回の総攻撃失敗を受けて、二八珊榴弾砲四門を旅順に送った。内地の海岸砲台に設置してある二八榴弾砲を持ち出したのである。そのため新たな砲床建設をするため技術審査部の熟練将校が旅順に派遣された。戦闘中にもかかわらず、同地で二〜三週間試射を行い設置した。二〇三高地攻防戦のときには同砲は全部で一六門に達していた。

同砲の弾薬は旧式で破壊力はあまりなく、また不発弾も多かったが、大きな煙を上げて威力を発揮したため友軍を勇気づけた。しかし攻撃の際、歩兵の突撃の間中砲撃するのか、それとも突撃後は砲撃を中断するか、現場の指揮官との激論が繰り返され、結局突撃中も砲撃することとなった。榴弾砲は爆発力があるため友軍兵士が巻き添えになることがあったのである。いずれにせよ要塞攻撃戦法の失敗、近代築城保塁への旧式砲・火薬使用の失敗といういくつかの原因が明らかになった。

ロシア軍は砲撃が止むと、再び陣地に侵入し機関銃を設置し第三軍歩兵部隊を攻撃した。奈良はその様子を見ていた。伊地知参謀長の命令で味方の損害に目をつぶり砲撃はそのまま継続したが、一方でロシア軍の砲撃で破壊された砲台を検分した奈良は愕然とした。なんと、「大阪砲兵工廠」と刻印された砲弾の破片が発見されたのである。

ロシア軍に日本軍の砲弾があったのが不思議だったが、旅順開城後、ロシア側の引き渡し責任者ベイリー少将の尋問からその理由が判明した。つまり、日本軍が発射した砲弾には信管の調整不良による不発弾が多く、ロシア軍はそれを手入れして打ち返していたのである。そればかりか、黄金山砲台の近くには整備された日本製の砲弾が配置してあり、これには奈良も「唖然」となった。ロシア軍は独クルップ製の二八珊榴弾砲、日本はイタリア製の二八珊榴弾砲、使い方は多少違うが、砲弾の口径は同じだったのである。奈良には衝撃だった。この一件は『砲兵沿革史』（偕行社、第五巻上、一九六六年）にも紹介されている。

ところで、奈良が見たロシア人は「性質頓重にして敏婕ならず」だったが、一部には「教育充分にして学者政治家技術者として其傑出」した人物もおり、他方で「無知文盲」もいた。このような現象は軍隊にも表われ、「下級軍人は有能なる幹部の指揮命令に能く服従して勇猛に戦闘し身命を惜まさる風あり」と記している。

北清事変で見たロシア軍の蛮勇さは変わってはいなかった。それだけに「侮るへからさる」と感じるのは無理もなかった。

旅順攻防戦

奈良の「回顧録」を見ると、旅順攻防戦については、砲撃の当事者だけに歯切れがいいとはいえない。しかし重要な情報も含まれている。奈良はやるだけのことはやったとの意を強く持っており、戦術的なことよりも、使用した旧式大砲や火薬の攻撃の威力が不十分だったことに不満があり、無念だったようだ。

旅順陥落に時間がかかったため、冬に向かって準備におわれることになった。奈良と佐藤鋼次郎中佐の一坪の穴居住はすでに数ヶ月となっており、過酷な生活だった。

乃木は、攻撃中は、ほぼ攻城砲兵司令部に待機し、夜になれば観測所にて状況を視察、常に「第一線諸部隊を巡視回訪して忘気を鼓舞」し、攻撃の前には「明早朝より副官のみを従ひて単身その部隊に騎馬で向かい、指揮官に挨拶し、それとなく告別するかと思准せらるゝが如く努められるゝを知り……」と、奈良は乃木の人柄を記している。乃木は、戦術論で司令部をコントロールしていたわけではない。彼にできることは司令官としての威厳を保つことだった。

ところで話は遡るが、乃木は西南戦争の熊本城攻防戦では歩兵第一四連隊長心得だった。そのとき西郷軍に連隊旗を奪われるという痛恨の事件を引き起こしている。その時、熊本にいた児玉は乃木をかばったことはよく知られている。これから乃木の性格が変わったとも言われている。現場で見る乃木は極めて温厚で、児玉とは対照的な指揮官だった。だが問題は戦法だった。

現場の戦闘は悲惨を極めた。九月一九日から塹壕を掘る作戦を展開し、一〇月二六日から第二回総攻撃が行われた。砲兵隊は四日間にわたって二八榴弾砲を発射しロシア軍に大損害を与えたが、日本軍も一〇〇〇名以上の戦死者を出した。

一一月一四日の御前会議で二〇三高地攻撃が決定されたが、第三軍はなかなか同意しなかった。その間に塹壕は二龍山から東鶏冠山保塁まで接近し、二六日から第三回の攻撃が始まった。世に知られた中村覚旅団長率いる白襷隊の突撃は悲劇そのものだった。彼らは第一師団と第七師団から総勢三〇〇〇名も集められた兵士だった。奈良も幕僚らと共に砲兵司令部まで登り、終始熱心に戦況を見つめていた。しかし、参加将兵の第七師団は本国から増援されてまもない状況で旅順の地形や敵状を把握しておらず、「盲目的に而も勇敢に行動」するはめになった。

中村旅団長も負傷、部隊も壊滅的な損害で撤退した。地形や敵状もわからず、攻撃を前に師団将校を攻城司令部の高地に招いて説明したという安易さがさらなる不幸を招いた。勇敢ではあったが盲目的な攻撃に、奈良は「実に気の毒」と思うほかなかった。

攻撃終了後、砲兵司令部には乃木司令官、伊地知参謀長、大庭副長、豊島砲兵司令官など第三軍首脳が参集し、今後の対応について会議が開かれた。奈良は、天幕の中で侍立して聞いていた。

「……戦況甚重大困難にして軍司令官は元より参謀長以下唯当惑の色を浮かべ誰も其責任の重大を慮り発言せず、暫くして若干の発言始まりたるも差し当たり取るべき処置には触れざるもの思ひなしか顔色蒼白其出づべき劣策を知らざるが如く感じ余等凡人は到底軍司令官たること難し思はしめたり……」

攻撃失敗直後の軍の会議は沈痛そのもので、被害は甚大、攻撃の大失敗で呆然という状況だった。しかし司令部は命令を下さないわけにはいかなかった。見るに見兼ねた奈良はついに「差出口」を発し、各部隊は現状維持、砲兵隊は前線部隊を支援すべく、そのまま射撃を続行すべきことを進言した。ようやく我に返った乃木司令官や幕僚たちもこれに賛成し、奈良は直ちにこの命令を電話で各隊に通知した。攻撃の失敗が第三軍首脳に与えたショックが奈良の記述からもよくわかる。

日清戦争では、約一万三〇〇〇人の戦死者を出したが、その多くが、戦後の台湾占領時の戦死者だった。だが、日露戦争では全く違った。遼陽では二万三〇〇〇人、奉天では一万五〇〇〇人の戦死者が出た。陸軍は約八万四〇〇〇人もの戦死者を出している。なかでも先頭に立つ少尉や中尉の消耗が激しかった。戦病死も二万三〇〇〇人もいる。赤痢、脚気、コレラなど大陸での戦闘は予期せぬ病気との戦いでもあった。「歩兵操典」では、「歩兵は優秀なる射撃を以て敵に近接し白兵を以て最後の決を与うべきもの」と記してある。火力が敵に優れていないと歩兵の白兵戦も力を発揮しない。それは奈良自身が切歯扼腕してわかっていたことである。その火力も旧式弾薬で、近代コンクリートに対する威力はけっして大きくなかった。

総司令部の児玉総参謀長はなかなか陥落しない旅順をみて、ついに大山総司令官から一任の印綬を受けて旅順にやってきた。旅順港内のロシア艦隊は打撃を受けていなかった。東郷平八郎司令長官からの要請もあったが、旅順港内のロシア艦隊への攻撃が鍵を握ることになった。第三軍は、一一月二六日からの総攻撃で二〇三高地の一角を占領した。第一師団参謀長からは、ここから湾内に砲撃すると、再びその間に二〇三高地が奪われるため、しばし砲撃を中断されたいとの意見があった。児玉が第三軍陣地にやってきたのは一二月一日だった。

児玉の勢いは大変なものだった。三〇年後、当時の陸軍将校の座談会でこのときの児玉の剣幕を奈良は次のように回顧している。

「そうです。ひどい勢ひでした。また外にも私自身が呼ばれてひどく児玉さんにいはれたことがあったけれども、それはちょっとここで申し上げません。とにかくエライ勢ひだった」＊7

このとき、奈良は児玉に呼び出された。

「敵の艦隊通視じ得る由なるが砲撃を開始出来ないか」

児玉は少しでも早く、旅順艦隊を攻撃しようとしたのである。奈良は、それを確かめるため将校を派遣して視察させたところ、攻撃は可能との返答があった。奈良も屍が散乱する塹壕を上り詰めて湾内が見渡せる地点を確認し児玉に報告した。直ちに同地に攻城砲兵観測所を設置、準備を整えて港内の艦隊を砲撃した。第三回攻撃から一二月四日、二〇三高地占領、同地からの艦隊への砲撃と次々と指示を出す児玉の「烱服」「敏捷」「速決」に、奈良は「敬服の外なかりし」と驚くほかはなかった。

こうした児玉の素早さは、陸相時代に一度仕えていた奈良は理解していたが、あれは平時のことだった。しかし今は戦時、それも戦闘が膠着し、けっして日本軍側に有利といえない緊急事態である。奈良ならずとも、児玉の大局観と判断力には驚いたのである。児玉は旅順艦隊への攻撃の成果を見て、総司令部に帰任した。児玉より命を受けて砲撃を成しとげた奈良は、「児玉総参謀長よりも賞賛の辞を頂」いたという。砲兵隊は、旧式弾薬に悩まされながら五ヶ月間砲撃を続け、ようやく旅順は陥落した。奈良にとっても大きな体験だった。

一二月一五日、勇猛なコンドラチェンコ少将が戦死して城内のロシア軍の士気も落ち、二八日からの攻撃でついにロシア軍は降伏した。それまでに日本軍は一万六〇〇〇人もの戦死者を出した。

明治三八年一月一日、旅順はようやく開城した。奈良は、要塞受領委員長となった豊島司令官に帯同して要塞受領の任務をおこなった。そして、新設の旅順要塞司令部の伊地知少将に渡した。

次いで、奉天攻撃の準備に入った。一月二一日、尾野実信参謀が奈良少佐の要請に応えて、二八榴弾砲のための予備砲床や器具材料など第一攻城廠にあるものを「この際砲床の全部を北進せしむる」と大本営に打電した。第三軍は旅順開城後、総司令部に合流するため急ぎ奉天方面に北上する。

攻城砲兵司令部は役割を終えて復員を命じられ、新しく独立重砲兵旅団司令部が編成され、豊島少将は旅団長に、奈良は旅団司令部高級部員として、再編成された第三軍と共に一月下旬満州に向かって北進を開始した。野営地は煙台の北方だった。砲兵旅団は、迅速性はなく移動性も悪いため野戦には不向きな砲兵隊だったが、何しろ破壊力のある榴弾砲を所持していたため満州軍指揮下の各師団から引く手あまたになった。このため、移動しやすい九珊臼砲大隊は第四軍に、固定陣地向きの二八榴弾砲隊は第一軍に、旅団司令部は残りの移動性にすぐれた野戦重砲二中隊を中心に第二軍に配属となった。

二月二八日から、旅団司令部はロシア軍の沙河陣地攻撃に参加、時には第五師団、第三師団、第八師団と移動性を有効に使い、三月一日から李官堡付近で第三師団の攻撃に参加、日露両国六〇万人もの兵力で戦った、歴史に残る奉天の会戦を制した。使用した砲門は一〇〇〇門近くあった。勝利したものの弾薬は尽き、北方へ敗走するロシア軍を追撃できない日本軍は三月三一日、奉天の東北地域で待機となった。兵站も十分ではなくなった。

この間に奈良は砲兵中佐に進級、二四日に陸軍省軍務局課員に任命され「大いに喜悦を感じた」と記している。満州での戦闘が終われば、砲兵の奈良の役目はもうない。その後の身を案じていただけに嬉しいニュースだった。四月七日、奈良は東京に帰着した。

第二回目のドイツ駐在から軍務局砲兵課長へ

満州で日露両軍の対峙が続く中、砲兵将校は一足早く軍令・軍政に復帰している。陸相は寺内正毅、石本新六次官、宇佐川一正軍務局長、というのが陸軍省の布陣だった。奈良はこの状況を満足していたらしく、「戦地に在ては上級職を執り内地に在ては此の如き位置に就く余の幸運此上もなく感ず」としている。奈良は転勤など節目で上司に恵まれている場合が多い。

彼の最初の仕事は軍服改正問題だった。日露戦争では一回の戦闘で毎回数千人の死傷者を出し、当初はその内容を司令官より「恐懼に堪へず」と明治天皇に報告していたが、旅順戦ではあまりの多い死傷者で、しばらくすると「此の如き語を以て上奏報告し難き状態」となった。このような中で苦戦の一要因として浮かび上がったのが軍服だった。従来陸軍の軍服はフランス式だった。美貌と威厳では「申し分なきも戦地の着用には不便少なからず」、服そのものの調節もままならず、厳寒の際に下着を増やして着ることはとても困難だった。また雪上の戦闘では、敵方に発見されるのも早く、絶好の攻撃対象になった。

正装に執着する寺内陸相、さらに明治天皇はカーキー色にあまり賛成ではなかったようだが、現場で多くの死傷者を出すという経験をした各軍首脳からも要求があり、当面はカーキー色、黒色の併用（大正に入り統一）となった。

明治三八年（一九〇五）五月、満州では日露両軍が対峙する中、対馬近辺でバルチック艦隊が連合艦隊に敗れ、ようやくポーツマスで日露講和の交渉が始まろうとしていた。日露とも戦争を遂行する状況にはなかったのだ。しかもロシアは国内の政治不安があり、日本との妥協を模索していた。世論に訴えるため、ロシア全権ウイッテのアドバイザー役にもなった新聞記者A・J・ディロンが世論工作を始めていた。

奈良が陸軍省入りしてから五ヶ月、米大統領セオドア・ルーズヴェルトの仲介により日露両国はポーツマスで小村寿太郎外相、セルゲイ・ウイッテによる談判が始まった。しかし日本側は賠償金を得られず、南樺太割譲、朝鮮半島や満州における日本の優先権を認める形でポーツマス講和条約が結ばれた。日本の国民は、戦闘の実情を知らず、これに不満だった国民の一部が日比谷焼き打ち事件を引き起こしたのはよく知られている。桂内閣はこれで総辞職した。

この暴動を見た奈良は「戦争を始むるは易く之を熄むるは難きこと何れの戦争にも見る所」であり、この事件で「政治家と軍部の調和を図ること困難」であることを感じざるを得なかった。奈良は、「わが日本軍の優秀を世界各国に認めしめ国威を世界に発揚し一等国の班に入りたるは元より非常の大収穫」と評価していた。当時の多くの国民がそうであったように、日本の実力を世界が認め、以後不平等条約改正に大きな影響を与えたことは間違いなかった。

一方で、奈良は中露両国にいくつかの思いを抱いていた。ひとつは、両国の広大な領土である。上層階級と下層階級の落差が激しく、有能な人材が輩出する一方で、教養や民度において政府の威信が一般人の隅々まで徹底しない。この状況に奈良は、政府で統治できず「適当の領土人口をもってする数多の国家に分割さるべきもの」と理解するほかはなかった。またその後の民族自決の動きについても、民族ごとの「小邦分立に帰するものと判断す」こと、しかし、「特別なる英雄現われ強権を以て専制政治を行ふことなしとは断言し難し」と奈良は述べている。中国に派遣されロシアと戦った奈良は、多くの高級軍人がそうであったように、低迷する中露の国家の将来性に大いに不安を抱いていたのである。

日露戦争後、陸軍内にはいわゆる「支那通」といわれる軍人が増えていた。『日本陸軍と中国』*8によると、「支那通は、軍人の本流としての作戦畑に対する傍流としての情報畑に属し、その中でもロシア情報関係者に比べると、どちらかといえば、傍系に位置つけられる。つまり、陸軍エリートのなかの傍流の傍系である」としている。

彼らは、ヨーロッパ留学組と比べて立場が違い、また隣国という距離的近さもあり、現場で中国の情報や諜報活動に関与する軍人も多く、必然的に中国政治に大きく関与するようになっていた。青木宣純、佐藤安之助、寺西秀武など「支那通」軍人は欧米留学、駐在武官などの経験は少なく、むしろ軍事顧問や応聘将校として中国に深入りするケースが多かった。さらに、「支那保全論」「支那分割論」など「独特の思想や情緒が動機」が中国認識となった。こうした経験がさらなる中国への深入りを促し、中堅将校や下士官の中には軍籍を離脱して革命派や軍閥との関係に深入りしていく者もいた。

しかしながら、奈良の歩んだ道は明らかに違っていた。数年に及ぶドイツ留学体験を経て中国で戦時を経験した奈良は、彼自身の能力や性格によるところも大きかったであろうが、日中問題を冷めた目で見ることができた。砲兵出身ということもあろうが、藩閥の寵児で、山県らに触発され大陸問題に没入していく歩兵出身の田中義一とは明らかに問題意識が違っていた。

明治三九（一九〇六）年二月二四日、奈良は軍務局課員を免じられ、再びドイツ駐在の命が下った。ドイツには、森邦武中佐、河合操中佐、首藤多喜馬中佐、小池順中佐、宇垣一成少佐、中川幸助少佐、国司伍七少佐、金谷範三少佐、山崎友造少佐、井上幾太郎少佐、徳永熊雄少佐、勝野正魚大尉、山口弘夫三等軍医正が派遣されることになった。宇垣、河合、金谷、井上などその後陸軍の中枢を占める将校が続々渡独していた。奈良の場合、前回の駐在が戦争で中断されたので継続ということになる。

四月四日、東京を出発した。船には戦前の任地に帰任する外交官や軍人、戦後経営のために欧州視察に赴く官僚、実業界関係者が多く乗船していた。デパート業に着手するため三越の幹部も乗り合わせていた。戦後日本の息吹を表すかのように船内は活気に満ちていた。

六月一日、奈良はベルリンに到着した。現地では、すでに明石元二郎大佐が駐在武官として働いていた。武官室は大使館内にあったが、数ヶ月後、武官の事務室は大使館を離れた場所に設置された。奈良にはその理由がわからなかったが、「陸軍系統と外務系統との連絡協調のむつかしき事古くより今日に至るも常に存在する事実なり」と推察している。これについては奈良も「免れざる病弊」と自嘲気味に回顧している。だが、こうした積み重ねが外交の一貫性を混乱させていくことになる。

明石大佐は、戦時中に反ロシア勢力に接触するなど、その諜報活動は欧州でかなり広まっていた。オーストリアの新聞によって、明石が各国の共産党員と接触しているという記事が暴露されたのだが、明石はシベリア鉄道爆破事件やレーニンなどの様々な政治勢力と接触し反政府勢力に資金援助もしていた。ドイツでは明石が陰謀計画に加担しているとの噂が立ち、自由に行動することも難しい状況になった。ついに日本政府は、明石を召還することを決めた。明石にとっては無念の帰国であり、その思いが「落花流水」という書になったことはよく知られている。かつて委託をうけて「明石元二郎文書」を整理したが、他の軍人とは少々文書の性格が違っていた。「明石文書」は彼が情報に関与していたことも関係しているのだろう。書簡はともかく「日記」など詳細な記録は確認されなかった。「メモ」などを見ると諜報活動の一端が少しばかりわかる程度である。明石が家族に送った色彩豊かな葉書には、バルト海を何度も往復して旅が大変なことを吐露しているものもある。

ドイツに再赴任した奈良は日露戦争前とは違う空気を感じ始めていた。子供たちの「ヤパネーゼ」といった軽侮の声は少なくなった。それは、ロシアに勝利した日本が大国の仲間入りすることを暗に認めたことになる。しかし、恐れられたからか、「何れにしても愛せられるの感をもつことはなかるべし」というから、好感を持って日本人が迎えられていたわけではない。

一方、ドイツの日本軍人に対する感情も和らいだ。まだ日本人将校のドイツ軍隊付勤務は許可されなかったが、奈良は特別に「好遇」され隊付を許可された。さらに演習に参加したり、マグデブルグの徒歩砲兵連隊に入隊するなど、ドイツ軍の実態に触れる貴重な経験をした。

奈良の語学力はメキメキと腕をあげ、日常会話のほか、不十分ながら手紙で自分の意思を伝えられるまでになっていた。奈良は留学中、トルンの射撃演習、キールやクルップ工場、バイエルン、イタリア旅行、砲兵連隊の演習参加、普仏戦争の戦場跡、バルカン半島視察、徒歩射撃学校見学、さらにフランスの徒歩砲兵射撃演習視察など様々な視察や見学をこなした。ドイツ駐在は明治四一年八月六日、ベルリンを出発することで終了した。

明治四一（一九〇八）年一二月一九日、奈良は砲兵課長を命じられた。そして相次いで陸軍技術審査部、陸軍省御用掛、教育総監部御用掛なども命じられた。これは予想外の命令だった。ドイツで砲兵隊の勉学をしてきた奈良としては、帰国後は射撃学校教官、そして校長という道を考えていたからである。しかし、砲兵課勤務となったことで陸軍上層部との面識が増えることになる。

その中でも尽力したのは自動車問題だった。ドイツ参謀本部ではすでに将校が移動手段として車を利用していた。奈良も車の必要性を感じていた。民間自動車に補助金を与えて、製作技術を高めようと意見を具申し、軍務局長を委員長に、砲兵課長を主任として調査委員会が発足した。

奈良の砲兵課長時代をふり返ると、明治四二年は、三つの師団に対する特命検閲使を務め、一一月の特別大演習の際には外国体験を買われて外賓接待部長に任命され、イギリスのキッチナー元帥らを接待した。明治四三年は、野戦砲兵操典及重砲兵操典改正審査委員に命じられ、七月二二日大佐進級、さらに戦時補給品調査委員を務めている。明治四四年には再び特命検閲使となり、一一月の特別大演習では南軍の高級参謀となった。そして明治四五年は陸軍技術審査議員と、順調に経験を積んでいる。

陸相を補佐した高級副官時代

明治四四（一九一一）年、第二次桂太郎内閣が総辞職し、政友会の第二次西園寺公望内閣が成立した。長い間陸相だった寺内正毅がようやく離任、石本新六陸軍次官が陸相に就任した。このことは「部内の空気を一新した」と評判は良かったようだ。石本は姫路生まれ、薩長出身者以外で初の陸相だった。石本は長閥系ではあったが、「長閥に対する反感を緩和した」ことは明らかだった。かつて奈良も所属していた下関重砲兵隊でも、戸籍をわざわざ山口県に移した連隊長がいた。当時は「寺内陸相の専横長閥の跋扈甚し」という状況だったという。陸軍での栄達のため閨閥だけでなく、戸籍まで長州に移すなどの横暴に、閥族への反発の声は国民にも高かった。

奈良は陸軍内での反長閥の声を肯定的に見ている。彼が副官に就任したのはまさに藩閥時代からの世代交代のころ、明治という時代の終焉を迎えるころだった。西園寺内閣は課題だった行政整理に着手した。動いていたのは原敬内相だった。海軍は協力的だったが、陸軍は、朝鮮に配置する二個師団の増設を予定していたために徹底抗戦だった。

さて、増師問題で奮闘していた石本陸相が病弱で退任すると、薩摩閥の上原勇作が後任となった。このとき奈良は、田中義一軍務局長よりドイツ大使館付武官、あるいは第一師団参謀長にとの打診があったようだが、結局は高級副官の内命を受けた。従来、副官は歩兵出身が多かった。砲兵出身の奈良というのは異例だった。同じく砲兵出身の上原陸相の思惑が働いたのだろう。

上原の陸相就任については、薩派の重鎮山本権兵衛も熱心な一人だった。原敬は石本陸相が死去した際、明治四五年四月二日の『日記』で、「上原は薩人にて是迄の如き長州人のみ陸相となり其弊害尠なからざるを思ふるに因り、上原を挙ぐることに決せり。……異分子の如き上原を挙げなば或は陸軍の人事の改革もなさんかと考ふるに因り、上原に決定せり」＊9と記している。原も上原には前向きな評価だった。

大正元年九月二八日、奈良は、高級副官兼砲兵課長となった。この副官の職務は、奈良の軍人生活の中で第二の扉を開いた職務になった。「異例の抜擢」に喜ぶというよりも「藩閥の嫌視を予想」したというから、当時の藩閥跋扈の風潮がうかがい知れる。ただ砲兵の先輩、上原が陸相だったことが奈良への風当たりの防波堤になっていたようでもある。

以後、奈良は藩閥側の目を気にすることになったが、上原陸相からは「一心同体となりて自分を補佐せられたし」と懇篤な訓示を受けた。こうしたことが、奈良が後に上原派といわれる所以にもなるが、即断は禁物である。他方で、陸軍次官は岡市之助中将、軍務局長に田中義一少将と長閥の軍人が陸軍首脳には多く入っていた。長州閥はまだまだ健在だった。

上原は参謀本部勤務以来の関係で、奈良に親近感を感じ、腹心にしたかったのかもしれない。上原自身の立場も微妙だった。政友会政権としては、藩閥打破の狙いでの採用という思惑があるだろうし、上原にしてみれば、長州閥に取り入り、さらには長州閥に取って代わり陸軍内で大きな発言力を確保するチャンスだった。いずれにせよ上原の存在感の高まりは、その後の陸軍の派閥闘争の要因をつくることになる。

ところで、高級副官は重職に見えるが、秘書官のようなもので、職務領域は多岐にわたっていた。前任者からの申し送りで奈良が受けた仕事は、貴族院勅選議員に欠員が生じた場合の報告、大臣官邸での雇員の件、英語通訳官の交迭問題、和田中佐欧州派遣の一件、高須少佐の将来の処遇、属官人事、上奏書類の処理、御用掛兼任の件、兼任副官、午前八時属官の会議、毎火曜の高級副官会議、国民新聞に毎年六〇〇〇円補助といった工作費、などなどである。

目の回る忙しさであることは理解できる。この直後、西園寺内閣は総辞職、大正政変、官制問題などで陸軍への風当たりがますます強くなるなかで、楠瀬幸彦陸相の就任に伴い、奈良は前々からそうだったように「心付け」を渡した。いわゆる世論対策である。たとえば半沢玉城に一〇〇円を渡し、また他紙の記者にも一〇〇円、五〇円、二〇〇円というようにマスコミ対策が行われていた。これを裏付けるように、『上原勇作文書』には、新聞記者等の情報によればといった内容で、奈良の上原宛書簡が数通存在する*10。軍部も組織防衛のためにマスコミの力を必要とする時代が到来していた。

一方、奈良は上層部の秘密工作をいくつか知ることになる。その一つが、岡陸軍次官時代に参謀本部で練られていたプランで、内蒙古出兵作戦の一件である。恐らく満蒙独立運動との連動する問題かと思われる。これは結局「其の侭握り潰しになり居れり」との記述もある。実は辛亥革命で清朝が崩壊してほどなく清朝の遺臣を中心に宗社党が組織され、密かに満蒙独立を模索していた。陸軍参謀本部はそれに乗じて満州への干渉を深めようとしていた。だが、西園寺公望政権では政友会を中心に国際協調路線を示し、また列国の動き、特にロシアからの批判を回避するため干渉を抑止して陸軍の独走を止めたのである。

もう一件は、台湾の対岸の福州、厦門、仙頭への出兵計画の存在である。次官、次長が協議し元々が「台湾総督府が計画」したものだった。明治三三年、義和団の乱に乗じて厦門出兵事件があったことは紹介したが、依然として作戦計画は残っていた。後述するが、大正三年時の対独参戦のとき、やはり同様な出兵事件が発生したのはそのためである。南進論のひとつの形というべきだが、軍には常に課題として検討していたようだ。こうしたことを奈良は全く知らなかった。

ところで、西園寺内閣の施政方針の一つが行財政整理だった。陸軍はこの緊縮で約八〇〇万円を捻出することになった。だがおりから二個師団増設問題も浮上していた。これは、中国革命の浸透を阻止するため陸軍が朝鮮半島に新設師団を配備させようというものだった。

そもそも陸海軍の仮想敵はバラバラで、国防方針が国家戦略の中で有効に議論されて策定されたものではなかったことも問題だった。陸軍も海軍も組織防衛もあって予算策定上、仮想敵を過大にして計上する。そして予算の取り合い、軍拡競争が発生する。さらに明治三九年のドレットノート級戦艦の登場で海軍の艦艇は一挙に旧式化した。新型艦は、蒸気タービンを採用して速度を速め、中間砲、副砲を廃止して長距離砲を主体とした艦船だった。日本海軍は列国に遅れをとるわけにはいかなかった。陸軍もまたシベリア鉄道の複線化や中国の混乱で、ロシアとの対決、革命の余波などを考え、増師を計画し軍拡競争の様相見せ始めていたのである。このように陸海軍が連携して軍事力の強化を図る発想は日本にはなかった。

政府は二個師団増設を撤回させるために奔走していた。一一月一〇日、西園寺首相は小田原の元老山県有朋を訪問して説得したが、山県は強硬に増師を主張した。二二日、上原陸相は二個師団増設を閣議に提示、その閣議後首相と陸相の会談で増師問題は暗礁に乗り上げた。奈良も事態が紛糾する中で、「此際は譲歩し他日再挙を図る方賢明」と考えていた。陸軍の妥協を望んでいたようである。

だが師団増設問題で陸軍中堅幹部は中央突破しようとしていた。上原も強硬で、大正天皇に帷幄上奏をおこなった。上原は単独辞職し、陸軍は後任人事を拒否した。西園寺首相は陸相の後任を得られず内閣は総辞職した。上原の行動は、今後の自身の陸軍での立場を強化するためのパフォーマンスとも見えるが、国民には陸軍の横暴と見える。

その後六日、七日、八日と元老会議が開かれ、一一日、一度は山本権兵衛を推すことを決定したが翌日辞退され、次いで平田東助を推したがこれも拒否され、一六日の第一〇回元老会議で桂太郎の推薦が決定、ようやく大命降下となった。大正元年一二月二一日、第三次桂内閣が誕生した。

ここで再び問題がおきた。桂は、内大臣兼侍従長として政治の一線から退いていたが、再び政界に復帰しようとした。桂への大命降下には世間からは反発が広がった。明治天皇を補佐すべき立場にあり世俗を離れた者が回帰してくることに不信もあった。ましてや、西園寺内閣総辞職に際して、これは陸軍の毒殺であるという風説が広がっていた。陸軍への不信が強まっていただけに、長閥陸軍出身の桂太郎の登場に国民の不満の声は高まった。各党や大衆は憲政擁護運動を展開した。この結果、わずか三ヶ月で桂内閣は総辞職した。これは大正政変といわれている。

桂が描いていた壮大な政治変革は世人の知るところではなかった。藩閥を乗り越え、いや限界を知った桂太郎は政友会に対抗して立憲同志会を組織、軍人ＯＢのレッテルから離脱しようとしていた。だが国民にはその意識はなかった。その後、桂は夢半ばで病死、党首は加藤高明となった。

山本権兵衛内閣と官制改革問題

大正二年二月二〇日、第一次山本権兵衛内閣は、薩派や海軍、政友会（一部が反発して脱党）

の協力を得て組閣された。政策の連続性という点では第二次西園寺内閣の延長にある。内相に就任した原敬は、山本との協議で行財政整理の断行を決定、これが同内閣の基本命題となった。政党政治を模索する政友会にとって軍部の突出は食い止めなくてはならない。その一例が、軍部大臣現役武官制の問題だった。軍部にとっては、統帥権の独立は政党が軍に影響力を及ぼすことを防ぐ重大な制度だった。政友会は果敢にこの制度に挑戦した。

明治三〇年に政務次官（勅任参事官）の制度が設置されたとき、陸海軍省には適用しなかった。例外として見なされていたのである。陸軍大臣現役武官制は、明治三一年、第二次山県内閣で決定、三三年の改正では陸海相が現役将校であることが確定した。だがその後、政友会はこれを専制政治の遺物と評して反対していた。山本首相はこれに同調し、現役武官制を廃止する方針を固めた。これはいうまでもなく政党人の海相陸相就任への道を開くものだった。大正二年二月八日の会議では斎藤実海相は賛成、木越安綱陸相も「大局の上より巳むを得ず」と認めるつもりでいた。

ところが、陸軍内で諸改正に不満の声が高まった。長谷川好道参謀総長は強硬に反対し、天皇に拝謁して反対の意見を述べた。原内相や奈良の史料を見ると、山本首相が一枚上手であったことがわかる。木越陸相から同意を得た山本首相は、長谷川よりも早く天皇に拝謁、内奏して允許されていたのである。日清・日露戦争を乗り越え、西園寺内閣を支えてきた山本にしてみれば、政治手腕は長谷川の比ではなかった。天皇の面前で面目を失した長谷川は、怒り心頭に発し、退出後辞職を言明するなど、陸軍内は混乱を極めた。

奈良は三月五日、陸相を辞任していた上原への書簡で、山本内閣は政友会に人気があり、

「若干永く持続すべき様思われ」ており、「現内閣の寿命短かるべき原因は極めて薄弱なる様思はれ申候」*11と指摘するほかはなかった。奈良も山本内閣の強さを肌で感じ取っていた。こうした書簡を見る限り、奈良を上原派と言い切れなくもないが、他の上原派将校の書簡と比べると、奈良の書簡は政治意見を具申する内容が少ない。それは彼の性格もあるが、上司、大先輩として上原に敬意を払っていたと見たほうがいいように思われる。

一方、前軍務局長だった田中義一少将は強硬だった。一四日、同郷の長岡外史第一六師団長に対し、官制改正問題については「実に木越陸相の言語道断なる始末」*12であり、「木越は将来に於ける一身の立場を作る為に陸軍を売り、而して薩派降りて未来の立場を作る陋劣根性は見へ透きたる程有之」とまで批判、自身の希望としては「木越を直ちに辞職せしめて山本内閣の崩壊を希望」と書き記していた。陸軍も一枚岩ではなかったのだ。

このような陸軍内の突き上げに、四月一七日、木越陸相は山本首相に会見して「陸軍大臣問題は長谷川総長辞職を賭して不同意を唱ふるを以て甚だ困却す」と述べ、前言を翻したのである。進退極まった木越陸相は一九日、茅ヶ崎の知人の別邸に入りこんだ。模様眺めか、ストライキか、病気か、憶測を呼んだ。奈良は、「大いに苦慮し煩悶を続け遂に病状を呈し、寝汗を催さる」と記している。陸相は進退窮まり寝込んでしまったのである。

非長州閥の宇都宮太郎少将ら上原派は、この対立の構図を薩摩の山本対長州閥という構図で見ていた。それだけに陸軍内部の歩調はそろっているとはいい難い。

政府から再三陸相の出頭を求められた奈良副官は、木越安綱陸相の出頭について「病気の故を以て断る」しかなかった。大島健一参謀次長や大島義昌大将ら上層部が事態解決のために動き始めた。何よりも政府が天皇の允許を得ていることが、陸軍側には不利だった。

そこへ大阪にいた上原と協議を終えた岡次官が帰京、まず茅ヶ崎に滞在する木越陸相に出頭要請の電報を送り、さらに岡次官は奈良に「茅ヶ崎に到り大臣を迎え来るへき」と命じた。政府との対決を危惧した関係者の根回しで、ようやく膠着した事態が動き始めていた。奈良は車に乗り三時間半をかけて茅ヶ崎に到着して陸相に面会、直ちに使命を伝えて帰京した。

翌二二日、木越陸相は四日ぶりに東京に現れた。午前九時半、長谷川好道参謀総長と木越陸相は別々に山本首相に会見した。席上山本首相は断行を説いたが、ついに長谷川総長は「不同意なれども之を施行せられて可ならん」と席を立ち、後に残った木越陸相は山本首相と合意した。山本は陸軍首脳の動きに批判的で、奈良も彼らの動きを「穏当ならず」と思っていた。事態の推移を快く思っていなかった柴勝三郎軍務局長はこの朝、わざわざ遅刻出勤したため書類提出にはならなかった。政治家に軍事問題は関与されたくないとする組織防衛である。

それでも参謀本部や陸軍内では抵抗は続いた。同日木越陸相は「参謀総長不同意に拘らず陸軍官制改正の決心」を伝えた。翌二六日、木越陸相は改正案の提出を「厳命」し、同夜岡次官宅を訪れた奈良は、次官から「怒気を以て」提出を命じられた。しかし柴軍務局長は、風邪と称して自宅で臥床、引き伸ばし作戦を続けた。

四月二八日、木越陸相は、各局長を集めて「官制改正のやむを得さる」ことを言明した。陸軍省と参謀本部の協議で「軍事内局」の設置を模索したが、山本首相は「不同意」で陸軍の大きな抵抗はここまでだった。

五月二三日、木越陸相から奈良に、事態についての質問があった。奈良は「大いに直言」した。政府の勢いを飲むほかはなかったのだ。これに対し陸相は「大臣色稍動きたるが如し」だったという。

しかし官制改正反対については陸軍内にまだ不満が燻っていた。陸軍関係者の不満を残す付箋が「密大日記・大正二年四冊の内一」*13に残されている。柴軍務局長は「不同意なれとも特に大臣の命に依り提出す」、宇垣軍事課長は「帝国建軍の基礎を全ふくし……斯の如き提案は中止するを至当と認む」、菅野尚一歩兵課長は「本業に不同意」、田村沖之甫砲兵課長は「本業には絶対的不同意」、井上幾太郎工兵課長は「本業に不同意なれども之を施行せられて可ならん」とある。

ただ陸軍側もすでに陸軍省の職務の一部を参謀本部に移管しており、「被害」を最小限にする努力は怠っていなかった。また署名のときも彼らは抵抗した。このため奈良副官は書類をもって柴を訪問、「至方なし」と説得してサインさせ、宇垣にも同様にサインを求めたが、彼は同調しなかった。その後宇垣は「陸海軍省官制改正に対する研究」と題するパンフを配布して左遷の憂き目にあっている。奈良の史料は、改正問題で混乱を極めた陸軍上層部の動きを詳細に伝えている。

六月二日、平時編成改正案が上奏、裁可され、二三日、木越陸相は辞任、岡次官も責任を取ってまもなく辞職、本郷房太郎中将が次官に、陸相には陸軍内では地位的にはかなり低かった楠瀬幸彦中将が就いた。山本首相の、いわゆる「ごぼう抜き人事」だった。この事件を機に、明らかに陸軍の政治力は低下した。ただこれをもっぱら長州閥凋落と感じている向きもある。

奈良の楠瀬評価はなかなか高い。「沈着果断にして識見」ある人で、「長閥より余り厚遇せられず目下長の陸軍と言はるゝ陸軍の粛正革命には適任者」に見られていたこと、また「謙虚妄動を慎む人物」と理解していた。閥外ながら陸相として山本内閣を支えた高知出身の楠瀬は、ある日奈良に「三日でも大臣を勤めれば悔る所なし」と洩らしたことがあった。これが縁だったかもしれないが、後年、奈良は娘梅子と楠瀬の長男との結婚を進めることになる。

およそ権力志向の多い長州閥軍人と比べてあまりに謙虚だが、山本の手腕がなければ陸相にはまず就任できなかったであろう閥外の高級将校の本音といえる。予想外の人事で陸相に就任した楠瀬の誠実な「男子の本懐」だった。また砲兵畑が長く、奈良と関係は良かったようだ。因みに日露戦争開戦時、楠瀬は第二軍兵站監、奉天会戦では満州軍重砲兵司令官だった。

こうして官制改正問題は山本首相側の勝利に終わり、薩派・政友会の連合内閣は力を見せつけた[*14]。副官として政権の近くで山本内閣を見ていた奈良は、山本内閣の「為す所、多く反陸軍の傾向を表し」ており、長閥には「受難時代」だが、「長閥の専横を憤慨する人を喜ばしめたる」と振り返っている。

不快感は当然長州閥に残った。田中は六月二六日、長岡への書簡で、「我陸軍は漸次解体の有様」[*15]と嘆き、「皆々山本今回の所業は陸軍を破壊せんとする意思を表したるものとして不快に思ひ居も次第」と伝えている。山本を敵視した田中が一〇年後の第二次山本内閣で陸相に就任するわけで、皮肉といえば皮肉である。しかし田中の憂慮は、宇都宮が「権兵衛」か「長州」[*16]かと見ていたように藩閥の対立の構図を実はかぎ取っていたという側面もあった。奈良が冷静に見ていたのは、ある意味長閥に対し物言いもあったのだろう。

二個師団増設問題、桂の登場、大正改変と、一連の長州閥陸軍の横車に世評批判が集中していたことは明らかで、田中も「我々同郷人は特に注意を要する」と書き、九月一〇日、やはり長岡への書簡で「中央政界の状況も目下陸軍の為め将又我々同郷者の為めには頗る不利の有様有之、此処暫く雌状致し居るの外無之」*17とまで伝えていた。長州閥生存のため自重を促す田中にはすでに数ヶ月前の強硬論は消えている。政友会と連携した山本内閣の政治力に陸軍が太刀打ちする力はなかった。奈良はその中枢にいてその推移をよくよく注視していた。陸軍内での彼の立ち位置もうかがい知れる。

中国の第二革命

清国では明治四四（一九一一）年一〇月、辛亥革命が勃発、翌年二月、清朝政権が倒れ中華民国が成立した。しかしこの革命は極めて不完全な革命で、革命軍を率いる孫文と清朝の袁世凱の妥協の産物のような成果となった。新生中華民国は、結局袁世凱の支配するところとなった。旧支配層の愛新覚羅溥儀一族は紫禁城に留まり、さらに北洋軍閥ら各軍閥が各地に偏在し、革命軍も各地に勢力を維持するという極めて不安定な国家だった。

このため、日本では、一部軍関係者や大陸浪人、一旗上げようとする無頼な輩などが中国の様々な勢力に接触するようになる。これが中国の国内政治を不安定にし、日本の外交に大きな影響を与えることになる。西園寺内閣は、君主立憲の清朝の変革に期待したが、参謀本部はむしろ孫文に接近、革命後の日本の中国観はまさに分裂状態となったのである。ましてや袁世凱は議会開催を約束しながら徐々に独裁色を強め、国内の混迷は深まっていた。

奈良はこれまで情報部や中国駐在は経験していなかった。また軍閥政権の軍事顧問の経験もなく、一定の距離感をもって中国を見つめていた。この姿勢が駐屯軍司令官や青島守備軍参謀長に就任したとき生かされることになる。だが、日本の軍人が中国駐在や軍閥の軍事顧問などに就任することがますます増え、軍人の中国への傾斜は深まっていた。

さらに満州では、一部民間人や陸軍が密かに関与する満蒙独立運動が始まっていた*18。第一次満蒙独立運動の中心となっていたのは、宗社党という組織で、愛新覚羅一族が母体になっていた。中心にいたのは、旅順に逃れていた粛親王善耆だった。

粛親王は清国の改革に尽力した人物で、日本より招聘した川島浪速を重用し北京警務学堂の創設にあたらせた。これで川島は粛親王の娘一四女を養女として迎え入れることになった。後に男装の麗人といわれる川島芳子である。ちなみに、芳子の妹で、粛親王の末娘羅顕（けんき）は二〇一四年五月二六日に九五歳で亡くなっている。さて、粛親王は革命後川島の計らいもあって旅順に逃れた。その後清朝復活を目指す復辟に尽力し、これが満蒙独立運動と連動していくことになる。陸軍はこれを利用しようとしていた。第一回の独立運動については、この革命に乗じて参謀本部が動き出したものが列強の牽制もあり中止になっている。

辛亥革命勃発一年後の大正元年一一月二七日、長谷川参謀総長は上原陸相に対し「南満州及東部蒙古に於ける我帝国臣民の生命財産保護に関する覚書」を提出した。機宜に応じて出兵する意図を含むもので、結局これは閣議提出を取り止めとしたが、むしろ注意したいのは辛亥革命以降いわゆる満蒙に対する意識が軍部において飛躍的に高まったことである。さらにこの傾向は、漢口に配置された中清派遣隊、後に奈良が司令官として赴任する支那駐屯軍の存在にも反映されていった。

陸軍に比べて海軍は統制が取れている。明治四五年七月二一日、第三艦隊名和又八郎司令長官は、斎藤実海相に対し、「近来中清派遣隊其他江西に於ける現役及予備将校は、我政府の方針に背ける傍若無人のものに有之我帝国は勿論支那に取っても頗ふる有害」*19と現地陸軍関係者の動きを批判していた。海軍の出先は、中央の山本・斉藤ラインの意向が反映され、また厦門事件の経験に鑑み、突発的な工作には反対だった。山本・斎藤の対外協調路線は海軍に浸透し、名和の報告はそれを示している。一〇月二四日、名和は再び「陸軍の専横は万人皆之を知る」*20ところで、「他日帝国を誤るものは我陸軍也」とまで批判していた。革命、そして依然続く不安定な国情下において陸軍の情報関係者や各部隊の行動は誤解を招きかねない存在だった。

陸軍は中国問題で何らかの干渉を模索していた。四月二四日、阿部守太郎外務省政務局長は伊集院彦吉大使に対し、「南北問題については例の通り参謀本部辺にて色々の手出を為すの虞有之候間、今回は其辺充分に監視する様致居」*21、政府としても対中方針には「不偏不党」の旨を伝えていた。阿部はかつて西園寺内閣時代「支那に関する外交政策の綱領」(「外文」)を作成している。その中で「外交は総て外務省を以て之を統一し、陸海両省は勿論参謀本部軍令部等の如き諸官衛皆政府の方針に遵由し決して之に背馳せさる」ことを定め、駐屯軍司令官や「従来参謀本部軍令部等より支那各地に公然又は内密に派遣せる将校に対しても亦堅く前記の趣旨を銘記せしむるを急務」と伝えていた。

政府・外務省は「外交の一元化」を基本に、極力陸軍の突出を回避していたのである。奈良は政府の奮闘を近くで見ていた。こうした外交の一元化に尽力する阿部はまもなく暴漢に暗殺されるが、辛亥革命以来、中国に関与していく陸軍軍人の姿勢にこれをかろうじて外務省がコントロールしようとしていたことがわかる。

大正二年、中国では国民党幹部の宋教仁暗殺を機に再び革命が勃発、ついに孫文は独裁者袁世凱に反旗を翻した。だが七月一二日、江西省より始まった第二革命は実にあっけなく終結した[*22]。袁世凱打倒の準備不足は明らかで、まもなく革命軍は惨敗し、幹部は続々逃亡、あるいは亡命した。山本内閣は中立主義を明かにしたが、陸軍は不満だった。

そこで山本首相は、七月二二日の閣議で、「支那南方に於ける陸海軍々人の行動は各国の猜疑を招くに付、之を改むる」[*23]ため外相、陸相、参謀総長と協議して柴五郎少将を中国に派遣することをまず決定した。それでも心配な山本首相は楠瀬陸相に、青木宣純少将のような「支那通を還し正直者を派遣する方宣しからん」と述べると、楠瀬でさえも「正直者のボンクラにては到底用をなさず」とかえって切り返されるほどだった。

ただ外務省から奈良に依頼があった。革命派の李烈鈞の日本への逃亡で、「日本に逃げ来ることは好まざる故、成るべく他方に赴かしむる様せよ」との要請だった。孫文、黄興など次々と革命軍幹部の亡命で日本は中国からの批判を浴びていた。陸軍としても革命派との接点は今後の対中政策上、重要なことだった。この依頼に応じることになる。だがそれは、新たな問題を生じさせる。革命など中国での動乱の継続と内乱を避けて日本にやってくる革命派との交流は日本人の中国論をさらに錯綜した方向へ駆り立てることになる。

政府が必死で外交指導しているさなか、中国で三つの事件が発生した。第一は八月五日、私服姿の川崎亨一大尉がスパイと誤認され監禁された「兗州事件」。第二は一一日、中清派遣隊の西村少尉が警戒線に入り北軍兵士に暴行された「漢口事件」。第三は九月二日、南京において北軍が市内に突入して、日本人数名が殺害された「南京事件」だった。この種の事件はいつも日本世論を沸騰させる。さすがに山本首相も沈黙するわけにいかず、八月一六日、漢口事件について首相外相と相談し外交問題とすることが決定した。結局日本は艦船を動員、いわゆる砲艦外交を展開して中国側の責任者を革職することに成功した。

陸軍では、漢口駐屯の中清派遣隊所属の大隊を交代させるため、南京に一時両方の部隊を駐屯させる議があった。明らかに中国への牽制である。だが、不測の事態発生を危惧した山本首相は不同意を伝えた。極力無用なトラブルは回避したいという政府の意向でもあった。山本首相の勢いは近くでみていた奈良も十分察知していた。

第三回万国平和会議準備会への出席

このころ奈良は、来るべき第三回万国平和会議開催に向けて関係者との会議を重ねていた。すなわち外務省、陸軍省、海軍省を中心に準備委員会への出席だった。これは、オランダのハーグにおいてすでに二回開かれた世界平和、軍備縮小をさらに発展させる会議だった。一八九九年、一九〇八年と二回の万国平和会議が開催され、次回は第三回会議だった。同会議は、第一次世界大戦勃発によって中断したため今日、研究成果はほとんどない。だが会議の史料は残っている。ともかく、平和会議がいつ開催されるかもしれないとの想定で始まった。

出席者は松井慶四郎外務次官、小池張造政務局長、奈良大佐、立花小一郎陸軍省参事官、秋山真之海軍大佐、山川端夫海軍省参事官らである。会議は大正二年一一月一三日から始まった。席上、松井より、第一回、第二回の経緯から第三回の万国平和会議は大正五年に開催されるであろうこと、その準備として「約二年前会議に提出すべき議案の蒐集その他の準備をなす」ということだった。第二回準備会議は一二月三日、前回メンバーに国際法の権威だった東京帝国大学の立作太郎教授が加わった。

「第三回万国平和会議一件」や「大正二年第三回万国平和会議に関する書類」*24を見ると、会議内容や出席者など細かく記されている。議題は軍備の縮小、仲裁裁判、仲裁司法裁判所、外交官特権、領海、海峡、領空、開戦問題、航空機関、無線、海底電線、陸戦の法規、水雷、戦時封鎖、戦時禁制品、損害賠償など様々な国際紛争や外交問題の原則についての勉強会を兼ねての会議だった。

本格的に始まったのは、第三回の一二月一七日だった。議題は軍備制限問題だった。外務省案を基礎にして論議があった。軍縮問題は、目的は善とするが、「到底成立するべきものにあらず」と奈良は否定的だった。陸軍の一般的な意見である。会議では「元来、本問題は仮令議題となるも何等具体的に解決せらるる望み殆んど無之に付き、その議題中に加へらるることのみにて強いて反対する必要なきものと認め」と記している。さらには、「将来の軍事上の計画に制限を加へむとするが如き提案には一切賛成せさること」が結論になった。また軍縮問題では、「傍観的態度を執り」ともしている。この当時日本が、軍縮問題で否定的であり、その議論の発展には極めて楽観的だったことが判明する。

書類には奈良や立花の「軍備の制限に関する意見」が残っている。そこでは、「新たに列強と仮せんとする帝国に在りては本問題の声を大ならしむるは頗る不得策」であると、取り立てて軍の独断的な事項を述べていたわけではない。当時の陸軍の主張といえる。むしろ重要なことは、この会議に奈良が参加したその経験だろう。

国際社会で日本の軍事力をいかに正当化するのか、軍備増強でどこまで列国と妥協するのか、議論した経験があるからこそ、第一次大戦後のパリ会議に奈良は出席することになる。しかし、このころは軍拡が当然の時代で、軍縮という言葉が夢の話になっていたことがわかる。大戦勃発などとは到底予想もできない空気だった。パリ会議で、軍備制限問題の議論で奈良は苦慮するが、ここでの熟議がなかったことも一因かもしれない。

第四回は一二月二四日、第五回は翌三年一月一四日、第六回は一月二一日、第七回は二月一八日、第八回は二月二五日、第九回は四月八日、第一〇回は四月二二日、第一一回は五月六日、第一二回は六月一〇日、第一三回は六月二四日、次回は七月八日で海軍省委員の提案事項と結んで準備委員会は中断した。

いうまでもなく、ヨーロッパで第一次世界大戦が始まったからだ。歴史にイフはないが、この万国会議に継続的に日本が継続的に参加していれば、軍備や平和といった問題意識を早くから世界と共有していた可能性があり、国内での議論を喚起していたかもしれない。

１　佐藤鋼次郎「攻城砲兵司令部遭難に関する報告」（「陸軍省大日記　日露戦役」明治三七年）防研。
２　軍事史学会編『日露戦争１国際的文脈』（錦正社、二〇〇四年）、同『日露戦争２戦いの諸相と遺産』

（錦正社、二〇〇五年）参照。
3　前掲『長岡外史関係文書・書簡篇』。
4　同右。
5　同右。
6　同右。また大庭については長南政義『第三軍参謀が語る旅順戦〜新史料「大庭二郎中佐日記」を中心に』（『坂の上の雲五つの疑問』（並木書房、二〇一一年）が大庭の考え方の再考を示唆している。
7　高田広海『名将回顧　日露大戦秘史　陸戦史』（朝日新聞社編、一九三五年）。
8　陸軍の中国への関与については、戸部良一『日本陸軍と中国』（講談社メチエ、一九九九年）、北岡伸一『日本陸軍と大陸政策』（東京大学出版会、一九七八年）参照。
9　林茂・原奎一郎編『原敬日記』第三巻（福村出版、二〇〇〇年）。
10　上原勇作関係文書研究会『上原勇作関係文書』（東京大学出版会、一九七六年）。
11　大正二年三月五日付上原勇作宛奈良武次書簡（同右）。また山本四郎『大正政変の基礎的研究』御茶ノ水書房、一九七〇年）。
12　大正二年三月一四日付長岡外史宛田中義一書簡（前掲『長岡外史関係文書・書簡編』）。
13　「密大日記・大正二年四冊の内一」（防研）。情報部経験が長い宇都宮太郎は、国民感情を考えて、改正を受け入れ、他方で権限の一部を参謀総長に移管することを主張している。
14　波多野勝「山本内閣の外交と世論」（『外交時報』第一二五八・五九号、一九八九年五月六月）。
15　大正三年六月二六日付長岡外史宛田中義一書簡（前掲『長岡外史関係文書・書簡編』）。
16　たとえば宇都宮太郎の書簡などがある（前掲『上原勇作関係文書』）。
17　大正二年九月一〇日付長岡外史宛田中義一書簡（前掲『長岡外史関係文書・書簡編』）。
18　前掲『満蒙独立運動』、同『近代東アジアの政治変動と日本の外交』参照。

19　明治四五年七月二一日付斎藤実宛名和又八郎電報（「清国事変書類　巻二」）防研。同史料は義和団の乱から第二革命のころまでを含んでいる。
20　大正元年一〇月二四日付斉藤実宛名和又八郎電報（同右）。
21　大正二年四月二四日付伊集院彦吉宛阿部守太郎書簡「伊集院彦吉関係文書」憲政資料室。
22　波多野勝「中国第二革命と日本の反応」（『国際政治』八七号、日本国際政治学会。一九八八年）。
23　前掲『原敬日記』第三巻。
24　「第三回万国平和会議一件」（外交史料館）や「大正二年　第三回万国平和会議に関する書類　陸軍大臣官房」（防研）を参照。この中には「第三回平和会議の討議に附せらるへしと思考せらる議案」や、陸軍、海軍、外務省の案が出され、研究課題なども含め第三回に向けた陸海外三省の方向性が理解できる。防研には「第三回平和会議準備会に於いて取るべき態度綱領」といった史料も存在する。

第３章
☆第一次世界大戦と日本

大戦勃発と支那駐屯軍司令官就任

強い指導力を発揮していた山本権衛兵内閣は思わぬ事件で崩壊した。ドイツのシーメンス社による日本海軍高官への贈賄事件が発覚したのである。世にいうシーメンス事件という海軍疑獄事件である。海軍では、従来から英独から艦船や装備品を仕入れており、取り扱う企業との交渉、手数料などで問題が発生する背景は潜在的にあった。

このときは電気装備品の仕入れや巡洋艦金剛の発注でリベートを海軍幹部が受け取ったという事件が持ち上がり、ドイツから日本に事件が波及した。各紙は海軍を追及、議会は混乱した。この事件は、山本の影響力を削ぐ長州閥の薩摩海軍追い落としとも言われている。

大正三（一九一四）年三月二四日、劣勢となった原敬率いる政友会が内閣から引き上げ、山本内閣は総辞職した。後継者選びが始まった。元老会議ではまず徳川家達を推挙、三月三〇日、徳川はこれを拝辞、三一日には清浦奎吾に大命降下、しかし四月七日、拝辞した。桂新党、陸軍への反発、今回は海軍、薩摩への反発があり、一〇日の元老会議で大隈重信の推挙が決定した。一三日、大隈がこれを受け、第二次大隈内閣が誕生した。外相には立憲同志会総裁の加藤高明、海相は、名古屋出身の八代六郎中将、陸相は長州出身の岡市之助中将だった。奈良の副官業務もさらに増えていた。

ところで、シーメンス事件は海軍を直撃し、変革の時を迎えた。八代海相は薩摩の影響力を削ぐため山本、斎藤といった海軍の両巨頭を予備役に編入、鈴木貫太郎を次官に、海軍大学校時代に自身が校長だったときに部下だった秋山真之を軍務局長に任命した。いずれも非薩摩出身である。

さて、奈良は大隈首相とも軍事後援会事業を通じて相知る仲となった。また陸軍省出入りの新聞記者との関係も良好だった。第二次西園寺内閣総辞職や大正政変で、各新聞から集中砲火を浴びた陸軍は以後新聞対策に余念はなかった。陸軍省担当は北斗会といわれた記者倶楽部だった。奈良の尽力で「記者の操縦も先つ意の如く行はれ」、陸軍に対する取り扱いも「大に緩和したり」という状況だった。民衆の政治参加は、陸軍としても注意するところになっていた。政党もそうだが、軍部のマスコミ対策はあまり解明された分野ではない。ロンドン軍縮などでは一部軍人がマスコミを使って暗躍するが、明治時代から組織的な動きがあったことを示している。

大隈重信は、今日では大衆政治家として人気は高い。第一次大隈内閣は明治三一（一八九八）年成立、最初の政党内閣として歴史に名を残したが、わずかに四ヶ月で総辞職した。このときは、加藤高明駐英公使に外交一般について意見具申を求めるなど初の政党内閣を率いた気概に溢れていたが、第二次大隈内閣は加藤外相率いる立憲同志会を与党にしつつ、藩閥勢力に距離を置こうとしたが、実態は必ずしもそうはいかなかった。組閣直後に、第一次世界大戦勃発、中国第三革命と大事件が続けて発生し、大隈首相のイニシアチブが発揮されず、困難な時代を迎えていた。

山本内閣の崩壊は、与党側にあった薩摩海軍と野党に下った原政友会の政治力の低下をもたらした。これは逆に、官制改正で辛酸を舐めた陸軍の発言力を高め、また与党になった立憲同志会の政治家の発言力を高めることになる。一方で、かつて伊藤政友会が広い分野から政治家を集めたように、立憲同志会には加藤高明、若槻礼次郎や浜口雄幸といった官僚出身者が新しい政治を夢見て入党している。彼らの多くはまだ政治経験が薄い中、同党の母体となった憲政本党の対外硬派といわれる政治家が活躍の場を広げていた。彼らは日清日露戦争を通じて国民主義的対外硬派として勢力を拡大し、立憲同志会内に影響力を持っていた*1。

ともあれ大隈内閣の成立は、政友会の外交を明らかに変えることになった。陸軍はすでに二個師団増設実現にむけて動き始めていた。「増師の解決も約束」*2されていたからなおさら勢いは増すことになる。その前提として防務会議が成立する運びとなった。軍備予算問題は従来統一されていなかった「統治権」の「調和一致」を図る意味でも重要な会議だった。陸軍もこの成立に妥協すれば増師が実現できると読んだからでもある。

奈良の「日記」には、七月一三日に「防務会議提出案」を参謀総長に照会しているのが散見できる*3。第一回会議は七月二日、これは顔合わせ、第二回は二七日、ここで陸軍は強気に六個師団の増設計画を説明、師団増設要求を主張した。すでに蔵相、外相とも事前に協議を経ての説明だった。第三回は三一日、海軍から戦艦八隻、巡洋艦八隻創設計画が出され、いわゆる八八艦隊の創設であるが、海軍側は「以前所議の五十万屯を認めす」、むしろ艦数で議論することを言及した。今後毎年五、六千万円ほどが必要としている。陸海軍とも軍拡路線である。

第四回会議は八月六日だった。軍部の軍備増強要求に若槻蔵相は反対だった。奈良も、軍の突き上げに遭遇する若槻蔵相が「余程困り居るか如し」と記している。若槻は陸海軍の主張を入れれば、「財政は毎年不足にして遂に破産するに至る」と反論、これに対し参謀総長や軍令部長は「果して然らば国防は遂に充実するの期なし」と大いに「憤激」したという。意見がまとまらず結局岡陸相の発案で会議は中断となったが、その後大戦が始まり防務会議も一時中止となった。

一連の動きの中で、大隈首相について奈良は「余り事を裁断せす徒らに衆議に訴へんとするの癖あり」と書いている。広く会議参加者への意見を聞こうとしたのか、リーダーシップのなさか、あるいは軍部の性急さに対する時間稼ぎか、いずれも判断のしかねる問題だが、大隈内閣が軍備問題をこの種の会議に委ねて政治との「調和」を図ろうとした姿勢は評価できる。だが、大戦勃発という非常時は、結局軍部の増師と建艦政策を支持した形となり、九月一三日に再開された防務会議で陸海軍の軍拡は認められることになった。

さて大正三年六月二八日、オーストリア皇太子夫妻がセルビア訪問中、サラエボで暗殺されたことにより第一次世界大戦は始まった。誰もが短期間で終了すると思われていた戦争は長期戦となった。順調に会議をこなしていた奈良には晴天の霹靂だった。八月上旬、政府では対独参戦で議論が続いた。山県有朋ら元老連はドイツへの配慮もあり開戦には消極的だった。だが加藤外相、参謀本部は積極論だった。彼らの思惑は、東アジアにおける独権益の奪取と中国問題への関与の浸透だった。

イギリスは、日英同盟を背景にある程度の協力を要請したが、加藤外相は、①同盟への情誼、②ドイツの根拠地を東洋から一掃する。という目的をもっていた。参戦の要求に、若槻蔵相も対独戦の勝算ありと発言、岡陸相も「他に方法なし」との判断から、尾崎行雄法相も「外務大臣の意見に依った方が宜しい」「不思議なことに早稲田の会議では反対はなかった」*4と述懐している。対独参戦決定は完全に政府ペースで進んでいた。山本内閣が継続していたらここまで積極的だったろうかとの疑念も生ずるが、歴史にイフはない。

海軍の首脳会議でも「閣議決定せるもの彼是論ずるの余地なし」*5という状況で、軍令部も参謀本部に同調していくことになる。

時期を同じくして山県は「対支政策」*6という意見書をまとめているが、陸軍首脳との山県の認識には明らかに差があった。対米問題や列国協調では一致はあるものの、山県は「帝国の武力を過信し支那に対しては只威圧を以て志を遂くへし」との安易さを痛烈に批判した。加藤外相については山県も陸軍首脳に共通するものがあったが、中国の権益を狙う陸軍に対し、山県は闇雲な干渉には反対で、軍首脳と一線を引いていた。

政府内で対独参戦問題が議論される中、八月三日、奈良は支那（天津）駐屯軍司令官の命を受けた。このとき奈良は隊付の経験も少なく、連隊長の経験もなく少将に昇進していた。砲兵のプロを願っていた奈良だが、その道はますます遠ざかった。いみじくもドイツがロシアに宣戦布告した日であり、中国にもその影響は確実に及ぶはずだった。欧州の風雲が急を告げるなか奈良は天津に向かうことになった。着任したのは八月三〇日だった。北清事変後に設置された部隊である。

支那（天津）駐屯軍は明治三四（一九〇一）年五月、北清事変後に設置された部隊である。初代司令官は大島久直、その後秋山好古、仙波太郎、神尾光臣、そして奈良の前任者は佐藤鋼次郎だった。駐屯軍は天津に二中隊を、北京には一中隊を置いていた。北清事変の北京議定書に基づき、列強と同様に中国の玄関口に軍隊を駐屯していたのである。

さて、日本軍による独領の青島攻略戦が近づくなかで、陸軍首脳は加藤外相の外交手腕に憂慮していた。危惧したのは、むしろ彼のパーソナリティーといった方がいいかもしれない。明治三三（一九〇〇）年、第四次伊藤博文内閣成立のおり、加藤は伊藤に入閣の条件として、①外務省人事は外相に一任する、②外交の一元化、③元老の介入排除などを提示して伊藤に認めさせたその手腕は大隈内閣でも変わらなかった。

明治から大正にかけて四度にわたって外相に就任するのは並外れた人材というべきだろう。個性の強い加藤に対し、山県は、さすがに「平和時」の外相はともかく、「非常時」の外相として不都合と批判していた。元老は頑固な加藤が、この緊急時の日本外交をいかなる状況に導くのか危惧していたのである。また陸軍でも、外交一元化というイニシアチブを発揮する加藤に手を焼いていた。

八月七日、支那駐屯軍司令官に決定した奈良は、政府関係者への挨拶をおこなった。奈良に対し、外務省からはいろいろ注文事項があった。外務省が恐れるのが、陸軍の出先の独走である。加藤外相の右腕だった小池張造政務局長は、奈良に日頃の「陸軍側の蛮勇」を批判した。外交の一元化を目指す外務省は出先の独断を牽制していた。こうした外務省側の細かさは満州事変のころと比べると隔世の感がある。非常時とはいえ、加藤外相のイニシアチブが発揮されていたと考えられる。席上、小池政務局長は「出先に於て公使の意図以外に逸出せさらんことを希望」すると述べ、小村欣一書記官には、「例へは膠州攻略に参加するか如きは絶対禁止」と言われるほどだった。出先軍部の独断専行を抑制しようとしていた。

一方で、陸軍首脳も奈良を呼び出した。それは、寺内正毅朝鮮総督に対する四項目の伝言だった。軍上層部としては対独開戦について長老寺内の理解を求めたかった。すなわち①大戦の結果、今日の状況を「変更することなかるへし」こと、②日本の単独行動は不利であること、③中国を「日本の力に信頼して独立を維持」すること、④膠州湾は条件付で返還し、報酬として「満蒙の処分を完結すること」というものだった。

また中国問題について、日本はイギリス権益を無視することはできず「外交上特に注意」すべきことまで伝言があった。一方で、大隈首相については「徒らに衆議に訴ふる癖」があること、加藤外相の「評判悪し」こと、またアメリカが口出す可能性もあるため、今後の陸軍の方針としては「名を避て実を取る方針」を奈良は伝えていた。これだけではまだ中国に対し、陸軍は過剰な対処を明らかにしていたわけではない。開戦前だけに加藤外相への配慮があった。だが、青島陥落が明白になるころから陸軍の意向は変化する。

さらに、八月三日に加藤外相がドイツ大使と会見したとき、ドイツ大使は日本の局外中立を要請したが加藤外相は「不可能」と述べて大使を憤慨させ、また七日、ドイツ大使は松井慶四郎外務次官を訪問して「宣戦などとは甚だ意を得ぬ」と強い調子で牽制したが、こうした大使の強気の姿勢は加藤外相を硬化させた一因にもなった*7。

日本の対独強硬姿勢に驚いたのはイギリスだった。全面的な日本の参戦を望んでいなかったからである。参戦は日本の「発意」であり、日英交渉は「非常に手間取り種々の曲折があった」というのが実態だった*8。

ところで、台湾の対岸で変事が起きていた。八月一二日、福州の天野恭太郎領事は加藤外相に対し、台湾銀行本店から福州支店へのある報告を紹介してきた。それは「今朝打狗より兵隊千名出発したり、三都墺に上陸する由秘密に附せられたし」(『外文』)という電報だった*9。前述したように厦門侵攻作戦計画はまだ生きていたようだ。今度は、最初から台湾総督府の部隊が上陸作戦を実行しようとしていた。まさに大戦の混乱に乗ずる動きだった。天野領事は「出兵の計画ありし事は事実らしく」と続報したため外務省は驚いた。

加藤外相は、同件は、政府と無関係で「事実無根」であることを、わざわざ岡陸相に「異議なき旨の回答を得たる」後に天野領事に送った。陸相に釘を刺して電報を現地に送っている。強力なリーダーシップである。さらに、加藤外相は陸軍側に政府方針の徹底を要求した。この結果、明石参謀次長は一〇月八日、奈良に対し、山東方面の日本軍隊は「成るへく穏便を主とし」て、済南においても「軍服を着用したるものを城内に行かしめさる様」訓示があった。中国において過剰な行動に出ることば控えるべく通知していたのである。外務省の動きに、長谷川好道総長は、加藤外相の外交指導に対し「対支政策には好機」であるが、「外交方面之手腕果して如何哉疑問」と吐露するほどだった。

他方で、現地では日中両国人の傷害事件は多発していた。地元中国人住民からも現地日本官憲に対し「抗議が憤出」していた。奈良は「言語不通の為行違ひを生するに基因するもの多し」と記しているが、占領地には軍人のみならず行政に参加する者や商店を開く者、一旗を上げようとする者も多くトラブルが絶えなかった。

中国に着任した奈良は、他の陸海軍将校と同様、北京や天津の情報を次々に送った。それは「欧州日独両戦争に関する雑纂　第二巻」*10に多くが所収されている。彼の性格を表してか、民衆や日本人の動き、中国軍、馬賊など多岐にわたる報告電報である。大戦は勃発したものの、日中間にはこのとき衝突する主要要因はなく駐屯軍も通常の任務についていた。

ところで一〇月初旬、参謀本部将校が次々と中国へ出発した。旅順攻囲戦と違い、青島は陸の孤島状態だったため、無理な攻撃で陥落させる必要はなかった。このため参謀本部は青島攻略戦が始まると、陥落を予定してその後の方策を模索し始めていた。参謀次長明石元二郎中将、中島正武大佐ら七名が中国に向かった。明石次長は一七日、済南に来着し奈良が出迎えている。同地で奈良は明石次長に提出する書類を準備していた。まずは済南や天津の状況、山東省旧ドイツ利権の鉄道、鉱山、ドイツの対中借款状況、その他諜報書類だった。参謀本部の中で対中強硬派の一人だった明石は、すでに連合国側の優勢を予測して膠州湾方面への進出に非常に積極的だったことが「欧受大日記」*11にもうかがえる。八月二〇日、明石次長は寺内に対し「対支根本解決の為めには膠州湾問題は乗すへき機会」*12と積極論を展開している。陸軍の「乗ずへき機会」はいうまでもなく対中国問題だった。

そのために青島要塞の陥落のタイミングが問題になった。陸軍では「旅順と異なり急くを要せす」という判断がある。前述したように、かつての旅順要塞はロシア軍の最前線の大拠点で補給線も存在したが、青島は孤立し支援するドイツ艦隊もなく、陥落も容易だった。ただ膠州湾を「全然日本に取ることは米国が承知せす」だろうから、膠州湾還付等は「目下研究中」で、基本的に「名を避け実を取る方針」であり、これは外陸両相共に一致している。このような論議がその後の対華二一ヶ条要求の背景になっていく。対独参戦決定の段階ですでに極東のドイツ軍の一掃のみならず、いかに旧ドイツ権益問題で中国側から政治的成果を得るかを考えていたことが理解できる。陸軍は東アジアの勢力図の転換を模索していたのである*13。

一〇月一三日、中国出張目前、明石次長は寺内に対し「対支問題は我兵百万山東を圧する適当之時機と存候」*14として、攻略軍が山東に集中している状況をそのまま中国への威示として紹介している。このような方策の積み重ねが対華二一ヶ条要求の背景になっている。

一方、外務省側の心配は尽きなかった。済南の森岡正平外務書記官は、天津の松平恒雄総領事に対し、現地での日本批判は高まっており、日中両軍の対決を回避するよう支持している。

さらに二〇日、明石次長は寺内への書簡で、加藤外相が「元老より下は一般朝野に頗る不人気」でこの「外相之薄徳味方より迄も攻撃を受くるに至り居る事如何にも為国遺憾に存候」*15と嘆息している。味方にまでも不人気とは加藤外相の立場もないが、明石も寺内に何度も報告することによって理解を得ようと努力していた。しかし「根本解決」のためには、「外務当局に於て万一躊躇する如きあらは却て莫大の禍根く」と危惧する姿勢は変わらなかった。

対華二一ヶ条要求問題に直面した支那駐屯軍司令官

青島攻撃を目前にして駐屯軍も自ずと諜報活動が増えていた。奈良の赴任と前後して中国公使に日置益、書記官には出淵勝次、公使館付武官は町田経宇少将が赴任していた。奈良は天津の日本人居留民から中国通の日本人を募集した。駐屯軍は、彼らに資金を渡し山東一帯に送りこんで諜報活動をおこなっていた。これが参謀本部への報告の一部となっている。

しかし内実は杜撰な部分があった。これは奈良だけの責任ともいえないが、彼は苦労している。奈良も計算に入れていただろうが、金目当ての現地人、あるいは、詳しい報告が得られないケース、地図を持参しない偵察行動のため詳細な地点が結局不明となる場合、そのまま遁走する者など、玉石混合の情報や混乱の中で手間を要しながら報告をまとめるという苦心談があった。満州に比べて地元に情報源をもつ日本人はなかなかいなかった。同時に満州にやって来る日本人に比べてこの地域で集めた諜報関係者は明らかに質も悪かった。

ところで、天津に着任すると奈良は、袁世凱総統、黎元洪副総統に挨拶した。謁見した袁世凱からは、儀礼上とはいえ「案外の厚遇」があり、日本軍の教育を中国軍にも習いたいと盃をあげたという。しかし、一年半後には、奈良は反袁世凱政策に関与することになる。

青島攻防戦が終わると、中国は山東鉄道や税関の返還などを求め始め、交渉は難航した。こうした交渉を背景に、日本政府は中国に対しいわゆる対華二一ヶ条要求を提出した。この研究成果は枚挙に暇がないので割愛するが、大隈内閣の性格からすれば、つまり対外硬派が多いこの政権には、次から次へと各方面から要求が集まっていた。陸軍も同様で、シーメンス事件で政治力を失っていた政友会や薩摩海軍側は外交問題に影響力を行使することはできず、陸軍・参謀本部の積極論が台頭していた。山本内閣の崩壊、大隈内閣の登場は、対外硬派や軍部内の対中国積極論者の台頭を許していたことは間違いない。

交渉についてはあらためて述べるまでもないが、内政干渉は明らかだった。中身は第一項から第四項までが要求で、第五項は希望条項だった。日置益公使は大正四年一月八日、袁世凱に要求を提示、両国は長い交渉に入った。

二二日、明石は寺内への書簡で、対中交渉では「提議の成行は多少種々の故障も可有之候得共結局我決心の警固遂行力の如何に依り解決可致」*16と紹介していた。それでも「外交当局之意向は勿論未た肘度し得さる所」と外務省に対してはいまひとつ不安を隠してはいない。ただ談判が「行詰りの場合に於ける我当局の決心は数々岡陸相にも促し居候次第」で、「未た切り出す時期を得す」という状況だった。もし要求が入れられないならば、「断乎として数師団を燕京の城郭に進めは事は数ヶ月を待たすして解決可致……」と記しているので強硬さはよくわかる。「決心」はいうまでもなく最後通牒である。

明石次長は依然として強硬だった。それも問題解決には「欧州之平和克服の日更らに非常の面倒を要する」とはあまりにも火事場に乗じた発想である。「刀既に鞘を離るゝの今日」いまさら引き返せるはずもなかった。二月三日、明石次長は、中国に対し、第一期は満州と青島に交代兵を置いて、重複配置すること、第二期は数師団の出征準備をして「北京攻略に使用する事」にまで言及していた。書簡には「一気可成迅雷疾風之挙に出んこと」*17といった強硬論が記してあった。明石は、従来から日露戦争中の諜報活動が注目を浴びて、研究の重点もその点に集中しがちだが、陸軍の高級将校の一人として、参謀次長時代の業績、また台湾総督時代の足跡も含めて彼の中国認識を検証することが必要だろう。

三月一〇日、閣議は、支那駐屯軍に対し本国より増派することも決定した。奈良はまさに日中交渉の最前線の場に突如注目を浴びる司令官となった。軍事行動となれば駐屯軍が先兵となり中国軍と激突することになる。奈良は現有兵力では「任務達成は頗る困難」ということを当初からわかっていた。このため塹壕を掘り、居留民の避難壕設置など、様々な対策を打つ一方、直隷省の督軍朱家宝との面会と通じて、時局は「政府当事者の交渉に信頼する外なく」と平静を装い続けた。

最前線で援軍到着を待つ奈良は「失望」するほかはなかった。「作毎度対支交渉之不徹底概嘆に不堪候」と奈良は嘆息している。ならば最初から多少「輪郭を縮小するも確実の基礎の上に築かれたる」案を「堅固なる準備の下に提出」すべきではないかとも言いたくなるのは、司令官としては当然の思いだろう。

ところで、一月三一日、教育総監上原中将が天津、青島方面の視察にやってきた。このとき作成されたものが「松井少将青島要塞攻撃戦況視察報告」(「欧受大日記　七月上」防研)である。大先輩上原に奈良は久し振りに会い、また北京駐在町田経宇武官もやってきた。奈良はまさしく「懇篤なる」対応に終始し、山海関にまで上原を見送った。

さて、奈良は、日中交渉を見ながら「万一の場合に於くる考察」の準備に着手した。二月一三日には参謀総長の指示で開戦準備の行動計画案を策定している。同案は二五日に決定、以後研究が始まった。歩兵隊には機関銃座の構築を命じ、明石次長からは歩兵一連隊と山砲一中隊増加の通報(三月八日)があった。最前線となった駐屯軍の基地は大騒ぎのようだった。

それでも、まだ奈良が積み上げてきた中国当局者との交流は続けていた。中国側は「時局の関係上歓待に努め」ていた。一方奈良側も「努めて愉快の態度」を示すなど最前線では緊張緩和のために努力は続いていた。また中国側の首脳が奈良を訪問し天津の日本軍を増強しない旨を申し出るなど現場での交渉も続いていた。天津増兵が中止となるや中国側は奈良に対し食事に誘い感謝するといった行動もあった。この交流について、奈良は「最後の一時間迄友好関係を持続せんと公言」し、朱家宝から「共鳴」を得ていた。なんと最後通牒の通告の前夜も朱家宝は奈良を督軍公署に招き、晩餐を共にして平静を装うなど並の軍人では到底不可能な、かつ外交官的な役割をはたしていた。朱家宝は各地の巡撫を経験、革命後参議院議員、政治会議員を務めた袁世凱派の人物である。ただ、後述する張勲による復辟に同調して失脚している。

五月七日、政府はついに中国側に最後通牒を通告、天津では日本人居留民の引き揚げ準備、陣地の防禦工事も始まった。八日、臨戦体制を整えるなか、九日、中国はついに二一ヶ条要求の受け入れを表明した。このとき奈良は「悲壮激励の訓示を発し最後の時機を待てり」という絶体絶命の情況だった。同日は中国の国恥記念日となった。

七月五日、奈良は青島守備軍参謀長就任の電報で司令官の任務を終えた。七月下旬北京では離任する奈良に対し外交総長陸徴祥が午餐会を催した。彼は袁世凱政権が誕生してから外交総長の任にあった人物だ。さらに中国側は「破格」というべき「二等大綬嘉木章」を奈良に贈与した。強硬な交渉の直後だけに信じがたい事実だが、それは最後まで日中親善に尽力したこと、さらに赴任する青島での問題を「円満」に対処してくれることを願っての授与だろう。

それにしても午餐会のみならず「意外の餞別物品の贈与」があったというから、奈良の一貫した慎重な姿勢と、間違いなく栄達するだろう奈良に対し中国関係者が大きな期待を寄せていたとも理解できる。開戦直前を控えて現場の司令官はぎりぎりの状況で対処していたことが判明する。

青島守備軍参謀長

　奈良は久しぶりに東京に帰った。しかし新しい任地は、占領が始まったばかりの青島であるため、すぐに帰還しなくてはならない。あちこちで挨拶回りと赴任前の関係者会議等で多忙を極めた。八月二日には陸軍省で上原大将や川村元帥らと、また夕刻には築地精養軒で明石参謀次長の招宴に出席した。翌三日、参謀本部で尾野実信第一部長らと青島防禦について相談、さらに参謀本部第三部では青島の無線電信の改善について協議、五日、六日と山県、大隈首相ら軍首脳と会見、九日に出発した。奈良が青島に着任したのは一二日のことだった。

　青島守備軍司令官は大谷喜久蔵中将だった。大谷は日露戦争時に第二軍兵站監、韓国駐屯軍参謀長、そして第五師団長を経て着任した。占領地での軍政には経験豊かな人物である。

　一一月二七日、設置された司令部で占領行政の重要な職務はむしろ中国情勢の収集だった。現地中国側官憲との交流、孫文グループの情報収集、注目されるのは旧清朝一族の恭親王との交流だろう。

　初代軍司令官神尾光臣中将は、素行面において「不適任者」として「評判が悪く」、大谷が軍司令官に代わったとの背景があったようだ。いわゆる中国通といわれた情報将校が司令官に就任するのは稀有な例であるが、神尾には最後の職務だった。余談だが、同年一二月一八日、東京駅が落成して盛大な完成記念式典がおこなわれた。青島守備軍司令官神尾の帰国凱旋式がこれに合わせて挙行された。神尾中将を乗せた四輪ボギー電車がすべるように東京駅に入っていったことを当時の各新聞は伝えている。

神尾を支えた浄法寺五郎参謀長は健康がすぐれず、これも適任にあらずとして後任に奈良の名があがったようである。職務に忠実な奈良としては、また同地で綱紀粛正を期待されて再び敏腕をふるうことになる。

まず彼が断行したのは定期異動を利用して、各部長や幕僚の大部分を更迭して適任者と目せられる将校を配置した。かつての要塞司令官での経験が生かされた。こうした手腕を見ても奈良が有能な行政マンだったことがわかる。大谷司令官も従来の経緯を奈良に述べて「努力遭進を希望」した。そこで奈良は大谷の「意を体し」て、自ら模範を示すため昼食の機会を利用して幕僚や各部員に対し奈良の「意図」を伝え、また料理屋に出入りすることを戒め、そのような会食等の接待を受けないように注意したりと「多少行き過ぎて不評判あることは覚悟」して実行したという。

綱紀粛正は進行したが、対処に困惑していたのが渡航してきた日本人や居留民だった。青島は占領まもなくから日本人商人が多数入りこみ、飲食店や各種の商店をつくり「五歩に一楼十歩に一閣終夜弦歌の声を断たざる状況」になっていた。奈良の危惧していたことだった。奈良も嘆息している。彼らには「無資産者、醜業婦等」もおり、中国人の「信用を失いたる」状況だった。かつてドイツ軍は、むしろ彼らの類を退去させたが、日本側は有効な対策もなく、奈良は「将来日本の青島経営のため妨害となるへし」と予測するほどだった。

当時、大陸にいわゆる一旗組が出かけていく風潮の一端がうかがえる。それも彼らは資金を持ってやって来るわけでもなく、また商売はうまくいかず「生活に窮する者続出」という有様だったようだ。このため生活に行き詰まった者たちに旅費を与えて本国に送還する者がなんと毎日二〜三〇人もあったという。ともかく「悪質不良のものは勿論淘汰」すべきと奈良は言及している。他方で、奈良の在任中にグランドホテルを大阪ホテルが接収、ドイツの麦酒会社を大日本麦酒会社が接収するなど大企業も入り始めたが、まだまだ混乱の最中だった。青島守備軍の民政部は多忙を極めていた。

一方、山東鉄道経営には青島守備軍も大きく関与していた。青島より済南にいたる同鉄道には、満鉄から藤田虎力ら多数の職員を招いた。藤田は満鉄理事の座を降りて山東鉄道管理部長として敏腕を振るった人物である。大正六年一〇月一八日付の『大阪朝日』に「青島の繁栄」という談話を寄せ、製粉、製紙、骨粉事業など青島の開発経営が今後発展していくことに言及している。

技術者たちはドイツ軍によって破壊された鉄道や鉄橋、鉱山の修理復旧に努めた。関東都督府の任務と類似していた。しかし、彼らの業務を守る青島守備軍の編成等では歩兵一旅団というあまりに小規模だった。その上、占領地内の中国人との協力もうまくいかないため中国側官憲との意志疎通に奈良は尽力した。山東都督軍靳雲鵬と大谷司令官との交歓会や歓迎会など天津在勤時と同様、細部にいたるまで奈良は注意していたようである。因みに靳雲鵬は天津武備堂を卒業、中華民国成立後、北洋軍閥の重鎮となり陸軍部次長、山東都督となっている。

さらにもう一件奈良を困惑させていたことがあった。それは占領地行政担当の適任者がなかなかいないことだった。ドイツに代わって新しい政策を生み出そうにも人物不足だったようだ。

日本人の文官、職員も外地勤務を好まず、関東州からやって来たものが多かった。しかも、当局の推薦は、その方面の「第一人者に職員は満州からにあらずして第二第三流の人物」で、さらに他方で「日本人は性急にして変りに成果を望み根本的に調査研究を遂ぐる熱なく」、商人も「永住を期せず、自身の一生中早く成功」して帰国したい者も多く、ために「非道を顧みず事業を強行し土人の信頼を得難き欠点ある」は残念だった。

多くの犠牲を払って支配した関東州に比べ、植民地として見通しが不透明な青島では、将来を託して同地に勇んで渡航する行政官はいなかったというべきだろう。奈良は日本の植民地政策の問題点をも提起していたのである。他方で在留日本人の保護は重要だが、他方で中国人に「強圧」を加えて日中の「親善を害するがごときは深く考慮すべきこと」と指摘している。山東地域の占領行政は、同地が将来どうなるのか見通しが不透明で、払う代償も多い。非生産的な任務だが奈良らしく精勤している*18。

ドイツ占領時代の青島と比較しても、日本の占領行政は苦難が予想された。ドイツ側の精密な調査、植林の成功、庭園や街の美観、山の適地での井戸掘り、鉄道沿線のアカシヤ、さらに鉄道の枕材が木材ではなく鉄材であること、いずれも周到の準備によりつくられたヨーロッパ風の都市だった。

軍務局長時代──中国第三革命への関与

大正四（一九一五）年八月、中国では楊度、劉師培といった人々が中国での君主制復活を目的とする宣伝活動を開始した。袁世凱が帝制復活の準備に取りかかったのである。驚いた日本は英仏露に呼びかけて帝制の実施反対を勧告した。さすがの袁も帝制については取り消したが、中国国内でこれを機に袁世凱打倒の声が高まった。一二月六日、上海では革命党の一部が蜂起して機器局を攻撃するという事件が発生した。第三革命の始まりだった*19。

ここで注目しなければならないのは、大正四年八月、中国で袁世凱の帝政運動が始まったとき、第二次大隈内閣が改造内閣になっていたことである。すなわち、大浦事件といわれる大浦兼武内相による選挙干渉事件で内閣は改造していた。加藤は外相を辞任、しばらく大隈が兼任後、一〇月に駐仏大使だった石井菊次郎が就任した。海相は八代から加藤友三郎、内相に一木喜徳郎、文相に高田早苗、蔵相の武富時敏、司法省の尾崎行雄、農相の河野広中、逓省の箕浦勝人などの顔ぶれが入閣した。さらに、大臣補佐として参政官システムを採用していたが、大蔵副参政官の柴安新九郎、海軍副参政官の田中善立、司法参政官の関和知など従来の対外硬運動で活発な活動をしていた政治家が政権中枢に入ったことも見逃せない。

一木はともかく、新しい顔ぶれは憲政本党時代の硬派が多い。なかでも硬派ではなかったが、尾崎の対中強硬論は厳しく、初入閣だった石井外相のリーダーシップは強いものではなかった*20。フランス大使から帰国して外相に就任した温厚な石井は、加藤外相に仕えて、かつ個性的な小池張造政務局長の経験や手腕に遠慮をしていたかもしれない。

ともあれ大隈首相にかつてのカリスマ性のあるリーダーシップがないこと、外交は外務省を自認していた加藤の退陣は、アジア志向の強い小池政務局長も含めて陸軍や他の硬派閣僚の影響力を増大させることになる。

同年一〇月、明石が参謀次長を退任し、田中義一が参謀次長に就任した。田中次長は、一一月一五日、出先に対し「友誼的勧告は支那政府の容る所とならず」、政府は「断固たる決心を以て之に対する覚悟」*21があることを通知していた。田中も明石同様、中国への強気な姿勢を見せていく。

袁世凱の帝制運動は列国の反対で不発に終わったが、中国国内は不穏な空気が続いていた。政府では、対応をめぐって論議が起きていたが、冷静だったのは海軍次官の鈴木貫太郎少将だった。鈴木次官は、一二月八日、新任の田中参謀次長に「帝国本来の冀望は極来の平和を維持」*22することであり、「強圧を如へて支那の同意を求めて反て擾乱を惹起するか如きは、帝国の断して忌避せん」ことと牽制する書簡を送っていた。海軍首脳としてはむやみな干渉を回避したかったのである。たかだかこの一通で鈴木貫太郎を論ずることは危険だが、確固たる彼の対外認識を知ることができる。

二人の因縁は、昭和に入り鮮明となる。田中が首相、鈴木が軍令部長を経て侍従長となり、張作霖爆殺事件への対処、また昭和天皇への奏上を巡って合間見えることになる。宮中入りする鈴木の見識を知る興味深い書簡であることは間違いない。鈴木は、日中両国の「結合を堅くする為必要なる手段を講する政策を取る」べきことを強調していることを注目しておきたい。

さて、二五日、雲南において李烈鈞ら南方の軍閥が提携して挙兵、護国軍を組織して独立を宣言して動乱は拡大した。いわゆる第三革命の勃発だった。第六師団長に転じていた明石は二三日、徳富蘇峰に対し「支那殊に袁之天下は到底擾乱免るゝ不能事」*23と説明、袁世凱の日本への非協力的な姿勢に業を煮やした軍関係者はこれを機に反袁に傾斜していった。対華二一ヶ条要求で政治的勝利した軍部は、さらに中国問題で前のめりになった。

本論から多少離れるが、新任の尾崎行雄司法相が反袁に積極的だったことは注目したい。前年より尾崎は「排袁の目的を貫徹」を述べている。大正四年一〇月一四日の閣議決定をひかえて幣原喜重郎外務次官、小弛政務局長と会談して「袁世凱の帝位に就くことは反対」をあえて表明するほどだった。帰国途上の新任外相石井菊次郎を出迎えに行く小池に対し、尾崎は、石井に反袁に同意するべく根回しを依頼した。後年次のように尾崎は回顧している。

大隈内閣の改造について「改造は私の注文通りに運んだ。是から後は大隈内閣の半分は私の内閣で、為ることは大抵私の意見通りにやった」*24と述べている。自負に溢れすぎた回顧だが、影響力はある程度発揮したのだろう。一木、武富、高田、箕浦らは旧知の仲だったのは事実だ。さらに次のように言及している。

「支那の方は内乱が起こると云ふ忠告をして起こらないといけないから、内乱を起こして貰う注文をした、是は書いては困る、北から蒙古王パブチャップ、南は孫逸仙が居る、是は金さへやれば動く……」*25

ここまで尾崎が外交指導したとは思えない。ともあれ「憲政の神様」といわれた尾崎だが、自由民権運動や憲政擁護運動などで活躍した大衆政治家が中国への干渉を堂々と述べている。実は、彼の強硬論は一貫している。日清戦争直後の三国干渉に反対して伊藤博文首相を批判した尾崎だが、辛亥革命で「支那保全」は不可として「不保全」に言及するなど終始対中積極論だった。自由民権運動では、内に立憲主義、対外的には帝国主義を論ずる政治家は少なからず存在していたが、このころの尾崎はまさにその通りだった。また憲政本党出身でも、対外硬派と距離を置いた犬養毅のように孫文と親交を深めた政治家もいる。いずれにせよ、中国政治の混迷は、日本の政治家さえも中国論議に多大な影響を与えていたことは間違いない。

閣議決定直後の一〇月二五日だった。梅屋庄吉の自宅で、孫文と宋慶齢との結婚式があった。政友会の小川平吉、頭山満ら大陸浪人など六〇人ほどを集めて盛会だった。会場は、挙式を祝う声と革命成就への高揚感にあふれ、まもなく勃発する第三革命の後押しになった。

ところで、青島守備隊の管轄下でもある山東半島を見る限り革命蜂起といった不穏な動きはなく奈良を安堵させていた。奈良は、袁世凱の目論む帝制は「仮令一時躊躇するも遂に成立すへく」（一一月二四日）[*26]と上原に紹介し、また反対派である革命党については「金なく統一なく到底大事を挙くるに至らさる」との認識があった。それに「人心腐敗の極に達し、節なく義なく」の状況では、国内ではとても「袁の野心を絶対に阻止すへきも遂に出現せすと判断」している。

要するに奈良は、袁世凱には強力なライバルがいないので、同政権が継続するとの読みがあった。この認識もあって奈良は、中国への干渉など微塵も考えていない。これは、前述した鈴木書簡に通じるものであり、元老山県や寺内朝鮮総督の認識と共通するもので、明石の積極論とは差がある。

では日本はいかなる姿勢を示すべきか。珍しく奈良は日本外交に踏み込んでいる。つまり「絶対に帝制を阻止する事なく、日本の同意を得日本之後援に依るにあらされば帝制も袁之登位も成立せすと観念せしむるを必要」と言及している。奈良の「持論」としては、中国への内政干渉は、「適当ならず」、「革命を援助するがごときは何等の益なし」との理解だった。つまり中国の政権が変わろうと「飽迄友好親善を維持」して「経済上の利権を収むるの方針」が適当と記している。革命支援に否定的な奈良が、その後、軍務局長に就任してやむなく強硬論者と協調することになる。

奈良は、帝制実施により動乱勃発するならば、やむを得ず日本人居留民保護のため「出兵を承諾せよと迫る」というもので、革命党も「一定不変之主義にあらす」で必死に日本が保護しても「得る所なからん」こと、さらに決定的なのは「仮令袁世凱倒れたりとて到底孫文黄興の天下となる事なかるべく、第二之袁世凱現出するもの」と認識していた。要するに軍閥政権はたとえ袁が倒れても同様な形で続くだろうというのは透徹した認識である。それは孫文勢力の脆さを感じていたからでもある。

一方、海軍で突出して中国問題に関与していたのが秋山真之軍務局長だった。伝統的に、海軍では、当然と言うべきか政治問題に関与といったことは回避する傾向があった。特に明治時代は、国際協調を唱える山本権兵衛の存在感、彼を支える斎藤実という卓越した軍政家が存在したからである。山本は、薩摩の重鎮、日露戦後、日米未来戦の風説が登場する中、渡米して、セオドア・ルーズベルト大統領と会見、さらに記者会見で「一にも平和、二にも平和、何処までも平和を以て進むべし」*27と日米協調に言及している。

斎藤も駐米公使館付武官を四年ほど経験、英語がうまく、後にジョセフ・グルー大使と英語で会話ができたと言われている。岩手出身の斎藤の能力に目をつけた山本は海軍次官に抜擢、そして薩摩の仁礼景範大将の娘春子と結婚している。媒酌人は山本だった。まさに薩摩閥に属することになる斎藤だが、温厚さや、対外協調は山本と同様なものだった。

その二人が海軍からいなくなったことは、それは薩摩閥の凋落でもあったが、政治の世界を覗きたい高級将校の野心を抑制する空気は徐々に減少していたと見ることができる。秋山は、才能豊かな軍人だが、山本や斎藤が健在なら中国問題に積極的に関与できなかっただろう。異色な八代海相の退陣後、加藤友三郎が海相に就任したことは、海軍内で力関係で、多少ゆれ戻しの作用が働いたかもしれない。斎藤海相の下で、海軍次官として軍政に尽力した加藤友三郎の力量が幸いだったようだ。

ところで、陸軍の情報畑を長く歩んでいた宇都宮太郎宅にも秋山がやって来ている。宇都宮も孫文派にはパイプがあったようだ。秋山は三井物産幹部の犬塚信太郎と親交があり、彼との交流も中国への関心を高めたものと思われる。孫文や久原房之助といった革命関係者や革命支援の日本人実業家との接触も知られている。秋山の海軍将校としての役割もそうだが、中国革命との関わりで詳細な検証も必要であろう*28。

さて、青島でも動きがあった。同地に滞在している恭親王（愛新覚羅溥偉）がこのころから積極的に大谷司令官や奈良に接触し始めていた。恭親王は清朝の皇族で旅順に滞在する粛親王と共に宗社党（清朝グループ）の有力メンバーだった。辛亥革命のとき、恭親王は粛親王とともに皇帝の退位に反対した人物だった。革命後、北京を去りドイツの保護を求めて青島に滞在していた。彼も加わっていた宗社党は、皇族に連なる良弼が中心人物だったが、明治四五年一月暗殺されて宗社党は求心力を失った。この結果、宗社党の組織力は低下し各地で分派活動をおこなっていた。

彼らの願いはいうまでもなく清朝の復活、すなわち復辟である。恭親王は山東半島が日本の占領下に入ると、青島守備軍司令官邸に時おりやってきて玉突きなどに興じて日本軍将校と親交を深めていた。山東から独勢力がなくなれば、自身を庇護してくれるのは日本だった。旅順でも粛親王が動き始めたころ、恭親王もまた復辟の好機到来と感じていた。

奈良が見た恭親王は「大に焦り居る」様子だった。そこで山県に書簡を出したい旨を伝え、その取次ぎを奈良に依頼した。彼の「焦り」はいくつか理由があった。護国軍の蜂起に焦り、済南周辺の孫文派ほど活発な活動ができなかったこと、何よりも武力を持たない恭親王としては袁世凱を倒すには日本を頼るほか以外なかった。

以後、恭親王は奈良と会見すると必ず「反袁作業に日本の援助を懇願」した。奈良にとっては中国革命では初の直接体験だった。旧皇族は復権に奔走していた。軍閥の割拠、国民党が脆弱化するなか清朝の遺臣は復辟に向かっていた。愛親覚羅一族、なかでも北京の周辺に溥儀が存在する限り可能性があった。青島攻防戦でドイツの権益は消滅し、満蒙独立運動の経験からも、頼れる庇護者は日本以外になかった。

一二日、奈良は大島健一陸軍次官、田中参謀次長に恭親王の要件を送った。この一件は参謀本部情報課長、続いて支那課長を歴任していた浜面又助大佐に報告された。恭親王の書簡は、「逆臣袁世凱」*29を痛烈に批判する一方、「此際、貴国力援助を御承諾あらんことを感憤の余、継くに涙を以てし切に懇願致候」という内容だった。「黄竜旗をして復活起たしめん」との言及、それは明らかに復辟を目指すものだった。

これに対し、二六日、田中次長から山県の返事が伝えられた。山県としては恭親王の境遇に同情しつつも、自身がすでに政権の外にいるので力が及ばない。そこで当局者たる大隈首相にその意を表明されたらどうか、希望があればその書面を首相に伝達の労は取るといった冷静な返事だった。やんわりとした拒否である。日本側にすれば、清朝復活はすでに遠い過去のものであり、手を貸せるものではなかった。また山県はこのとき、対華二一ヶ条条要求にも消極的だったように対中国干渉に反対であり、恭親王の動きに関心があまりなかったということが真相だろう。

他方で恭親王は上原総長を含め各方面に根回しをおこない、二月一日田中次長にも直接書簡を出して、青島に居住すること四年、いまこそ「乱臣賊子は之を誅せさるを得す」*[30]と要請している。同様に二月二六日、旅順の粛親王から福田雅太郎参謀本部第二部長に対し「閣下の御尽力に依り」と助力を願い、自身の立場では「財力薄弱なるを以て、必す大日本政府の賛成を仰かさる可らす」と支援を要請していた*[31]。こうした願いが後年、関東軍による溥儀の執政擁立の伏線になっていく。旅順では、粛親王が二度目の満蒙独立運動を始めたとき、恭親王は陸軍首脳に必死に働きかけていた。その後、第二の満蒙独立運動が失敗して、さらに大正一一年、青島が日本から中国に返還されると、行き場のなくなった恭親王は旅順に移っている。

三〇日、奈良は恭親王宅を訪問した。前述の意を伝えると、恭親王は「自分の境遇に対し御同情下され感謝に堪へす、大隈伯へは更に手紙を認め依頼すへきも取へす閣下より自分の手紙を大隈伯に示し然るへく御依頼あらんこと熱望す」と述べていた。ともかく日本の支援で清朝を復活させたい一念だった。

しかし、山東の地は恭親王だけではなかった。他にも孫文に連なる革命派も存在していた。革命派の動きは宗社党より活発だった。彼らは軍事力を所持し、日本軍にいた下士官たちも退役して参加するケースもあった。孫文に革命の夢を抱いていた日本人や退役将校もいた。フィリピン独立運動、辛亥革命というように東アジアの政治変革に新たな国家を夢見る日本人が増えていたことは間違いなかった。

山中峰太郎もそういった一人だ。陸軍士官学校卒業だが、山中未成の名で文章を新聞社に寄稿などおこない陸大を退校、第二革命や第三革命に没頭した人物である。従来からの孫文との交流から萱野長知や中西正樹といった日本人も動いていた。革命家黄興と親交があった末永節は、このころ袁世凱を評価していた人物だが、かつて末永宅を訪問したとき、いくつかの史料を見せていただいた。黄興が座っていたという席や、居間にあった掛け軸は当時の雰囲気を伝えるには十分な空間だった。福岡市博物館に史料が寄託される直前の貴重なときだった。

さて、義和団の乱、辛亥革命、第二革命を経て日本人の中に、孫文以外にも肩入れする革命家、あるいは袁世凱支援というように、軍閥に肩入れする人々というように、革命が発生するたび、なかなか統一国家が成立しない政治状況に対応が分裂していた。これが混乱に輪をかける。末永などは反袁世凱政策ではこの風潮に乗らなかった大陸浪人の一人だろう。中国問題で日本人の認識が錯綜していた一例である。

彼らの一部は青島守備軍の一部とも気脈を通じていた。奈良の配下にあった坊子（現在の濰坊市坊子区）に駐屯していた石浦謙二郎（大佐）連隊長などは孫文派とパイプがあった。彼は同地周辺で蜂起した革命軍と通じており、問題にもなった。奈良の職務はこうした革命党系の取締りも入っていた。彼ら動きは「各国内政関係雑件　支那の部」で判明する。同史料では革命派と親交を深める軍人や日本人記者、大陸浪人の動向を記している。なかでも久原房之助や梅屋庄吉の孫文支援は今日ではよく知られている*32。

梅屋のところには孫文や石浦など軍人、大陸浪人など革命と関与した関係者の様々な書簡が残っている。蛇足だが、「梅屋文書」には、フイリピン独立運動に参加するため銃弾五万発を載せフイリピンに向かい、台風で沈没した「布引丸」の貴重な写真も残っている。

ともあれ、このような動きを見た奈良は、中国の「不安定を歓迎し居る浪人志士等多し」と大陸浪人などの存在を問題視している。彼らは「憂国を標榜する野心家なり」と批判的だ。他方で陸軍内の「支那研究者益々増加するの趨勢」と理解していた。だが「支那ゴロ乃至志士の運動も大いに取締の必要」と主張している。綱紀粛正を重んじる奈良は、風紀を乱す日本人に不快だったことがわかる。

二月後半に入り、中国通の貴志弥次郎大佐や青木宣純中将が青島、済南の地に来ている。これは情報収集である。田中次長の思惑では、宗社党や孫文派が革命の主力ではない。主力は、南方の軍閥の連合軍というべき護国軍を軸に反袁政策を展開する予定だった。そのためには護国軍以外のグループが独断で動くことは絶対に回避しなければならなかった。反袁世凱勢力は、護国軍のほかに孫文の革命軍、粛親王の宗社党と連携したグループ、また宗社党と連携し、満蒙独立運動の中心勢力なったパプチャプ軍などいくつかの軍事勢力が割拠していた。

外務省秘密会議の役割

奈良が帰国する直前だった。大正五（一九一六）年一月一三日、水交社において参謀本部と軍令部の合同会議が開かれた。焦点は中国の袁世凱問題だった。軍令部の八角三郎少佐は上司の森山慶三郎第四班長に対し、①帝政は失敗する、②動乱は拡大する、③帝政は日本に不利、と意見を伝え参謀本部側の主張に備えた。席上、参謀本部側は「書いたものを準備して堂々とやる」という用意周到ぶりを見せた。これに対し軍令部の森山としては「こっちも何かいわなくてはならなくなり、君の書いたものを山屋他人軍令部次長に渡して読ませた。そこで次長は一夜にして討袁派になってしまった」*33と森山は八角に紹介している。

参謀本部は対中積極論だった。陸軍の強い姿勢に八角は、「海軍もどうやら引っぱり込まれてしまった」ことを述懐している。そして、この会議の始まりが反袁に傾斜する転換点になる。奈良が軍務局長に着任する前に、本国では反袁世凱政策で事態が相当進行していたことがわかる。

一五日、参謀本部の福田雅太郎第二部長は具体策を軍令部に示した。①帝制不承認、②列国に対し帝制不承認の延期を勧告する、③必要の際自衛手段を発動する、④政府は漸次中立案を示す、以上四点が方針だった。軍令部は「自衛手段」表現を危惧した。これは武力発動を意味する。そこで軍令部は「第三項は我胸中に在すへき決心に属するか故に之を削除」することを要求、これは陸軍に認めさせた。海軍側はまだインド洋、地中海方面で連合軍の商船隊の護衛で奔走しており、中国問題への関与など、これ以上新たな難題を引き受けるつもりはなかった。

ともあれ、帝制反対について陸海軍が総論で一致をみたのは事実である。大正五年一月一九日、政府は閣議において、①帝制不承認、②動乱を無視して「帝制を実行するの無謀」を決定、以上を袁世凱に伝えた。内容を見る限り、袁世凱政権への牽制である。二〇日、上原総長は雲南の護国軍が「ものになるにも多少之時日を要」するが、帝制については「内閣は直ちに之を認め候様子無之候」*[34]と明石に紹介して対応することを伝えた。

革命当初、田中次長は革命に干渉するほどの野心的な考えをもっていなかったが、一月九日の閣議以降、田中次長はエスカレーションしていく。しかし、これを推進するには陸軍長老の朝鮮総督寺内正毅の理解が必要だった。寺内はむしろ袁世凱との提携を考えており、田中たちが反袁政策を推進していくことには消極的だった。

田中らの仲介で、外務省は、中国から南方派護国軍の岑春煊や孫文派の幹部を東京に集めて一月二四日から、統一戦線に向けて何度も協議をおこなった。二月に入ると、岑春煊は孫文の寓居まで訪問して協議を重ねている。これは世情の注目を浴びていたようで、新聞にも両者の会合が紹介されている。ところが主導権争いや利害が錯綜して反袁世凱の統一戦線は簡単ではなかった。

二月七日、田中は寺内に、山県と大隈首相の会見ぶりから、「首相は暗に閣下に後を譲るの意味を示されたること」*[35]もあり、また山県自身も「超然内閣を組織せしむる必要ありと暗に閣下の事を示され」ていると寺内の心情をくすぐる書簡を送っている。後継首相を示唆して寺内の御機嫌取りをしたかどうか真意は不明だが、田中としてはどうしても革命干渉に消極的な寺内の、賛同はともかく、暗黙の了解が必要だったのである。一九日にも田中は、寺内に「此際断然たる方針を決定し状況の推移を指導する」*[36]ことを紹介し、不退転の意を明らかにしていた。さらに田中は野党政友会総裁の原敬にも根回しをしている。干渉政策に同意を得るため、説得が必要だった。

三月三日、政友会の原敬と田中は面談した。席上田中は、護国軍は資金や武器弾薬が欠乏しており、このままでは「今一週間もすぎなば自滅」[37]すると悲観的な見通しを述べていた。さらに田中は「袁を救ふ事不可なる形勢」のため、ぜひとも「外交方針を定むる事肝要」と言及、ここでも現在「外務省に迫りて廟議の決定を促し居るも未だ決定に至らず」ことを伝えている。原が袁世凱にいかなる認識を持っていたか定かではないが、田中の事前工作に「兎に角陸軍は小細工を好」むと批判的に記している。

日中「親善」に言及する原は「内政不干渉」を再三述べて反袁政策に否定的だった。だが田中は急いでいた。五日、田中はさらに大島陸相に対し現状の対中政策は「手後れ」であり、南方援助も「時機を失せる観ある」ことを紹介して干渉への閣議決定を迫っていたのである。田中次長は関係者に対し盛んに「手遅れ」、「時機を失せる」という文言を使っている。

もし干渉を決定して出先への連絡は取れても、当時の状況では、いくつかの反袁世凱勢力に日本の支援を徹底するには時間が要した。その上、各勢力は武器弾薬や資金が豊富ではない。まごまごしていると、干渉のタイミングを逸するという判断だろう。それほどまでして、日本に非協力的な袁世凱を倒して親日政権を田中は樹立したかったということだろう。参謀次長としては異例の政治工作である。

ところで、大正三年一二月まで教育総監だった上原は、翌大正四年一二月一七日に参謀総長に就任しており、田中が動き出すころには、上原が反袁の陣頭指揮をしているわけではない。むしろ、上原の信任の厚い福田雅太郎少将が参謀本部第二部長の任にあり、福田から詳しい情報を得ていただろうことは想像に難くない。福田は上司の田中次長とともに積極論であるため、上原と大きな齟齬はなかったかもしれない。

さて満州では、再び満蒙独立運動が始まっていた。首謀者の一人川島浪速ら大陸浪人が粛親王の住む旅順に集まっていた。彼らは「何とか粛親王を日本扶掖の下に起たしめたく運動」していたが、「甚た覚束なきこと」述べていた。支援がなければ動けない。田中次長がそれは北方の動きにそれほど期待していなかったため抑制していたのである。

田中次長の方針では、護国軍が主体であり、孫文の革命党や満蒙独立運動は側面的支援ものになる。袁世凱の北洋軍閥と対決するには、南方の軍閥の連合軍たる護国軍が一番手の対抗馬だった。

田中次長は袁世凱について「形勢非なるを覚らば自ら大総統を放棄して身を全ふするの策に出つるやも知れず」と袁の変わり身の早さに言及しながらも、日本としては根本を決定して「動かざる如く邁進するの外なし」、新任の石井菊次郎外相にも「日本亦彼らと心中は出来不申」*38と一致していることを寺内に報告(二三日)していた。さらに、田中次長は、岡市之助陸相(三月下旬病気で辞任する)に対しても二月二一日、「今日は袁は全く退譲せしむるの手段を構し、之と共に我政治的勢力を扶植するの手段を構する万有利」*39と積極姿勢を明らかにした。

田中次長らの工作が実を結び、政府は三月七日の閣議で、①中国に「優越なる」勢力を確立する、②袁世凱を追放する、③反袁のための情報収集、④正面から退位を要求すればかえって袁が「活動を」開くこと、⑤適当な時期に南方軍を交戦団体と承認する、以上五点を決定した。大隈内閣はついに反袁政策を決定したのである。これは内政干渉の肯定であり、日本の外交では稀有な閣議決定だった。翌八日、大島健一陸軍次官は、さすがに反袁政策に消極的な寺内に気が引けたのか、「対支意見は揮沌たる有様時々御教示を精度」＊[40]と記すほどだった。

三月九日、田中は病気療養中の岡陸相に対し、「対支政策も漸く決定致候得共大分手後れに相成、随分難渋の事と被存候」＊[41]と紹介している。「手後れ」というのは、閣議決定後の政策遂行に焦りを感じる。それだけに「難渋」であろうとも反袁は推進しなくてはならなかったのである。同日、軍令部の森山第四班長は竹下勇第一班長に「外務陸軍協議に関する事」＊[42]を通知した。同日からいわゆる外務省政務局長室において秘密会議が始まっていくのである。

幹事役は政務局第一課長の徳川家正だった。徳川は徳川宗家の第一七代当主、徳川家達の長男でシドニー総領事や後にトルコ大使を歴任、日土協会会長、貴族院議長を務めた。徳川宗家の当主が、革命への政策立案に関与していたのは興味深い話である。事前の調査で徳川家に史料状況の確認を要請したことがあるが、宗家による資料整理を語られて日記や書簡の有無など確認をできなかった。徳川が残した「外務省勤務中取扱ヒタル諸件」＊[43]を見ると、内容から察するに彼の記述の元になる史料等が存在するかに思われる。

さて、徳川は、この史料の中で、中国問題で「反政府の策動本部となったのが外務省内の小池政務局長の室であった」ことを認めている。そして、小池政務局長は「表面上石井外務大臣は全然関知しない形」として週二、三回ぐらいずつ参集して「情報を持ち寄って」協議していた。中心人物は田中次長と小池政務局長である。

一方、中国視察のため八角少佐は上海、北京、奉天と回っていた。ところが、二月中旬、帰国命令で東京にもどると、「予想以上の大さわぎになっているには驚いた」とも述懐している。

八角は、岩手県盛岡の出身で、兵学校受験は同郷の原敬のアドバイスだったとの話もある。また同期だった米内光政とも懇意でバランス感覚の持ち主の海軍将校だったことが推察される。八角の書物は岩手県立図書館に寄贈されているが、「八角文書」は確認できなかった。だが、防研の図書館には、いくつかの八角のメモなどが残されており、有用な史料である。

さて、八角少佐の話を総合すると、外務省での秘密会議（以下、外務省秘密会議とする）の前身は一月から断続的に始まっていたことを伺わせる。

「わが政府も今度こそは対外方針を一本にすると称して一月末から毎週一回ずつ、外務省の小池政務局長の部屋に陸海軍の軍務局長、参謀本部・軍令部の作戦及び情報部の各部長が集まって情報を交換することにしたが、今から考えたら随分どうかと思われることであった*44。

日本が仲介していた岑春煊の護国軍と孫文派の東京での会合は結局成功せず、田中たちの目論見は外れることになる。

「何しろ陸・海・外務の首脳者の会議で、討袁派に援助を与えることに決し、これがためには南方では岑春煊を中心とし、それに梁啓超を総参謀として、広東に雲南、貴州・広西・広東省を一纏めとする軍務院をつくらせ、また北の方では粛親王を中心として満州に清朝復辟の義軍をお起さしめ、また孫文・黄興をして中支に活躍せしめるという大体の方針で、…」*45

八角は、秘密会議について「今から考えたら随分どうかと思われる」と回顧し、また「何しろ大隈内閣の対支政策というのは、よくいえば奇抜悪くいえば出鱈目で全く参った」と批判している。政府の中国政策を「出鱈目」と評価する軍人もそうはいない。この会議に対する八角の印象は良くないことをありありと示す回顧である。

帰国して驚いたのは八角ばかりではなかった。奈良もその一人だった。大正五年三月三〇日、岡市之助陸相は病気悪化により辞任、後任は大島健一中将となった。次官は長州出身の山田隆一軍務局長が転任、奈良は軍務局長となった。青島の守備軍参謀長の後任には森岡守成少将が着任した。奈良は従来、軍務局長は長州閥、また歩兵科出身が多かったが、「予期をせざる」軍務局長職に驚きと喜びを感じていた。ただ、彼の軍務局長時代は、大戦、第三革命、シベリア出兵と激動の時期で多忙な職務であったことは確かである。

奈良は、陸軍省において軍務局長は「頗る重大」な職務で、いままで柴勝三郎以外は長州閥出身者ばかりだった。軍務局長職は一八九〇年の桂太郎を最初に、児玉源太郎、中村雄次郎、木越安綱、中村雄次郎（二度目）、宇佐川一正、長岡外史、岡市之助、田中義一、柴勝三郎、山田隆一と、出身はともかく圧倒的に長州閥が多く、この職を得ることが栄達の道だった。軍部内でも「閥族打破を念願し居るもの少からず」こともあり、他方で自身も「閥族中に知己多き」こともあり、むやみに「偏することを慎」しんだという。この点は奈良のバランス感覚のうまさがうかがわれる。それだけに人によっては「不得要領」との批判もあったようだ。

砲兵科出身として異例の軍務局長就任に、奈良は「一面大に喜すと同時に一面能く成功するや否や」と不安もあった。まだ長州閥の影響力も残っており「警戒を要するを感ず」とも記している。さらに奈良は、軍事参議院議長、軍用自動車調査委員長などを兼任することとなった。

実はこれより先に上原が参謀総長に就任したとき、田中次長は奈良を参謀本部総務部長と考えていた。上原に配慮したのかもしれない。同時に、田中は、奈良を恐らく上原とのパイプ役と期待して指名したものと考えていたのだろう。ところが、大島健一が陸相に就任すると彼が奈良を軍務局長にと希望したことが優先することになった。奈良の人事異動の時は必ず上原や田中が関与する形になっているが、人事のバランスもさることながら奈良の能力が陸軍上層部で高く買われていたことを示している。奈良も高級副官、課長職以来、本格的に政策立案の中枢に入っただけに高揚感や責任感、使命感などが強く沸いていたはずだ。

奈良が帰国して直面したのは反袁政策で揺れる外務省秘密会議の只中だった。奈良は、辛亥革命以来陸軍の中に「支那研究者益々増加」しており「状勢平穏ならず」という空気だったことを記している。前述したように、奈良は中国への干渉は反対だっただけに軍務局長就任は喜ばしいことだったが、不本意な政策に関与することになる。

奈良が秘密会議に初めて出席したのは四月二二日である。会議はすでに何度も開催され、奈良も受身で出席したことは想像に難くない。奈良は「此野心家を操縦することが政務局長の一事業」と認識している。

外務省秘密会議の日程を「竹下日記」と「奈良日記」で確認すると、開催日が大略判明する。すなわち、三月九日（竹下出席）、一三日（海軍から森山、鈴木次官、山川端夫参事官が参加）、四月一三日、二〇日、二二日（奈良初の出席）、二四日、二七日、五月二日、五日、一一日、一三日、一六日、二二日、二六日、二九日、三一日、六月二日、五日、六日、九日、と袁世凱の死去までの会議の開催日を見ると、間隔が短くなり会議日が増えていることがわかる。

反袁勢力がまとまらないため、現地では各勢力が自由に軍事行動を起こすという状態になっていく。それに、日本の支援は組織立ったものではない。外務省秘密会議では、袁世凱打倒を睨んで実業家を動員していた。軍事援助の代わりに借款を用意するためである*46。久原房之助や大倉喜八郎がいい例である。

久原は長州の萩生まれで、久原鉱業創設で成功し、同郷の田中次長と親交があった。こうした繋がりから久原は孫文に多額の資金を与えている。その証拠のひとつは筆者が調査に入った茨城県高萩の日鉱記念館である。そこには、孫文が久原に渡した「領収証」*47の一つが残されていた。これは驚くべきことで、まさしく借款を表す骨董品的な代物である。「久原文書」には、業務関係の史料がほとんどで、中国革命の史料は多くは残されていない。ただ革命派の幹部が何度も久原事務所にやってきて久原の側近と面会しており、外務省や内務省が動きをつかんでいたことが「外文」でもわかる。

実業家久原が関心を持ったのは、中国の鉱山開発、なかでも揚子江の漢口の鉄鉱石などへの強い関心だった。そのために孫文を支援した。一方、大倉は満蒙独立運動を支援し、それは同地域の森林開発を目的としていた。実業家は政府の意向を受けて安易に革命援助を目論んでいたわけではない。会社の利害や実益が当然絡んでいた。なかでも久原はこれをきっかけに中国問題に関与するようになり、田中と交流を深め、後に政友会の大幹部にまで上り詰める。

寺内総督への説得工作と海軍の抑止策

外務省秘密会議が開かれる中で、すでにいくつかの工作がおこなわれた。なかでも有名な革命党の工作としては、日本に留学経験があった孫文派の王統一らによる上海での軍艦の乗取り事件がある。三月中旬のことである。久原房之助のところの厚母二郎という幹部社員が三〇万円を持参、八角を通じて王統一にその資金を渡すことになった。革命資金である。

席上、王統一は日本海軍の予備の下士官兵を上海に送り中国の軍艦乗取りを計画していることを打ち明けた。八角は驚いた。「日本海軍の許可を得たと称して」*48軍艦乗取りに動いては日本の不始末になってしまう。日本人兵士を使うことはまずく、中国人が実行すべきことを主張したが、王統一はすでに多数の日本人が上海に行っているとの返事だった。これを聞いた軍令部の竹下勇第一班長はこの事件の阻止を指示、上海駐在の高倉海軍武官を通じて取り締まりを命じた。「大げさにやることを止めしむ」*49となっている。外交問題に関する海軍の抑制された姿勢は伝統的であり、海軍が革命干渉に突出していたわけではないことがわかる。

ところが参謀本部はこの工作に乗り気だった。福田第二部長は八角に対し「君が仲々理屈をいうて強硬なそうだが、やらせればいいではないか」と圧力をかけたが、八角に味方する軍人も存在した。それが奈良だった。

しきりに福田が八角に対し、海軍内で一部の軍人が参加する軍艦乗っ取りなどを「けしかけた」ことに対し、奈良軍務局長が「あの穏やかな口調」で「奈良はあなたのいうことに賛成ですよ」と八角をかばったという。筋の通らない水面下の工作に否定的な態度を示す奈良は、まさにそのままの性格を現した発言といえる。内政干渉が公然とおこなわれる中、八角の回顧は、奈良の姿勢を明確に後世に残している。これでわかるように海軍側は日本の直接干渉には反対、参謀本部が干渉に乗り気で、奈良軍務局長は田中や福田らと一線を引いていたようである。

奈良も、「野心家を操縦することが政務局長の一事業」であり、「民間有志を操縦し之に関与せしめ」ており、対中国問題を「一層複雑にした」と振り返っている。命令に忠実な奈良だけに、対中干渉は反対だが、干渉を止めるような動きはしなかった。だが、奈良をしても尋常な政策とは見えなかった。

奈良は、中国の「安定を妨け不当の利権を獲得するの政策は適当ならず」と断言することになる。また奈良は「革命を援助するが如きは何等の益なし」こと、日本としては「友好親善」を中心に、「経済上の利権を収むる方針を取るを適当」と主張している。そのためにも在留日本人を保護するため中国人に「強圧」を加えたりすることや、「支那ごろ乃至志士の運動も大に取締るの必要」を感じていた。いわゆる大陸浪人といわれる人物への監視であろう。この姿勢は田中次長と違った。だが奈良は、東京に着任早々の職務で、会議席上で慎重な意見を披露する機会はなかったようだ。

反袁政策に徐々に反発する声も国内であがっていた。寺内に近い勝田主計は大隈外交を不安視していた。反袁グループに対し久原や大倉喜八郎を使って「支那に於くる権利を引出として出資せしめ」（二六日付）*50、一方で宗社党の粛親王や恭親王にも援助して「動乱を勃発せしむること」を伝え、このような行動が「国家的に将来の利益なるや否やも問題」との懸念を紹介していた。

さて、田中は寺内を説得しなくてはならなかった。おりから朝鮮駐箚憲兵隊司令官だった立花小一郎が三月二九日に帰国した。田中は、立花を寺内説得の役割を依頼することにした。田中と明石はこの機を利用して立花に面会、四月一四日、三河屋において協議が四時間ばかり開かれた*51。奈良は出席していない。会合前の九日にも、田中は寺内への書簡で、「委細は立花中将に委曲述候」*52と述べるなかで、「大体に於て今日の勢ひ袁を支持するは不自然」と旗識を表明していた。

一四日、彼らは再度協議し、立花を通じて「寺内大将に対し忠告的伝言」があり、立花は帰任した。だが立花の説得に対し寺内は同意しなかった。「逐一陳述候得共是又却而反発的状況を呈し遺憾千万也次第」*53と説得したが反対されたと二七日、立花は上原総長に報告している。説得工作は失敗したが、参謀本部側もいまさら引きさがれなかった。

五月五日、田中は寺内に書簡を書き、「袁の境遇は最早凌ぎ難き難路に遭遇」*54しており、「二兎を追ふ者は一兎を得ず」ことであること、さらに今回の反袁政策が「小生隠微の間に総長にも知らせず陰謀的行ひ居様に被思召」あるが、自分たちとしては「政府の決定せし政策を遂行するは我々の責任」と弁明、正当化していた。外務省秘密会議への批判をかわすためである。田中のイニシアチブは逆に寺内の猜疑を触発させるほどになってもいたのだろう。奈良はこうした田中の対中積極政策を目の前で見ていたことになる。この経験が侍従武官長時代、田中義一首相への対中外交への冷ややかな認識にもある。

田中にとって寺内ばかりが立ちはだかる陸軍幹部ではなかった。中国情報に通じている坂西利八郎大佐は田中の行動に懐疑的だった。坂西は寺内への書簡で、当局の方針が「彼の政治的運命を絶滅するを以て我将来の為めに利益」*55と理解はすれども、袁を退場させることは「口に言ふは易く候得共」、袁が二〇年近く築いてきた「努力は少なからさるも」強力であり、南方はともかく、もし可能としても「北方一時擾乱の巷と化するなきを保せず」と予測していた。袁世凱を侮りがたい相手と見ていたわけである。それに、袁を倒しても「袁派は存せされば支那時局を収拾する事は不可能」という認識だった。奈良もこれに近い意見だったと思われる。

アメリカでは、混迷する中国で、荒業だがストロングマン袁世凱の手腕に一定の評価も存在した。同時に袁世凱が退陣しても第二の袁世凱が登場するという理屈もあった。それにしても陸軍内で、中国政治の行方がこれほど議論されたのは珍しい。辛亥革命、対華二一ヶ条要求などで軍人が広く政府上層部を巻き込んで中国問題に過剰に言及し、政治軍事問題として論ずる空気が生まれることになった。張作霖爆殺事件や満州事変を引き起こす冒険主義的な火種は、こうして軍内部に蒔かれていった。

さて、三月下旬、福田第二部長は小磯国昭少佐を呼びだした。この模様は『葛山鴻爪』[*56]にも詳しい。福田は開口一番「小磯は最近の支那事情を知っているか」と聞いた。「大体は承知しています」と答えると、福田は中国の混乱の原因が「袁世凱氏が個人的野望を達しせんとする所から発端している」として、満州の宗社党及び張作霖の動向を詳細に調査することを命じた。

小磯は満州に赴き、奉天を本拠として宗社党との関係の深い川島浪速や大連市長だった石本貫太郎、また張作霖の顧問町野武馬中佐と連絡を取りあい帰京した。宗社党は蒙軍のパプチャプと気脈を通じており、渡った武器・弾薬で武装蜂起する工作が進行していた。これが第二次満蒙独立運動である。パプチャプは奉天軍閥軍との戦いで評価を得て、宗社党と手を組んで清朝復活に尽力することになった。パプチャプ軍は六月、ついに蜂起して満州に進出したが、袁死後だったため出遅れた状況となった。

大隈内閣は袁世凱の死後、各地の革命の突出を食い止めるため、事態収拾を図り、大連において宗社党幹部や川島浪速や日本側関係者と協議があり、武器や弾薬を受領して撤退となった*57。

結局、パプチャプの願いは成就せず、帰国途上、奉天軍との戦闘中、撃たれて死亡した。袁世凱政権を攻撃する主力だった南方の護国軍は準備不足もあり、強固な体制を結局作れなかった。他方で山東での孫文派の革命蜂起という突出にも日本政府は頭を悩ましており、加藤の後任になった石井菊次郎外相は済南の林久治郎領事に対し、五月九日、「日本人の暗躍によりて行動をなし居る革命運動を急激に防止」（「外文」）を命ずるなどした。ともかく挙事工作、とくに革命蜂起はあくまで日本政府の態度如何だった。政府や秘密会議のシナリオを越える不要な行動は極力阻止する必要を伝えていた。コントロールするのは日本政府だが、通信手段も遅れている当時のこと、護国軍、パプチャプ軍と宗社党、孫文派といった三つの勢力を連動させるのは至難の業だった。

田中は孫文が山東に入って独自に革命軍を指揮することを恐れていたが、予想通り孫文から二個師団分の軍事力を望む意向を伝えてきて苦慮することになる。できることは彼らへの借款だった。秘密会議では、大陸への関心をもつ久原房之助、大倉喜八郎などへ仲介し多額の借款を成立させている。

劇的な展開がないうちに五月に入った。参謀本部は「支那時局ニ対スル策案」*58を作成した。同案は第一案が「時局発展策」、第二案が「時局収終（ママ）策」、さらに「発展策」では「三月七日に於ける政府の決心に基き民間篤志の資金を利用して間接の援助を与へ」ること、久原や大倉のことを指している。後者の「収終策」では、袁が退位するならば、各方面の挙事は「帝国の威力に依り秩序を回復」させ、それも「退去の隠密的行動は最後に襲用すべからず」であり、調停の名の下に公然日本政府が時局を収拾し、術策を弄しないことに言及していた。いずれにせよ日本政府主導であることはいうまでもない。田中たちが焦慮していた証かもしれない。

五月八日、外務省秘密会議を前に、福田第二部長、山田次官、奈良軍務局長が参集した。ついに革命派が山東で武装蜂起したとの報告があったからである。この蜂起には日本から旧軍人や大陸浪人たちも参加していた。奈良たちは山東の混乱に頭を悩まされた。当然、これは会議メンバーの望むところではない。だが無視するわけにはいかない。参謀本部は、青島守備軍の森岡守成参謀長に対し、もし「武力解決」となればその「最有力なる働きを為す得る関係にあるものは山東」であり、全面援助は不可だが「暗助を与へられんことを望む」と指示した。無視すれば反袁勢力の結集が崩壊する、といって全面支援のタイミングではない。反袁の中心は護国軍である以上、山東地域が突出するわけにはいかないという苦肉の策だった。

他方で、同日アメリカに亡命中していた革命派幹部の黄興が天洋丸で日本にやって来るという情報が会議メンバーに飛びこんできた。そこで、黄興を安全に上陸させる協議がまとまった。通常は横浜上陸だが、身辺警護が大変になる。命を受けた八角は直ちに横須賀に赴き、翌九日、浦賀沖にやって来た天洋丸に同港からランチで接近、黄興を乗せて田浦の水雷学校の桟橋に上陸、桜木町駅近くの越前屋という宿屋にかくまった。

これで新聞記者は黄興の行方をつかめなくなった。八角は外務省にもどり、小池と福田、竹下と協議し、黄興を御殿場にある寺尾享の別荘に隠すこととなり、直ちに実行に移された。こうした芝居じみたことも孫文ら革命派に対する日本の配慮だった。この一件は、断片的に知られていた事実だが、奈良の「日記」で外務省秘密会議が水面下で関与していたことがわかる。

一方、大隈内閣の革新人事の一人だった秋山軍務局長について触れておかなくてはならない。秋山は従来の海軍軍人とは違った。辛亥革命後、秋山は中国問題に強い関心を持ち、孫文派の王統一らと接点を持っていた。秋山というとバルチック艦隊撃破の功労者として名を後世に残しているが、彼が中国問題にのめり込んでいたことは広く知られていない。これも大隈内閣成立時の革新人事の余波というべきか、軍務局長時代にそれは顕著になった。だが、加藤海相は、このような軍人の政治への関与をあまり快く思っていなかった。それは現実になった。

海軍でも外務省秘密会議への不満が起きていた。三月二二日、秋山軍務局長が欧州視察を命じられ日本を離れている。外務省秘密会議が本格的になったころ彼は梯子を外された。前述したように、秋山は孫文派とパイプがあった。秋山は実業家を通じ、孫文派へ革命支援として三〇万円を準備して、八角を通じて王統一に手渡した。三井物産、満鉄にいた犬塚太郎、また久原房之助、その他福岡地域の実業家から主に集金した資金といわれている。秋山の指示なので、八角は王統一に面会して資金を渡した。

席上、王統一が上海の軍艦乗っ取り計画に利用するなどと触れたため、この話に驚愕した八角が「断じて許さない」と怒った。このように必要以上の関与が加藤海相の不興を買った可能性がある。遡るが、一月一日、イギリス駐在の海軍武官の下村忠助少佐は、鈴木次官に秋山の訪欧について準備を伝え、二七日、秋山中将の訪英について日程などを送っている*59。つまり大正四年末には、秋山の欧州行は決まっていたことになる。ということは、秋山は転出を焦って工作を急いだとも考えられる。

他方で、秋山の欧州派遣について、八角は「流石は加藤海相」と称賛している。秋山が、軍艦乗っ取り事件を支援する動きに対し、竹下勇軍令部第四班長（まもなく第一班長）は、この動きを聞きつけ反対し、また同じく第四班員の八角も、上海に連絡してこれを阻止した。また後任の森山慶三郎軍令部第四班長が、秋山について、「あんなにやめろ（工作）といっているのに、秋山はまたやったな」＊60と言ったことを八角は回顧している。「また」という言葉が目を引くが、これを見ると秋山と孫文派との接触は、海軍にしてみれば突出していたことになる。さらに秋山の軍務局長辞任、欧州派遣にさいし、鈴木次官が四ヶ月ほど軍務局長を兼任している。秋山の移動は、通常の定期異動だろうか、鈴木の兼任は少々長すぎる。となると八角の「流石加藤海相」との言葉が重い。

四月八日、財部彪中将は加藤海相に面談した。このときの模様について「支那に対し小策を弄するの不得策なるは同感なる旨あり」＊61とある。加藤海相は、反袁政策にあまり賛成ではなかったようだ。前述のように、反袁政策では、参謀本部に引きずられてしまったとは八角の指摘だが、海軍側の意向は気の進まない政策だったのだろう。海兵一五期の財部は山本権兵衛の婿で、山本内閣で海軍次官を務めていたが、シーメンス事件で第三艦隊司令官に転出、さらに旅順要港部司令官と東京を離れていた。薩摩閥は海軍中枢から減少していただけに、財部は先輩の海兵七期の加藤と意思疎通を図ったのだろう。その後、財部は加藤内閣で初の海相に就任する。

五月二一日、南北講和交渉会議は不調に終わった。翌二二日、外務省秘密会議ではこれを受けて三時間に及ぶ会合となった。小池政務局長は「外務省案」を用意し、このまま中国の混乱が続くならば、列国による袁世凱への退陣を意図する「勧告するの措置」を取るべきこと、また取りあえず「黎元洪をして一時大統領の職に当らしめる」ことに言及した。日本は帝制反対に続き、反袁においても列国の干捗までもっていくことを模索し始めていたのである。

護国軍への資金供与はまだ続いていた。六月一日の奈良の「日記」をみると、東亜興業と横浜正金銀行を通じて借款が決定している。東亜興業はかつて渋沢栄一の提唱で作られた中国の鉱山、鉄道、土木などを開発する国策会社である。この資金以外にも多くの借款が成立している。前述したように中心人物は大倉と久原である。大倉は北方派を支援し資金を出したが、後にこの資金の回収の見込みが立たなくなったため、政府側に泣きついているのが『原敬日記』で散見できる。

反袁政策の終了

六月六日、会議のメンバーに袁世凱危篤という報が伝わった。そして夕刻袁の死去が判明した。毒殺の噂も流れた。いずれにせよ外務省秘密会議による反袁政策の根拠は突然失われた。翌七日、大島陸相の部屋において本郷房太郎次官、田中次長、奈良軍務局長が参集して袁世凱死去に伴う「擾乱ある場合に応する処置」について協議した。田中次長はさっそく「対支意見原案」をまとめた。

これは、①袁の後継者たる黎元洪の擁護、②借款の用意、③中国に対し日本が野心のないことの表明、④南方への援助を通告する、という内容だった。これは矛盾がある。袁世凱の後継者を支援しつつ、他方で護国軍支援を継続するというのである。こうした錯綜した援助は、つまり北京政権が袁世凱ではなく、親日政権であればいいのかという問題にもなる。このため日本は中国の多くの勢力に支援をしばらく続けることになる。各政治勢力を裏切ったとは言わせないためでもある。

突然の死とはいえ田中は事態収拾のため、袁の後任と見られていた黎元洪の擁立に奔走した。つまり反北京から親北京への転換である。引き続いて午前一一時、外務省秘密会議では田中の方針を踏襲し、また「袁の残党中の日本の為不利なるものを排除」することで一致した。

六月八日、大島陸相は山田、田中、奈良を集め、田中次長の意見を入れ天津増兵の要求を認めた。混乱回避のため天津に一大隊を増兵する旨を現地軍にも通告した。動きは早かった。だがこれは事後通告で、「予め相談する遑あらさりしを陳弁」して承諾を得ている。まだ参謀本部が独走、イニシアチブを握っている。

あらかじめ参謀本部が準備をしていたことが、うかがわれる。それも海軍側には事前の協議もない。奈良は、天津増兵は「志士に動かされたるものなるへし」と不信感を露にしている。ともあれ、この出兵への動きに果たして田中が中心に動いたことに奈良は疑念を持ち、政府の内外に存在する硬派勢力の影響を示唆している。結局、天津増兵は中途で、石井外相の反対で頓挫している。奈良は、この干渉について、ときおり「志士」について触れている。対外硬派や大陸浪人などがこの干渉政策でかつてないほど工作していたことを伺わせる。

他方で、会議で中核を担ってきた福田第二部長が中将となり、六月一〇日付で植田謙吉中佐とともに欧州派遣となった。後任の第二部長は同じく上原近い町田経宇少将である*62。これも興味深い人事である。これは批判を浴び始めた外務省秘密会議への責任転嫁のような人事でもある。あるいは、中国問題で突出していた福田を左遷して長州閥の田中を残すという工作とも推察できる。

ここまでに干渉の強硬派たる秋山、福田と左遷された秘密会議メンバーに混乱が続いていた。反袁政策の本丸は田中次長と小池政務局長である。小池の疲れを奈良は感じ取っていた。一二日、外務省秘密会議に出席した奈良は、「何故か小池局長意気揚らさる」と記している。

一三日、奈良は上原総長に呼び出され、天津増兵について確認を求められた。奈良は陸軍は増兵には「同意」だが、石井外相は「不同意」だったことを紹介した。奈良は、大島陸相が「強硬ならさる限りは増兵実行し難かるへし」と答えるほかはなかった。陸軍としては、戦闘状態ではないため、外務省と十分な協議もなく袁死後直ちに増兵というのは対外関係をみても配慮ある行動ではなかった。

当然この日の閣議でも天津増派問題が話題になった。閣議席上、大隈首相は「外交不統一の虞ある」ことを切り出し、大島陸相はこれに反発、「陸軍の仕方悪けれは全部引揚くへし」と居直りとも思われるような口ぶりで反論した。この状況を見る限りすでに大隈内閣は末期状況にあったといえる。事態収拾をめぐって政府は混迷の度を深めることになる。

一六日以降、外務省秘密会議では、満州の宗社党の始末、山東蜂起の革命軍の討議問題などが議論された。いよいよ外交の転換、つまり反袁政策の後始末が始まった。

ところで参謀本部内では袁世凱の後継者の一人段祺瑞について反発する声が上った。一九日の会議では欧州派遣を前に、福田が「段排斥を主張」、本庄繁中佐も奈良に「段排斥」を主張していた。参謀本部は段祺瑞を袁世凱の亜流とみていたのである。

一方、三〇日、第二次満蒙独立運動の拠点となった「満州宗社党解散」を決定した。清朝崩壊後、復活を模索する宗社党の満蒙独立運動への援助は停止した。また七月六日には山東孫文派の支援も決めた。だが兵器供給は「見合」すことになり、七月初旬には反袁勢力への支援は全面的にストップした。

奈良軍務局長は町田第二部長と共に大島陸相に面会、宗社党の動きが収拾つかないため、ともかく満州挙事解散の件を「閣議にて決定せられたく」と要求した。中央では整然と干捗政策中止を決めたかった。しかし、現地ではこの中央の指示は徹底せず、様々な形で動いていたのである。そのためには、再び閣議決定を要請するということだった。三一日にも宗社党解散のため旅順に政治家を派遣する協議がなされるなど事態収拾に追われていた。反袁工作失敗後は、急速に政府主導で事態を収拾しようとしている。

結局、柴四郎外務参政官が出張することになったが、パブチャプ軍の撤退のため一〇万円必要ではないかという話も出始めていた。結局八月八日、パプチヤプ軍のため手当五万円、兵器代五万円の計一〇万円を渡すべく閣議に提出することが決定した。当面借款など資金を支給して挙事工作を止めようという、これもまた内政干渉ともいうような政策転換だった。それは孫文、護国軍、さらに新たな北京政権に対しても同様だった。

ところで、満蒙挙事工作、つまり第二次満蒙独立運動には「大隈重信関係文書」に関係者の書簡が、また上泉徳弥海軍中将の「上泉徳弥関係文書」にも関係史料が残されている*63。逗子の上泉家の旧宅に調査に入ったとき、かつての自宅は二階はともかく、一階は関東大震災の荒波が押し寄せてきたままの状態で残っていた。すっかり荒らされた状況で、膨大な数の書籍や新聞、雑誌の一部が階下に抜け落ち、本は塩水で洗われて数十年を経たという大変な状況だった。上泉のメモや書類の多くは無事に残っていたが、階下の本は、震災からそのままだったことが整理を困難にした。洗浄、消毒など長年の史料調査でもかなりの難作業だったことは確かである。

米沢出身の上泉中将は、大正三年末にすでに現役を退いていたが、海軍の中では、中国問題に取り組む右派勢力との結びつきが強く、過去には湖月会にも顔を出して対露強硬論を主張した人物だった。特に、上泉が記したメモの中に、満蒙独立運動の問題に関するものがいくつか散見でき、上泉が有志とともに旅順まで赴き事態の収拾に尽力していることが判明する。また「上泉文書」は、同郷の宮島誠一郎や善隣書院を開設したことで知られる息子の大八との親交を裏付ける書簡が多く、米沢出身の政治家、軍人の研究に大きな貢献をする史料といえる。

鄭家屯事件と朝陽披事件の処理

反袁政策の後始末に奈良たちが追われているなかで、八月一三日、鄭家屯事件が発生した。これは革命騒ぎと関係ないもので、鄭家屯在住の日本人が奉天軍兵士に殴打されたため、日本人巡査が駐屯軍守備隊に応援を要請、二〇名の兵が現場に急行した。ところが奉天軍側は日本軍の来襲と判断して応戦、戦闘となった。この事件で日本兵一七名が死傷、奉天軍部隊はパプチャプ軍と誤解して発砲したようだが、当然外交問題となった。

八月一六日『大阪朝日』は「社説」において、直接の責任は張側にあるにせよ、「斯る事件を誘起する間接原因は寧ろ我当局にあらざるか」と問題を提起した。また「蒙古軍の蜂起といひ、宗社党の進退といひ、惑は支那軍隊を昂奮せしめたるものなきにしもあらじ」として、「石井外相の就任以来一層暖昧となりて」と批判するほどだった。新聞社も不可解な政府の外交方針を批判していた。実にもっともな主張である。

奈良のもとへ事件発生の電話連絡があったのは一四日の夕刻だった。直ちに陸相に報告され一六日、外務省秘密会議で議論となった。会議では次なる要求事項が決まった。①督軍以下免黙する事、②満州の郵便電信権を取る事、③南満州の郵電話架設権を取る事、④軍事顧問を入れる事、⑤日本人所在地に警察官を置く事、⑥鳳凰城海竜城間鉄道布設権を取る事、⑦営口山海関電信架設権を取る事。またもや対華二一ヶ条要求を思いおこすような内容である。

結局二九日、政府は次のような閣議決定をおこなった*64。①中国側の軍隊に教官を傭聘させる事、②軍官学校にも教官を傭聘させる事、③満蒙における日本人所在地では警察権を日本に委ねる事、④張作霖以下関係者の処罰、⑤損害賠償、⑥中国側より弔慰金を各人に約六〇円、全体で約一〇万円贈与する事、である。

陸軍ではさらに中国の国防について日本側の意見を聞くことや奉天一山海関の電信架設の件を提議したが、さすがに国の根幹を揺がしかねない要求だったこともあり「採用せられず」ということになった。反袁政策は挫折したが、この種の事件では日本権益を拡大する絶好の口実となっていたのである。

九月三日、鄭家屯事件の交渉の決着がつかないうちに、また新たな事件が発生した。退去するパプチャプ軍が鄭家屯を出発して移動中、奉天軍の部隊が射撃し、パプチャプ軍の帰還行軍を護衛していた日本軍の騎兵中隊がこの間に入り調停を求めようとした。ところが、かえって奉天軍兵士から乱射されたのである。いわゆる朝陽披事件である。これは外務省秘密会議に伝えられた。

六日の閣議を前に奈良は、本郷次官との協議で「結局重大なる事件に至らさるもの」との認識で一致した。しかし、翌七日には事件が拡大する模様となったため「成行少く予想と遵」ため、日本軍が該方面に向うことを「承認し難き」として返電すること決定した。奉天軍はパプチャプ軍を敵視していたため軍事行動に出たようだ。相前後して、日本兵が指定線外に進出したとして奉天軍側から射撃されるという事件も発生した。その後、リーダーのパプチャプは奉天軍との戦闘で戦死し、部隊は撤退し四散して、満蒙独立運動の動きは消滅することになる。

二一日、奈良の発言もあり町田少将の同意も得て「干渉は暫らく見合すことに同意」となった。奈良は事件の不拡大に執着していた。同日の外務省秘密会議では、海軍省の山川端夫参事官から軍事行動は「適当ならす」との意見もあり、その後日本軍部隊の駐留は不可との結論に達した。会議の空気は明らかに変化している。干渉中止への動きが始まる。

陸軍は、これ以上の拡大は望まない空気だった。当然、反袁運動と連携していた出先関係者の不満も噴出する。陸軍としても一転して消極論になっていくため整合性のある方針はまだなかった。むしろ場当たり的な抑止政策である。それに、反袁政策は停止しても現地では様々な反袁勢力が存在していた。奈良は、これらの動きに翻弄される。

二九日、外務省秘密会議席上、奈良は、強気の田中次長が「外交の不振に対し不平を漏せり」という珍しい場面に遭遇する。田中次長はまさに進退窮まっていた。反袁政策が中止となった今、田中に対する政府内外の批判も高まっており、「不平を漏せり」という状況が田中の精一杯の抵抗だったかもしれない。

結局、朝陽披事件においても大島陸相は損害賠償や責任者処罰を要求するや否やの声があったが「其必要なき意見」が大勢となり、全体の流れは鎮静化にむかっていた。

一方、外務省でも政策転換に伴い人事異動があった。ついに外務省秘密会議の責任者の一人だった小池政務局長の転出が決定した。二六日付『大阪朝日』は「局長の任免は平常にありては別段介意するに足らざる事なるも対支問題紛糾せる今日立案者の地位にあるべき政務局長の更迭は大に意義なくんばあるべからざるなり」と評している。対中外交が袁死去によっていかに変化するのか、小池の更迭は象徴的な人事だった。それは同時に大隈内閣の行きづまりを意味するものでもあった。

四日、第六三回外務省秘密会議では、小池は「政策の方針は誠に正当なりと思ふ其実施手段に付ては種々議論もあるへきも根本の方針は改めさる事にしたし」として「徒らに干渉を事」とすることへの反対を言及している。小池も認めるように明らかに外交は方向転換したのである。政務局長を退任した小池はまもなく外務省を辞することになる。風当たりが強かったのだろう。その後、小池は駐英大使館の参事官に任命されるが退職して孫文への借款で論議を呼んだ久原鉱業本店の理事に就職している。

一方、批判を一番浴びていたのが田中次長だった。本来は左遷人事の対象だが、長州閥の田中は寺内の強い意向があって次長の座に残った。反袁政策の実質責任者が異例の留任である。

福田の欧州派遣とは好対照の人事である。

他方で八角少佐は、森山第四班長の命で七月一七日から三週間ほどの予定で上海や南京、済南、北京、奉天、大連、旅順を視察して帰国している。いずれも反袁勢力の地域と北京政権の影響が及ぶ地域である。海軍は、政策転換に臨み、直ちに指示の徹底と視察調査をしていることがわかる*65。

余談だが、俊英といわれ、日露戦争の連合艦隊での働きが後世に語り継がれる秋山だが、中国問題では孫文に親近感を有する、凡そ海軍軍人としては稀有なタイプだった。薩摩海軍の伝統では、山本権兵衛以来、政治に関与することを回避していたが、シーメンス事件で彼らの影響力がなくなるや最も中国問題に関与した海軍軍人である。「坂の上の雲」などで有名になった秋山だが、彼の中国革命との関与はあまり知られていない。晩年は、山下亀三郎の別邸で病に伏せていた。

奈良は、結局田中次長の方策に好印象をもちえなかった。むしろ田中が「東亜経略に大関心」があったため、かえって対中政策を「複雑困難」にし、「性急」だったのかもしれないが「利権拡張も余り成功せず」失敗だったことを率直に認めている。これは後年に奈良が記した「回顧録」の記述であるため、その当時の奈良の認識を推し量ることは困難であるが、田中の指導力に不満を持っていたがゆえに、批判めいた記述になるのであろう*66。

1　酒田正敏『近代日本における対外硬運動』（東京大学出版会、一九七八年）、波多野勝「北清事変以後における対外硬運動」①②（『法学研究』第五四巻第九号・第一〇号、一九八一年九・一〇月）参照。

2　山本四郎『第二次大隈内閣関係史料』（京都女子大学、一九七六）年。
3　「防務会議提出案に関する件」（「軍事機密日記」大正四年）防研。
4　「尾崎行雄氏談話速記」憲政資料室。
5　「竹下勇日記・大正三年・開戦メモ」（「竹下勇関係文書」）同右。
6　山県有朋『山県有朋意見書』（原書房、一九六六年）。
7　前掲『近代東アジアの政治変動と日本外交』、松井明編、松井慶四郎『松井慶四郎自叙伝』（刊行社、一九八三年）参照。
8　同右。
9　大正三年八月一二日付加藤外相宛福州天野領事電報「欧州戦争の際に於ける帝国陸海軍動静一件」外交史料館。
10　「欧州日独両戦争に関する雑纂　第二巻」（外交史料館）、「支那駐屯軍機密費取り扱い手続き改正の件」（「密大日記」大正三年一一月」）防研。
11　「欧受大日記・大正四年」同右。
12　大正三年八月二〇日日付寺内正毅宛明石元二郎書簡（「寺内正毅関係文書」）憲政資料室。
13　前掲『東アジアにおける政治変動と日本外交』、また斎藤聖二『日独青島戦争』（ゆまに書房、二〇〇一年）、参謀本部編『秘　日独参戦史』（復刊　ゆまに書房、二〇〇一年）参照。
14　大正三年一〇月一三日付寺内正毅宛明石元二郎書簡（前掲「寺内文書」）。
15　同年一〇月二〇日付寺内正毅宛明石元二郎書簡（前掲「寺内文書」）。
16　大正四年一月二二日付寺内正毅宛明石元二郎書簡（前掲「寺内文書」）。
17　大正四年二月三日付寺内正毅宛明石元二郎書簡（前掲「寺内文書」）。
18　「支那人民に対する注意に関する件」（「密大日記」大正四年四冊の四）防研。

19　前掲『日本陸軍と大陸政策』及び波多野勝「中国第三革命と日本外交」（『アジア研究』アジア政経学会　第三六巻第四号、一九九二年九月）参照。
20　同「対独開戦と日本外交」（『法学研究』第六一巻第八号、一九八八年八月）。
21　大正四年一一月一五日付田中義一電報「在支那武官への訓令」（「密大日記」大正四年四冊の四）防研。
22　大正四年一二月八日付田中義一宛鈴木貫太郎書簡（山口利昭「濱面又助文書」近代日本研究会『近代日本研究2』一九八四年、山川出版社）。他方で、竹下軍令部第四班長は、山屋次長との会談で、「当局大臣等の無見識驚くべきものあり」と記している。前掲「竹下勇日記　大正五年」参照。
23　大正四年一二月二三日付徳富蘇峰宛明石元二郎書簡（伊藤隆他編『徳富蘇峰関係文書』（第二巻）山川出版社、一九八五年。
24　前掲「尾崎行雄氏談話速記」。
25　同右。
26　大正四年一一月二四日付上原勇作宛奈良武次書簡（前掲『上原勇作関係文書』）。
27　波多野勝・飯森明子『関東大震災と日米外交』（草思社、一九九九年）。
28　久原房之助伝記刊行編纂委員会『久原房之助翁伝　第十三巻』（日鉱記念館所蔵）、一九六九年。宇都宮太郎関係資料研究会『日本陸軍とアジア政策　1・2・3』（岩波書店、二〇〇七年）。また「袁世凱帝政計画一件」（外交史料館）参照。
29　前掲「濱面又助文書」。
30　大正五年二月一日付田中義一宛恭親王書簡（「田中義一文書」）。
31　前掲『満蒙独立運動』。大正五年二月二六日付福田雅太郎宛粛親王書簡（前掲「濱面文書」）。
32　「各国国内内政関係雑纂　支那の部　革命党関係亡命者を含む」外交史料館。同史料は、外務省や内務省が中国の革命派、訪日する中国人の動向や日本の政財界関係者、内田良平ら大陸浪人、知識人とには、坊子駐屯の石浦大佐が革命派と交流を深めて軍籍を離れることもわかる。「梅屋庄吉関係文書」憲政資料室。同「文書」の接触を細部にわたるまで網羅した膨大な記録である。

33　八角三郎『思い出ずることども』(杜陵印刷、一九五七年)。
34　大正五年一月二〇日付明石元二郎宛上原勇作書簡（前掲「明石文書」）。
35　大正五年二月七日付寺内正毅宛田中義一書簡（前掲「寺内文書」）。
36　大正五年二月一九日付寺内正毅宛田中義一書簡（同右）。
37　前掲『原敬日記』第四巻。
38　大正五年二月一三日付寺内正毅宛田中義一書簡（前掲「寺内文書」）。
39　大正五年二月二一日付岡市之助宛田中義一書簡（「岡市之助関係文書」）憲政資料室。
40　大正五年三月八日付寺内正毅宛大島健一書簡（前掲「寺内文書」）。
41　大正五年三月九日付岡市之助宛田中義一書簡（前掲「岡文書」）。
42　「竹下勇日記・大正五年」（「竹下文書」）。
43　徳川家正「外務省勤務中取扱ヒタル諸件」同右。
44　前掲『思い出ずることども』。
45　同右。
46　前掲「各国内政関係雑纂―支那ノ部・革命党関係」（外交史料館）及び前掲「袁世凱帝制計画一件」。
47　「久原房之助関係文書」日鉱記念館。同館は孫文からの借用書や関係者の書簡などが所蔵されている。久原房之助翁伝記編纂会編『久原房之助』（久原房之助翁伝記編纂会、一九七〇年）は記録を丁寧に追った伝記である。
48　前掲『思い出ずることども』。
49　同右、また前掲「竹下勇日記　大正五年」。

50 大正五年三月一六日付寺内正毅宛勝田主計書簡（前掲「寺内文書」）。
51 「立花小一郎日記」（「立花小一郎関係文書」）憲政資料室。
52 大正五年四月九日付寺内正毅宛田中義一書簡（「寺内文書」）。
53 大正五年四月二七日付上原勇作宛立花小一郎書簡（前掲『上原勇作関係文書』）。
54 大正五年五月五日付寺内正毅宛田中義一書簡（前掲「寺内文書」）。
55 大正五年四月一四日付寺内正毅宛坂西利八郎書簡（前掲「寺内文書」）。
56 小磯国昭『葛山鴻爪』（小磯国昭自叙伝刊行会、一九六三年）。
57 前掲『満蒙独立運動』。
58 「支那時局ニ関スル八角メモ」（「八角三郎史料」）防研。
59 「在外大使館付武官報告2・3」（「公文備考　大正五年」巻二）防研。
60 前掲『思い出ずることども』。
61 「財部彪日記　大正五年」（「財部彪関係文書」）憲政資料室。
62 「福田中将外一名欧州旅行に関する件」（「欧受大日記　大正六年」）防研。
63 前掲『満蒙独立運動』及び池井優・波多野勝他二名「上泉徳彌関係資料及び解題」（『法学研究』慶應法学研究会、一九九九年一月、第七二巻第一号）参照。
64 「支那革命党関係」（「各国内政関係雑纂・支那ノ部」）外交史料館。
65 「八角少佐支那旅行の件」（「軍事調査及報告」海軍の部）外交史料館。
66 栗原健「第一次・第二次満蒙独立運動と小池政務局長の辞職」（『対満蒙政策史の一面』原書房、一九六六年）。

第4章
☆対中外交刷新とシベリア出兵問題

寺内内閣の成立

大正五（一九一六）年一〇月九日、寺内正毅内閣が成立した。外相は当面寺内が兼任、内相には後藤新平、蔵相に勝田主計という大隈内閣に不信を表明していた人材が閣僚に就任した。同内閣は当然、対中外交の一新を念頭に置いていた。

大隈内閣への不信を露骨に示していた外務官僚がいた。九月に中国公使に着任した林権助である。林は小幡酉吉参事官の意見書原案をもって九月六日、本省に電報を送った（「外文」）。たとえば満州におけるトラブル発生に際して、軍に支援を求められた場合、「平生我陸軍当局は在満州出先軍隊に対し斯る行動の自由を許容し居らるる次第なりや」と問うほどだった。林は対中積極論に対し「満州問題の根本解決は本邦一部の過激論者の考ふる如く爾かく急速なる解決を試むるの必要なく又余りに之か解決を急ふは徒らに列国の風情を失ひ、支那人の人心を乖離し結局我外交上の立場を危殆ならしむる」と批判した。陸軍の現地の勢力との「気脈」を通じて反袁工作はあまりにも紛擾を引き起こすものになっていたのである。外務省官僚の気概が溢れている。

後藤内相も前内閣の対中外交を厳しく批判した一人だ。反袁政策に関係した陸海外務部の関係者について、「事情不問に付し難き者の處分を断行」することを要求していた*1。同時に外交の「刷新」が寺内内閣の合言葉のようになっていた。政府内の田中への批判は激しかったが、寺内首相は長州閥の後輩、田中次長を擁護することになる。

一〇月一一日、寺内首相は西園寺公望と会見した。寺内首相は「対支方針は一変するの必要があり、田中義一次長を呼び支那と開戦する覚悟なるやと詰問した」*2ことを紹介した。田中をめぐる環境は確かに悪化していた。田健治郎逓相も「参謀次長更迭之必要」*3を言及、山県有明も中国政策は失態と述べるほどに批判のボルテージは高まっていたのである。中途から秘密会議に参加していた奈良は批判の対象ではなかった。

しかし、寺内内閣は、北京政権との関係改善のためいわゆる西原借款を翌大正六年一月に実施した。約一億四千五百万円という膨大な資金だった。日本側は北清事変の賠償金残額の放棄や中国の鉄道国有化支援、財政整理と経済改革などを提示して妥協を引き出し、その上で北京政府支援のための借款（兵器代、有線電信）を準備する。袁世凱の後継者たる段祺瑞に対する援助、いわゆる援段政策だった。軍閥の紛争もあり、結局、西原借款は回収されていない。ともあれ、この借款は寺内首相の当初の思惑からすれば当然の方策だった。つい半年前に、反袁勢力にいくつかの借款を融通したばかりだが、驚くべき手のひら返しである。

大正六（一九一七）年一月二〇日、ロシア大使だった本野一郎が外相に就任した。二七日、政府は、林公使に対して「支那の内政に立入り或一方の党人政脈に偏らに之を助くる如き事態は厳に之を避けることに大体の方針を決定」（「外文」）する旨を伝え、一方で幣原次官や小幡酉吉政務局長らと共に対中政策の論議を重ねていた。一二日下旬、結局「対支方針に関する意見書」として提出された。

右「意見書」には、まず中国を「何人の掌中にも陥らしめざる」ことであり、「軽々しく之を支那の運命に関連せしめんとするか如きは無謀」で、従来のような「支那の混迷を醸成」するような方針は回避する主旨が盛り込まれていた。既得権益の維持はいうまでもないが、不必要な干渉は極力避けることにあった。「意見書」は最終的に幣原次官が加筆修正、「対支方針ニ関スル閣議請求ノ件」（「外文」）となっている。

一方、一月一五日、寺内首相は、反袁政策に批判的だった原敬に会い「支那の其々若くは某政派と云ふが如き事には絶対に立入らず」＊4ことを約束、さらに翌一六日、大陸浪人の首領的存在だった頭山満を呼び政府の対中政策について、「支那通の頭目に対支方針を内知せしめ、為国家一致尽力すへき旨」＊5を伝えた。寺内の根回しに万事怠りはなかった。陸軍では鄭家屯へ派遣した軍の撤退を決め、奈良は外務省に赴き対中方針の詳細を確認している。

相前後して外地にいた青木宣純中将、青島守備軍司令官大谷喜久蔵らが次々と帰国した。山東の孫文派の革命軍解散問題対策、寺内内閣の対中政策の確認のためである。政権が変わっても政府の威信、求心力は維持していた。そこが昭和初期の混迷と違う。彼らへの対応と外務省との折衝役となったのは奈良だった。

さらに寺内首相は、大島陸相を通じて一月二二日、奈良に満州、山東における宗社党と革命挙事に関する真相の報告を命じている。二月二日、大谷が大島陸相と会見したおり奈良も同席、大島陸相は新しい対中政策の説明をおこなった。その他は済南地域の兵営、軍との領事の職域権限など細部にいたるまで協議がなされた。要するに後始末である。よくよくの確認事項だった。会議内容は奈良が記し二〇日、大谷に手渡された。

臨時外交調査会と援段政策

大正六年二月、寺内首相は前内閣の対中外交の失敗に鑑み、臨時外交調査会を設置して外交の統一性を図ろうとした。いうまでもなく反袁政策への教訓だった。与野党の政治家を入れて外交を大所高所から論議しようというものだった。原敬や犬養毅は賛意を示したが、憲政会（大正五年一〇月党名変更）総裁加藤高明は不参加を表明した。外交は外務省の専権事項と主張する加藤は二元外交になる可能性があると反対だった。この臨時外交調査会には、他に後藤新平内相、本野一郎外相、加藤友三郎海相、大島陸相らと牧野伸顕、平田東助、伊東巳代治の三人の枢密顧問官が参加して六月六日、設置された。

寺内首相の挙党一致の目論見は外れた。だがこの組織の設置は、加藤も危惧していたように、関係者に外交機密を公にして論議するプラスもあったが、二重外交の誘りは免れなかった。奈良も調査会で苦悩する大島陸相の様子を記している。

一方、五月一日、寺内首相の留任工作で難を逃れた田中次長は、首相の意向を受けて中国出張の旅に出発した。中国の現状をつぶさに視察せよとの寺内首相の深謀遠慮であろう。主要訪問地は青島、済南、南京、上海、大冶、漢口、北京、天津、奉天、旅順、大連で約二ヶ月の視察だった。田中は各地で日本の出先官憲幹部や中国要人と会見した。張勳に対して、復辟といった軽挙妄動は国家を「一層危険の状態」にすると説明、副総統馮国璋には「強固」な内閣組織を要請した。田中の行動は南北妥協を念願に入れての事前工作であった。

中国視察をほぼ終えた田中は、六月二四日、寺内首相への書簡で、今回の旅行は「自信を得たる積」[*6]と自信をのぞかせ、政変に対しては「事態の成行きを観望」することを具申、さらには「閣下より各方面を戒飾して余り彼等の行動するが如き方法を取らしめられざる様御注意被下度」と依頼した。あれほど強硬に反袁政策を展開していた田中が、ここまでよく変化しうるものと驚くばかりである。田中ならではの変化と理解するならば、その後の陸相時代、首相時代の外交手腕は十分納得できる。

田中の訪中の最中だった。七月一日、張勳は復辟断行を声明した。二日、大総統黎元洪は日本大使館に逃げ、一時北京は大混乱となった。だがかつての遺臣から支援の声はなく、また寺内内閣は復辟に賛同せず、黎や段祺瑞総理支援を明白にした。このため復辟はまもなく失敗、中国は黎元洪体制が続いた。安徽派の首領だった段祺瑞は北洋武備学堂を卒業、辛亥革命では共和制の実施を支援、袁世凱の下では北洋軍閥の重鎮だった。革命後、北京政権内部では、段祺瑞率いる安徽派と馮国璋が率いる直隷派との対決が高まり、中国国内の混乱が広がることになる。

ロシア革命への対応

中国国内が依然不安定の中、日本にとってさらなる外交問題が発生していた。それが大正六（一九一七）年の二月革命、そして一一月に勃発した一一月革命、いわゆるロシア革命である。革命は日本を震撼させた。ロマノフ王朝の崩壊、ケレンスキー政権の樹立、社会主義の台頭は日本の国体にいかなる影響を及ぼすか危惧の念が高まっていたのである。中国革命に続くロシア革命の勃発は日本に大なる懸念を与えることになる。

大戦が激化する中、寺内内閣はロシアとの提携を深め、第四次日露協商、いわゆる日露同盟に力点を置き、日本はロシアに武器弾薬などの軍事物資を送っていた。日英同盟の意義が薄れ始めたころだけに、山県らにしても日露の提携は今後の対中外交を推進する意味で大きな意味があった。それが革命によって崩壊したのである。

一方、連合国の一員として、東部戦線を支えてロシア軍の一翼を担っていた五万以上のチェコ軍が露軍の戦闘停止によって完全に孤立した。大戦後に独立の確約を受けてチェコ軍は東部戦線で戦闘に参加していたのである。そこで連合国は、孤立したチェコ軍を救出し、シベリア鉄道を経由して地球を回って西部戦線に移動させようとしていた。チェコ軍も連合国から戦後に独立の約束を受けているだけに長躯の移動で西部戦線に加わることになった。

ところが、ウラル地方あたりは赤軍（ボルシェビキ軍）が勢力を拡大しており、連合軍は、チェコ軍を無事に輸送することに苦慮していた。そのためには、輸送手段となるシベリア鉄道の保護とチェコ軍を無事に出航させるウラジオストックの確保が重要な事項になった。英仏両国は、日本やアメリカにこのプランへの参加を求めた。これがシベリア出兵の伏線になっていった。

参謀本部では、大正六年一一月中旬、居留民保護の名目で極東露領に対する派兵計画を決定し、沿海州には混成約一旅団を派遣（ウラジオとハバロフスク）して居留民の保護にあたっていた。さらに参謀本部は、一二月に入り将校による革命状況を把握するシベリア出張を画策する。以後参謀本部の動きは激しくなっている。一二日、第二部長中島正武少将が奈良のもとに来訪、シベリア鉄道沿線に配置する諜報者の件について協力を要請し、この計画に奈良も賛同した。中島は高知県出身、ロシア大使館付武官も経験している。

ロシア軍の崩壊により山県は赤軍の東進を危惧して日中提携論を表明した。ロシアが崩壊した以上、反共という視点からも日中関係の改善はぜひとも推進すべき選択だった。

一二月下旬ウラジオ不穏の情報に海軍側は、翌七年一月一二日まず軍艦石見を派遣、続いて一八日、朝日が到着した。列国のウラジオ到着の先陣争いも動いていた。軍艦派遣の目的は日本軍の威力で、つまり砲艦外交で過激派を威圧しウラジオ一帯の秩序維持、居留民の保護にあった。海軍は列国のウラジオ進出に焦りも感じていた。非常時では軍の功名心を引き起こし、また権益確保をめぐり各国に先んじて部隊の上陸を模索する。

一方、陸軍は六日付で「浦塩ニ帝国陸軍ノ出兵ニ付テ」＊7を作成、この際列国に先じてウラジオに派遣して「帝国か主動なる地位占るの態度を示すを要す」と積極姿勢を見せていた。海軍も陸軍も計画の深遠性は別として、出兵については肯定的だったことが理解できる。そのうえ、赤軍のみならず単独講和により、ドイツ勢力が再び拡大する危険性を世論に訴えるなど参謀本部は宣伝工作に余念はなかった。

中島少将は出発に際して上原総長からドイツ勢力の「東漸防止」と、このため「防提を築くこと、また出張に際して「ロシア有力者に接触して」宣伝することを命令されていた。寺内首相は、田中次長同席のもとで極東に穏健な自治国家をつくり借款や兵器供給すべき、などの方針を伝えた。袁世凱問題であれほど内政干渉に反対した寺内首相がシベリア干渉に肯定的だったところは注目を引く。また田中次長を同席させたことは第三革命の教訓でもあろう。いずれにせよ、右の協定に端緒をつけたのがやはり参謀本部だった。大正七年一月、中島はシベリアから北満州を視察、反赤軍勢力と日本が協力する組織を物色することになった。

ところで、大正七(一九一八)年一月一日、宮中で出会った寺内首相と原敬との間に、ロシア革命への対応について会話がかわされた。寺内はシベリア方面に陸軍より多数の視察員を出して情報を収集していること、近日上原総長や大島陸相と内談することを原に紹介した。原は「同感」を示したが、他方で「此際将来の成往を深く考慮し冷静なる注意を払はざるべからず」*8と注意を促した。しかし、これがまもなく現実になる。確かに陸軍の対応は早かった。

二月一八日、奈良は、大島陸相との会見で、日中軍事協定について参謀本部から交渉の依頼があるなら「協力すへき」との話があった。また、席上、大島陸相は北京駐在の坂西少将よりもこの件についての書簡を奈良に見せ、二〇日、二一日、二二日と奈良は田中次長に会見した。反革命派のセミョーノフ軍への支援、さらに出兵やむなしと話した。

一方、田中は従来の日中交渉(日華共同防敵軍事協定=日中軍事協定)を来日中の靳雲鵬に説明、駐在武官に北京での交渉を命じた。反革命軍の防御網の一翼に日中軍事協定が結びつけられている。むしろそれよりも田中次長が早くもシベリア出兵を積極に考えていたことである。かくして反袁政策以来の陸軍、外務両省の情報交換の場が再び設定されることになる。奈良は、今度は最初からシベリア問題に関与することになる。反袁政策がどのように総括されたのか疑問の残るシベリア政策だった。

政府内で確固たる方策がまとまらない中、ともかく田中の提案もあり参謀本部で「軍事協同委員会」、後に「時局委員会」が開かれることになった。参加者は、陸軍省と参謀本部の課長以上の関係将校である。今回は、海軍と外務省は入っていない。最初の会合は二七日である。以後三月一日、四日、六日、七日……というように、ひんぱんに会議が開かれている。反袁政策のときの外務省秘密会議に酷似したようなシステムだった。この委員会は奈良の史料で判明する。しかし、当然と言うべきか、臨時外交調査会と摩擦を生むことになる。

この会議を通じて、田中は従来主張していた日本単独出兵を撤回し、二月二一日、寺内首相に対し「寧ろ日本一国の仕事の如く見るよりは都合宜敷きかとも考へられ候」*9と共同出兵に前向きになっていた。このあたりの柔軟さは、反袁政策推進のころの頑固さと違い、政治的手腕を身に着けて柔軟さの表われとも理解される。

一方、ロシア革命に対処する日中軍事協定の原案が大島陸相、田中次長、奈良の協議で決定した。そして協定調印のため宇垣一成参謀本部第一部長が訪中することになった。その宇垣は「日本の権力が支那を支配する様にならざる限りは、支那の改善は、……殆んど不可能」*10と記している。実は軍事協定調印には意外に時間を必要とした。中国側が消極的だったからだ。宇垣は「支那は軍事の提携を欲したるに非ずして提携せしめられたるの観がある。……之が余輩が穏忍蒙昧を相手とし居り而かも交渉の迅速に進行せざる所以である」*11と記している。訪中した宇垣少将は中国側の対応に困惑していた。結局、協定は五月に結ばれる。

シベリア出兵計画

新国家ソ連は、大正七年三月、ブレスト・リトフスク条約という単独講和条約をドイツと結び東部戦線から離脱した。ドイツやオーストリア・ハンガリーを東西から挟み込むという連合軍の思惑は狂った。さらに、ドイツが東部戦線の独軍部隊を西部戦線に回して連合軍が不利になる危惧があった。その上、五万人以上の友軍チェコ軍が東部戦線で孤立するというのも問題だった。

この当時のロシアを奈良はどのように見ていたのであろうか。日露戦争以来ロシアの国威は低迷しているが、欧米と違い、議会もない「専制帝国」であることを奈良は問題視した。革命の気運がすでに存在していたにもかかわらず、皇室や貴族は「保守専制を改めず」、このことが事態を悪化させたと認識していた。しかし革命軍による皇帝一家の虐殺には「仏国革命以上」と驚きを隠せなかった。日本の中には、ボルシェビキ革命への不信感が高まっていた。この間、陸軍においては出兵に向って動き始めていた。

奈良は、出兵に対し陸軍で政策立案の渦中にあったせいか「日記」「回顧録」では数年にも続いた干渉策であるにもかかわらず、出兵への問題点を詳述してはいない。むしろ業務日誌のような体裁で記述が進んでいる。出兵は「相当重大なる事件」と認識しながらも、ロシアに宣戦したものではなく「唯チェコ人救出のため極東他方を占領し克く其目的を達し他日の権益を確保するを目的を以てチタまでの要地に駐兵したり」という記述になっている。だが現実は簡単なものではなかった。特に、反革命軍の主力たる白ロシア軍への支援、増大する日本軍の兵力、アメリカへの認識など、奈良自身どのような考えを持っていたのか、そのあたりは不明確である。

一方で、奈良は陸軍として「画期的事業」であり「予の之に参与し徴かを尽し得たるは予の衷心大に満足する所」と記している。これは軍人としての本分を吐露したものだ。奈良は政策立案に関与し、それが遂行されれば職務の誉れと認識しても無理は無い。ここに浮かび上がるのが任務に忠実な行政的な軍官僚という姿である。時々に元老に意見する書簡を送り、陸軍内で政治力を発揮する田中義一や『日記』に政治状況を折に触れて自身の所感を記述する宇垣とは大きな違いがある。

さて、田中以上に干渉に積極的だったのが外務省の本野一郎だった。ロシア大使を歴任した本野は、ロシアの知人や古き良き時代のロシアへの郷愁が強かった。それだけに王朝の崩壊には複雑な気分を持っており、干渉へ舵を切っていく。原敬もあまりの動きに驚くほどだった。

原は寺内首相に対し国論の統一を力説した。緩衝地帯を設置するシベリア独立といった空論は「覚束なき」ものと見る原敬は寺内に早く手を引くことが得策と勧告した。だが寺内は、列国も出兵に前向きであり「妨げなかるべし」と同意せず、両者の隔たりはあった。列国が出兵するため、日本も同調するという言い方は、列国協調という方針を主張する原敬にしてみれば極めてやっかいな寺内の態度だった。

親露派だった本野外相は、四月二日の意見書「西比利亜出兵問題ニ関スル卑見」*12を寺内首相や山県、松方にも送付、そこでは出兵の主旨を、対露支援から防共に転換することを迫った。本野の努力は、枢密顧問官伊東巳代治から「孟浪杜撰の意見書」と酷評され、進退極まった本野外相は二三日、病気と称して外相を辞任する*13。

ところで山県は寺内首相があまり自身のところに来なくなったためか、政権運営に対する不満か、あるいは病気がちなためか、「何となく寺内に面白からざる様子」*14を見せ始めていた。こうしたことは、政敵でもあった原敬の憂慮を深くさせていた。第二次大隈内閣時代、山県・寺内と田中が反袁政策で一致せず不安定な関係があった。ましてや山県は、このところ中国に対する干渉には否定的だった。それだけに原敬の政治手腕に親近感を持つようになるのだろう。

そうでなくても出兵論が高まり、「内地に於ける出兵論は陸軍側より出たるものにて、陸軍が只、陸軍本位にて大局を解せず」と理解していただけに、彼等を押さえるためにも原には寺内首相のリーダーシップが重要だったのである。しかし日が経過するにつれて、原は、陸軍側は「出兵を断念せず山県を動かし居る様子」で、こうしてみると寺内と山県の間は「必ずしも円満なるにはあらざる」ことを確信していた。いずれにせよ再び田中次長らは山県を動かしているようで、これは反袁政策の再来かと原は不快の念を隠せなかった。

他方、田中次長は四月一五日、時局委員会で、「米国よりの援助なくして戦争する場合の物資補給方法の調査研究」を奈良軍務局長に委託、翌一六日、奈良は各課長を集めて同件の会議を開いた。

ところでウラルからシベリアで白ロシア軍として抗戦していた勢力はいくつかあった。その一人に白ロシア軍の司令官にアレクサンドル・コルチャック海軍中将がいる。大戦中、黒海艦隊を率い、ドイツ艦船に打撃を与えた軍人だった。革命後イギリスの支援を受けてオムスクに反ボルシェビキ政権を樹立し、直後にクーデターで政権を奪いウラル以東を占領した。同政権は、連合軍の援助を受けていたが急速に勢力を失い、大正八年末にオムスク政権は崩壊する。

そのほかににも、反ボルシェビキ軍は、コルチャック以外にアントーン・デニーキン、グリゴリー・ミハイロビッチ・セミョーノフ、ホルヴァートといった人物がいた。なかでもセミョーノフは北部満州から東部シベリアに影響力を行使して日本と関係が深い。セミョーノフはザバイカル・コサックの父とブリヤート・モンゴル族の母との間に生れた下級将校だった。彼は大戦に参加して大尉となり、革命に際しては北満州を中心に反ボルシェビキ軍を組織した。同軍は大正七年一月、満州里に進出、シベリアに入り、三月一日からイルクーツクを目指して進軍した。しかしセミョーノフ軍は元来五〇〇〇人に及ばない戦力だったこと、また兵士の質も悪かった。米駐華公使ポール・ラインシュからは古い型の反動的な軍事独裁者と酷評されていた。ラインシュは日本に対しても露骨に不信感を表明している。その後イギリスはセミョーノフ支援を中止している。

日本側は違った。参謀本部はセミョーノフに二〇万円を、続けて五〇万円を兵器代として渡すなど支援していた。日本の支援を受けて、四月下旬ついにセミョーノフ軍はチタに迫り、参謀本部としても「セミョーノフ支援は当今に於て極めて必要」とまで決意させていたのである。しかしチェコ軍はセミョーノフ軍に対し好意的ではなく、むしろ「挑戦的態度」に陸軍は悩まされていた。

ところでもう一人、日本と深かった人物に反革命家のホルヴァートがいる。彼は中東鉄道や東支鉄道長官を歴任、帝政ロシアの高級軍人だった。セミョーノフとはかなりの身分の違いがあった。革命後、ホルヴァートはまず中国軍に支援を求め、ハルビンで彼の地位を確立すると反革命政権として中島少将らを通じて日本の支援を求めた。田中次長も支援を約束したが、外務省はあまり乗り気ではなかった。そこで田中次長は、五月一〇日、奈良に対し、ホルヴァートには列国との協調を待つこと、一方セミョーノフに対しては弾薬を供給することを伝えていた。

さて六月一三日、奈良軍務局長は大島陸相に対し次の書類を提出した。中味は、①シベリア出兵は最初四旅団とする、②欧州には出兵不可の理由、③バイカル以西に出兵不可の理由、さらに参謀本部調整の「シベリア出兵計画書」も提出した。欧州への陸軍派遣は兵站線、経費などで不利益が多い。バイカル以東がぎりぎりの兵站だった。もし欧州まで日本が陸軍部隊を派遣していれば、陸軍の軍事交流でプラスがあったかもしれない。事実日本軍の欧州派遣要請は連合国からあった。日本の発言力は戦後さらなる影響力を増したかもしれない。この結果、ヨーロッパ政治に巻き込まれて、日本は英米仏との協調路線をその後強めた可能性もある。

連合国最高軍事会議は、三月一一日に続いて六月七日、代表のアーサー・バルフォア外相からシベリアでの共同行動の提議があった。

一方、寺内首相は原に対しセミョーノフやホルヴァート支援に言及していた。干渉反対の原としては「到底効なくして事あれば先を断念すべし」と忠告していた。寺内には効果はなかったようだ。六月一九日の臨時外交調査会では大島陸相は犬養の質問に対し、一師団の出兵に七〇〇万円が必要であり、出兵してロシアの穏健派が決起すれば「全露を再興する」といった「空模たる意見」を述べて原をあきれさせている。原はまたもや「毎度彼等の小策国を誤らんとするの虞あれば、余此際断然たる決意を以て此問題を確立し置かん」と決心させるほどだった。

原の大局観、その見識は今更ながら疑う余地は無いが、隣国の政変や混乱に対し、辛亥革命以降、軍部の大陸への干渉政策を懸念していた。常に外交課題になり、また内政問題であり、危うい外交論議になっていたからである。対外積極論の立憲同志会に対し、政友会が大きな牽制役になっていた。

一方で、憲政会は野党に転落し野党時代を迎えていた。その上、加藤高明が臨時外交調査会に参加しなかったため、同党の政治的影響力は明らかに低下していた。選挙をおこなっても連戦連敗だった。だが好材料もあった。その後の長い野党時代に、選挙という新陳代謝により政治家の入れ代わりがあり、党内の対外硬派といわれる政治家が減少していたのである。代わって台頭していたのは、元蔵相だった若槻礼次郎、浜口雄幸といった官僚出身の政治家たちである。彼らは普通選挙の実施、通商貿易の拡大を主張し、党を国際協調に舵を変えていくことになる。憲政会はこのころか政治姿勢で大きく変質していくころである。

さて、翌二〇日の臨時外交調査会では原も牧野伸顕も出兵不可を言及、陸軍では「動もすれば出兵せんと欲する下心あり」、これでは再び「国家を誤るの本なれば、余は飽まで注意し、政治的にも今久しく活動や望み足けり」*15と記している。陸軍を押えるには強力な政治力が必要だった。そのために原は臨時外交調査会でイニシアチブを確立することが必要だったのである。

六月一九日、二〇日とイギリスに対する回答を作成するため臨時外交調査会が開かれた。原敬や牧野伸顕は相変わらず慎重だった。調査会では、①米国が誘いに応じ、日本に申し込めば「応する」こと、②仮に出兵するとしても（イ）ロシアの領土保全、（ロ）ロシアの内政に干渉しない、しかし（ハ）軍をできるだけ西方に進出させる、つまり「西部西比利亜に迄遠征するは頗る困難」というものだった。

会議後、陸相官邸に上原、田中、山田、奈良らが参集、臨時外交調査会の会議報告を聴き、また出兵計画の概要とドイツ兵力がシベリアに来襲するとすればいつになるのか、またどれほどの勢力かが検討課題となった。

一方、シベリア鉄道沿線のウラル地方においてチェコ軍の一部が赤軍と小競り合いを起こしていた。なかでもチェコ軍が敵国であるオーストリア・ハンガリーの捕虜部隊と遭遇したとき、両者は一触触発となった。そこで赤軍がチェコ軍に武装解除を要求したが、これに反発したチェコ軍と衝突した。チェリアビンスク事件である。チェコ軍はウラル地域から遠くイルクーツクにいたるまでのシベリア鉄道沿線を占領、以後、赤軍との緊張は高まっていた。

これを見た新任の後藤新平外相（大正七年四月に就任）は、①チェコ軍のウラジオでの応戦、②セミョーノフ軍が撤退し中国側にもどされる可能性、③赤軍の飛行機が中国側に飛来している、という理由をあげ出兵を主張する。三日、外務省は「チェコ・スロヴァツク問題ニ関スル帝国ノ対露政策ニ関スル件」を提出、「最早出兵断行以外有効適切なる妙案なきのみならず」と結論づけた[*16]。

これをベースに陸相室で首脳会議が開かれたが、田中は内容に「不同意」だった。しかし、決定事項ということで「決行する」として陸軍と外務省側は一致した。ここからが陸軍は早かった。東進するチェコ軍への援助として、機関銃二〇挺、小銃弾薬三〇〇万発、三一式山砲六門、山砲弾薬一〇〇〇発の提供を決定するのである。

シベリア出兵と寺内内閣の崩壊

シベリア出兵の研究は、すでに『シベリア出兵の史的研究』という日本外交史の名著で大略明らかになっている。ここでは、同書に依拠しつつ、奈良の動きを中心に追ってみよう。

七月一二日、陸軍はアメリカの提議を利用して速に出兵の端緒を開くことを決定した。奈良はこの日まで病気で病院に入院しており、肝心なところを把握してはいない。

七月一七日付『大阪毎日』は「社説」の「出兵の理由及目的」において、陸軍当局の説明は、「如何矛盾と権謀の雌伏するか発見すべし」と批判、「有力なる理由及目的を明示し得ず。国民は一歩一歩危地に誘致されつつあり」と不信感を披瀝した。反袁政策が不評だっただけに、新聞も冷静にシベリア派兵を見ている。こうしたマスコミの批判的姿勢が昭和に入っても続かなかったことは残念でもある。

さて、八月二日、日本はシベリア出兵を宣言、大谷喜久蔵大将が九日、ウラジオ派遣軍司令官に就任、一二日、東京を出発した。参謀長は由比光衛中将、さらに派遣軍政務部長として外務省から松平恒雄が帯同した。まさにこの日、富山、名古屋や大阪で米騒動が始まった。急速に米価が暴騰して民衆が米の販売を要求する騒動に発展した。これは全国に広がり寺内内閣は窮地に陥った。

一方、陸軍では出兵の事前準備に奈良は追われていた。七月二〇日、陸相以下幹部が参集、出兵に関する予算方法を決定した。後日、大蔵省からは「更に小額なるを都合良し」の意が伝えられた。毎度のことだが出兵費のエスカレートは大蔵省の頭痛の種だった。続いて、大島、田中、寺内首相の三者協議によりチェコ軍の後方守備はウラジオに制限されないという全面出兵を意図するものが確認された。これが後に日米間の対立を生じさせることになる。もうひとつの問題は、この出兵に日中軍事協定を発動するか否かの問題があった。さらにウラジオ派遣の司令部編成の問題も浮上していた。

結局、二三日、奈良軍務局長は田中次長と相談、外務省の意見も「参酌」しつつ、陸軍は出兵に際し日中軍事協定の適用を決定した。二四日、奈良は中将に昇進している。同日、さっそく参謀本部は中国陸軍当局に協定発動の要請電報を北京に送った。いみじくも日本の出兵に対する対米回答が国務省に送付された日だった。当初中国は難色を示したが、出兵の日が切迫し、ついに日本政府は段総理が日本の出兵に「何等異存なし」と回答したことをとらえ、満州方面への軍事出動を認めさせることになった*17。

八月三日、外務省アジア課長の小村欣一が原敬を訪問した。その時、アメリカへの回答文について、陸軍の中には、「米国に無関係にて今後必要の場合に西伯利亜に出兵し得る様に云へりと文章を糺す」と問題を指摘していた*18。原は、相変わらずアメリカとの協議なくしては「出兵し得ず」と返答した。これを聞いた小村は、それはやはり政府の方針そのもので、外務省としても「米国に協商の上ならでは出兵出来得ざる事に解釈すべし」と述べた。原と外務省には齟齬はない。原は「兎角我軍人政治は色々の猜疑心を起さしたる原因をなすは困ったものなり」[*19]と記している。陸軍中堅幹部には、出兵ということで再び積極論が台頭していたようだ。奈良も渦中の人だった。

翌四日、寺内首相と原敬が会見した。小村から情報を得ていた原敬は「君は最初より右様の考なりしたらんも陸軍邊には別に企もありて、世論を引き出したる様なり」と話すと、寺内首相は「陸軍にて出兵と聞き兼ての希望を達し得べしと速断して世上を騒したることならん」と弁明した。原は、対米協調を力説した。シベリア出兵はアメリカとの協議が必要で、それは臨時外交調査会でも合意ずみで、「重ねて寺内に協商なくしては出兵出来ざる訳なり、注意せよ」と言うと、寺内は「其取計をなすべき旨」を語った。「陸軍は種々の口実の下に一人にても多く出さんとの小野心あるかし如し」と苦々しく書きとめている。

しかし原敬の意見に寺内首相は、かなりこたえたようである。奈良は陸軍側の積極論を認めている。アメリカは一個師団以上の出兵は反対だった。陸軍としてはこれでは不足で、予想される赤軍の抵抗とチェコ軍救出という重責のため、「余り消極的計画を立てる能はず」という認識があったのである。その出兵までの「陸海軍各省外務省及内閣の意見を纒めて出兵実行に至る迄の苦辛容易ならざらし」とは、奈良の政策立案者ならではの弁であろう。平時における介入は軍と外務省の協力が必要だった。奈良はこの調整に苦労する。

一六日、臨時外交調査会では犬養毅の「どれ位の兵力を必要とするのか」との質問に、後藤外相は「まず一個師団」と答え、これに対し大島陸相は七〇〇〇人では「チェコ軍救護の実効をあげえない」として関係者で打合わせがなかったことを暴露していた。大島は「極東露領出兵に関する領域」を配布した*20。これは前日まで参謀本部の意を受けて作成した奈良の書類だった。会議は険悪なムードになった。陸軍がここまで想定しているとは政府では思っていなかった。一七日、修正文では派遣兵力と派兵範囲で再度議論が重ねられ、危惧した原敬は執拗に「帝国は規模広大な出兵を行うものの如く解せられる節があり、またこれがため日米間の親善関係を傷つけんとする懼れがないものでもない」*21と言及した。

ところで一六日午後四時、大島陸相が官邸にもどり、奈良に対し自衛の必要から「自主的出兵をなすことは不同意」という報告がもたらされた。調査会の空気では自主出兵は不可能だった。そこでチェコ軍救出のための準備には了解ありとして、第一二師団を平時編成で派遣する体制に入った。翌一七日午後二時、大島陸相は臨時外交調査会から帰着すると、結局派遣する兵力は浦潮北海各方面で動員する兵力は二師団以内の決定を奈良に話した。これは当初寺内首相が会議で「さし当りウラディオストークに一個師団を派遣し、緩急に応じてシベリア方面にもさらに一個師団派遣するというのが政府の方針」と述べたことに一致する。陸軍側の思惑を和らげる手立てだった。この出兵決定へのプロセスを見ると、大島陸相が外交調査会の会議から帰って、会議の結果に基づいて奈良たちに指示を出している様子が伺われる。しかし、いざ出兵すれば状況は変わる。

八月一八日、臨時外交調査会でようやく出兵が決定した。伊東の暗躍はつとに有名だが、自主全面出兵に含みを残すような文脈を取りつつ、日米の共同出兵受諾となったのである。

ところが、一九日、第一二師団はウラジオに上陸、九月五日、第三師団はハバロフスクを占領、南満州に駐屯中の第七師団の一部はなんと一〇月にはザバイカルまで進んだ。驚くべき早さだった。

　これに対し、米軍はフィリピン駐留の米軍の七〇〇〇人ほどがウラジオに上陸している。日米両軍の軍事行動はあまりに対照的だった。ウラジオには、他にも英仏伊加中軍がそれぞれ八〇〇名から四〇〇〇名の部隊を派遣している。大部隊は日米両軍だけだった。

　このように、日本では、平時における軍の派遣が政府の方針を逸脱するようになる。こうした大陸遠征では、米軍の場合、大統領を中心に国政と統帥の権限を集め、大統領の方針が厳粛に遂行される。日本の場合は、大元帥たる天皇が先頭に立つことになるが、実際は参謀総長や軍令部長が現場の指揮を振るう。天皇と政府や軍部の間には上奏、裁可などといったシステムが動いており、平時はともかく、これが非常時の際、細部で現場の独走を見逃してしまう要因のひとつになっている。

　シベリア出兵問題でも、統帥側が内閣の意向を逸脱する悪癖が顕著になる。英軍ならば逸脱した軍事行為は、即座に指揮官の更迭人事となるが、日本は政府のチェック機能が甘いというほかはない。

　日米共同出兵が開始されて一ヶ月後、イルクーツク付近では東西のチェコ軍が合流した。とりあえずの危機は去ったかに思われたが、日本軍は増加して当初の予定の一〇倍の七万二〇〇〇人ほどになる。派遣軍は反革命軍主体の自治政権確立の工作を進め、他方で米軍への進駐を拒否していた。日本の排他的支配が拡大するなかで、シベリア派遣軍司令官ウィリアム・グレイブスは「連合軍は、シベリアの利益にほとんどなっていない」こと、連合軍が撤退すれば反革命軍の命脈がつきること、むしろ米軍の駐留がアメリカの威信低下をもたらす、「長びくだけ日本の経済的地歩をゆるぎないものにする」と批判的だった*22。

一方、国内では戦時特需を期待して商人の売り惜しみなどがおこなわれ、さらに米騒動は全国へ広がり、混乱を極めた。寺内内閣は苦境に立たされ、出兵わずか一ヶ月後の九月二一日、総辞職した。

内閣が総辞職すれば、陸軍の人事異動にも影響する。奈良は、激動の軍務局長時代を終えることになった。奈良は、軍務局長時代を振り返って、「軍人生活中尤華々しかり時代」で「多くの困難な仕事をなしたるを感ず」と回顧している。後世になっても、職務中の充実感を記しているところを見ると、軍人としての本分、使命を果たしたという気概があふれていたのだろう。『宇垣一成日記』ではこうした記述はまずない。やはり宇垣のような政治家肌の軍人とは違う側面が「日記」や「回顧録」でも表れている。

さらに、奈良は、軍務局長として航空隊、戦車隊、自動車隊、高射砲隊などの拡充に尽力、これに応ずる幹部養成、内閣直属の軍需局新設、青島・山東方面の権益拡張、シベリアに出兵してチェコ軍救出のため、また「他日の権益を確保するため目的を持てチタまで」駐屯したことなどを成果に上げ、陸軍としては「画期的事業」と振り返っている。軍人としての職務を果たした充実感だろう。

パリ講和会議

寺内内閣の総辞職により、大正七(一九一八)年九月二九日、原敬内閣が成立した。反袁政策やシベリア出兵政策を参謀本部とともに指導してきた田中は、次長から陸相に就任した。原首相の決断だった。陸軍に対し主導権を握りたいとする原の思惑と、政界に関心を持っていた田中の思惑が一致したからだ。奈良は「炯眼」な原首相が、増師問題等で政友会を苦しめた田中を閣内に入れる。つまり「檻内に容るゝ如き考慮」をしたためと理解している。そして「政友会を敵に回す如き行動を慎み」、奈良も予想はしていたが、参謀次長時代の「積極意見は掌を翻すが如く消極意見に変更せり」と感じている。奈良は、田中が「軍人には稀なる政治家」というほかはなかった。

一方、陸相に就任した田中は、奈良を次官に任命しなかった。通常なら軍務局長の次は陸軍次官に昇格するケースが多い。軍務局長時代、奈良になにか失態があったというわけではない。田中と奈良の微妙な関係を裏付けている。奈良と田中の二人には、上原参謀総長を介して関係は緊密ではない。第三者からも二人の仲について風評もあった。そして、田中は同期の山梨半造中将を陸軍次官にした。この人事は、山県の指示があったかもしれないと奈良は振り返っている。田中は、奈良に対し「申訳的内話を予になしたる」と記している。田中も奈良の人事についてては困惑していたのではないだろうか。そこに登場したのがドイツの敗北を受けて開催されるパリで講和会議問題だった*23。

ほどなく田中陸相は、奈良に対し、来るべきパリでの講和会議全権団の陸軍代表に指名した。臨時外交調査会では、一〇月二二日からさっそく講和準備会議が開催された*24。

奈良の陸軍代表の人事は、推測の域を出ないが、原首相が奈良の人物像を理解していたからとの判断もあったかもしれない。他方で、田中は上原と懇意な奈良を閑職に追いやるわけにもいかなかった。

出発を前に、山梨次官から奈良に後任の軍務局長の話があった。田中は宇垣一成少将を推薦、山梨は菅野尚一少将を候補と考えていると内話だった。だが、奈良はこれに対し「予は何とも言わず其推移を待」った。軍務局長人事であえて奈良は明言を避けた。何かと後に言われないことを望んだと思われる。慎重な奈良らしい。結局、長州閥の菅野少将が後任の軍務局長（一二月一七日）となっている。

一一日は他の随員も確定した。ただ奈良が来るべき講和会議に対し、陸軍の将来の方向性を認識してパリに向かったかというとそうではない。陸軍代表会議で、各国の意見拝聴というのが基本だった。それに帝国陸軍将校の頭の中は、既得権益や現在の軍備体制の維持といった思惑でパリに向かったのだろう。五大国の一員までようやく上り詰めた日本、それも軍部がこの大戦で獲得した権益など簡単に放棄するつもりはなかった。その意味で、いわゆる新外交といわれたパリ会議は、奈良にとっても衝撃的な会議だったと思われる。

一一月三日、キールで独水兵の反乱が発生、ついに一一日、ドイツは休戦条約に調印、第一次大戦は終了した。翌大正八年一月一八日よりパリの郊外ベルサイユで講和会議が開かれることになった。

一方、シベリア出兵問題は激変があった。一一月一六日、ロバート・ランシング国務長官は駐米石井菊次郎大使に、ついに抗議ノートを提出した。原敬内閣はアメリカとの共同出兵を前提としていただけに、そのアメリカより抗議を受けたことはかなりのショックだった。またニュートン・ディール・ベーカー陸軍長官は一一月二七日ウィルソン大統領に、米軍のウラジオ派遣は「日本軍の駐留目的を蔽い隠す外被に利用されている」と報告、戦時通商局長官バンス・C・マコーミックも「今や日本の同様な軍事主義グループが指導している対露行動の黙認をやめるべき」とランシング国務長官に伝えていた*25。日本の独断的な行動は明らかに米政府を刺激し、従来の門戸開放政策への回帰に発展していくのである。

二七日、講和会議の全権団メンバーが発表された。列国の首脳の動きを見れば、原首相が首席全権になるべきだろうが、パリは日本から遠く、国内政治多忙を理由に日本を離れなかった。内田外相も同様だろう。そこで浮上したのが、かつての政友会の総裁、首相を歴任し、フランス留学の経験もある元老西園寺公望の登場だった。これもイフだが、首席全権として原首相がパリに行き、ロイド・ジョージ首相やウィルソン大統領といった当代の政治家と渡り合う姿を見たかった。原の大戦後の国際認識や政治手腕を国際会議で試す絶好の会議だったはずだ。

さて、日本側の首席全権は西園寺公望、牧野伸顕、珍田捨巳、松井慶四郎が補佐することになったが、実質は牧野が中心的役割を果たした。随員は、永井松三、長岡春一、佐分利貞男、木村鋭市、有田八郎（以上外務省）といった有能な外務官僚が帯同した。また陸海軍からは、奈良武次、田中国重少将、畑俊六中佐、佐藤安之助大佐、二宮治重中佐、海軍側は、海軍軍令部次長の竹下勇中将、野村吉三郎大佐といったヨーロッパ情勢に明るい軍人が加わった。

陸軍としては、ヨーロッパに通じ航空事情にも明るい山梨半造陸軍次官が候補に上っても不思議ではない。もし田中次長がパリにおける国際会議に出席すれば、英米仏の動きを見て彼の国際認識も多少は変化したかもしれない。海軍将校はともかく、陸軍将校はヨーロッパの政財界との接触、軍事情勢に関わる軍人が少ない。また技術移転や人脈つくりは成果を挙げていたかもしれないが、国際情勢の意見交換や機密情報を入手する工作は果たして上手だったかというと、第二次大戦を見れば、いい蓄積ができなかったようだ。ややもすると満州・中国問題を世界地図の中心に考えていたことが、このパリ講和会議でもわかる。本来ならこの大戦で、軍事の近代化、国際化を認識して、改革を実行する意欲が低迷していたかもしれない。奈良も陸軍の権利を代表する以上、職務権限外のことを言うはずもない。

一方、日本は、連合国の一員として、また五大国の一国として自覚だけは強くあった。このため総勢六〇人を超える全権団をパリに送った。五大国の一員として大戦後の存在感を示すためでもあった。パリでは一流ホテルを借り、代表団の車は国旗をはためかすデモンストレーションを見せた。だが肝心の会議では、なかなかイニシアチブをとれず、また発言も少なく「サイレント・パートナー」という有難くないもないレッテルが付くことにもなった。

後述するように、天洋丸で先発する一行には、全権の牧野伸顕には吉田茂や重光葵といった若手外交官や黒岩涙香や中野正剛ら記者連が同行していた。一方、一月一四日、西園寺は丹後丸で出航した。彼は女性同伴で、また後に「なだ万」の三代目主人となる楠本萬介が随行料理人となっている。また西園寺八郎夫妻、近衛文麿も同行していた。牧野一行と比べて極めてファミリームードの中で出発したが、パリ会議開催初日には間に合わず、一八日は西園寺一行がまだシンガポール付近を航行している。このあたりも緊迫感のなさが伺われる。

これ対し列国は強い意図を持って会議に参加していた。フランスはジョルジュ・クレマンソー、イギリスはロイド・ジョージ、アメリカはウッドロー・ウィルソンというような大物政治家が参集して会議のイニシアチブを発揮することになる。

大正七年一二月一〇日、奈良は妻光子、娘梅子とともに牧野一行に加わり、天洋丸に乗船して西園寺と違ってアメリカ経由でヨーロッパへ向った*26。出航した船は波浪が続く海に悩まされ、一週間が経過してようやく天候良好となり、一九日、ホノルル港に到着した。同乗の牧野、竹下勇中将、野村吉三郎大佐らと上陸、ハワイ総督の歓迎を受けた。翌二〇日、出発、アメリカ本土まで奈良は連日公用書類の確認、食後の会合に出席、二六日、早朝サンフランシスコに到着した。

翌二七日、一行はオークランドから特別車に乗り、二八日、ソルトレーク、二九日、ロッキー山脈を越え、オマハに入り、三〇日、シカゴ、同地で来栖三郎総領事一行が出迎えた。三一日、ニューヨーク着、大正八年一月一日の正月を牧野一行はニューヨークで迎えた。深夜列車でワシントンに向い、翌二日、同地着して日本大使館に立ち寄った。出淵勝次参事官らの歓迎を受け同市を視察している。しばらくニューヨークに滞在した奈良は、野村大佐の案内でウエストポイントの士官学校を視察している。

一月八日、牧野一行はカルメニア号に乗船してフランスに向け出港した。旅行中で注目したいのは、同行した実業家団体が国際連盟成立に応じて、船中で連日協議して意見書を一行に手渡していることである。一七日、奈良らはイギリスに到着、ロンドンのホテルに入り、一八日、フランスのパリに着き、ホテル・ブリストルに入った。

さて、パリには列国首脳が次々と到着し、同市は華やかな外交の舞台となった。一番の人気はウィルソン米大統領だった。大正六年四月六日、ついに大戦に参加して連合軍の勝利に貢献したアメリカの役割は疑いもなく誰もが認めるところだった。コンコルド広場を進むウィルソン大統領の馬車は歓迎の人波で埋まった。大戦後の世界の主役はアメリカだった。

ウィルソンは一九二一年、年頭の議会演説で有名な「平和のための一四ヶ条」を発表、海洋の自由、軍備制限、民族自決や秘密外交の禁止などを盛り込み、最後の演目で国際連盟創設を訴えた。英仏は賛同したが、いわゆる旧外交にとらわれていた日本は予想もしない新たな状況に受身に回ることになる。

一月一八日、各国首脳がベルサイユ宮殿に参集した。一八七一年一月一八日、普仏戦争に勝利したドイツのウィリヘルム一世は、この日、この宮殿で統一ドイツ帝国成立を宣言した。フランス敗北の屈辱の日、それが今度は対ドイツへの苛酷な要求を突きつける会議の幕開けの日となった。

一九日から、奈良は珍田大使、松井大使らと共に講和会議のための事前勉強会を始めた。奈良は会議の模様などを「奈良陸軍中将報告集」[*27]で本国に報告している。これが実に膨大な報告である。奈良らしい細かく記した会議内容、意見具申を本国に送っている。また海軍代表だった竹下勇中将にも同様に「竹下海軍中将報告集」が存在する。また「平和条約国際連盟書類関係」にも彼らの報告が散見できる。こうした報告も今後の陸海軍の講和会議への対応を検証するため重要な情報が含まれている。

人種差別問題の紛糾と青島問題

ウィルソン大統領は新外交を提唱し、秘密条約の廃止、無賠償・無併合、民族自決などを次々と打ち出した。こうした耳新しい提案に、牧野は戸惑うことになる。その上、牧野は、政策決定者ではないため、重大事項が登場すると、そのたびに本国に電報して訓令を仰ぐなど、非生産的な会議になることもあった。また決断力に弱い側面もあった。牧野は次のように回顧している。

「世間の人も吾々も耳新しく感じて居ったのは、国際連盟の問題である。来るべき講和会議と結びつけてうわさされ、国際連盟に同意せぬと、頭から会議に列席することは難しい、というような感じだった。」*28

ウィルソン大統領は、青島を中国に返還を、南洋諸島を委任統治にするような発言をおこなって日本側は困惑していた。奈良も田中陸相らとこの件で綿密に打ち合わせをしてきた様子もない。対華二一ヶ条要求の相手は中国だったが、今度は連合国、それも欧米の大国相手であり、交渉の見通しは簡単ではなかった。

ところで、奈良は会議に毎日出席していたわけではない。主要な会議は全権が出席、専門外の場合は待機状態、あるいは各国の高級将校との懇談などをおこなっていた。この間に勉強熱心な奈良は、パリ滞在を機に、家庭教師を雇って士官学校以来のフランス語を勉強している。それはフェルディナン・フォッシュ、フィリップ・ペタン元帥といったフランスの高名な軍人との会見などに対処するためでもあった。奈良は陸軍代表だったが、中将であり、軍務局長を退任したばかりで、列国の全権団の中では陸相より階級はいささか劣る。それだけにフランス陸軍の高級将校、砲兵監部に敬意を表明する必要があった。奈良は仏軍参謀本部などの将官を相手に、パリ滞在中に数度の宴会、午餐会を開いて裏方で社交を繰り広げていた。しかし、これが後の皇太子外遊で生かせることになる。

一方、国際連盟について日本側は依然戸惑っていた。前年一一月一九日の臨時外交調査会で、伊東巳代治は国際連盟について「これは、たしかに高遠な理想だが、はたして実行できるものか、はなはだ疑問に思う。もしこれが成立したら、一種の政治同盟となるのは火を見るよりも明らかで、じつに驚天動地のゆゆしい事態と言わなければなりません」*29と述べていた。つまり一等国が現状を維持して二等国などをおさえる「政治的道具」ではないかとの予測だった。敵国に対するための同盟・協商は今まであったが、平和を志向する連盟など日本側にはイメージがなかったといえる。

パリに赴く前、牧野は日本の行動様式として「英国と歩調を一にするのを得策」、「大勢に順応」するといった主体性のない方針を打ちだしていた*30。主導権を持たないことを初めから決めていた姿勢である。ゆえに開会から四日目の二二日、首脳会議でロイド・ジョージ首相から連盟の創設問題に言及した後、牧野は発言を求め、協力はおしまないが「いまだ十分準備ができておりません」と述べ各国の不興を買うほどだった*31。

イギリスの随員は「提案は採択され、日本の留保は注目を集めた」という。結局連盟について、奈良は「大体においてすでに相まとまり居るものと認められる」*32と本国に送るほかなかった。日本政府は新たな方策を訓令した。長年、日米間で問題になっていた移民問題に目をつけ「人種的偏見の、なおいまだ全然除去せらざる現状に顧み」て、「帝国の不利を除せんがため」に「「適当なる保障の方法を講ずるに努むべし」と送った*33。

この日、奈良は講和に関する「帝国国策並に主義及事実上の問題」について各国の日本大使館付武官を集めて協議していた。以後、奈良は、日本の植民地獲得要求に対するウィルソンの委任統治論の主張を研究している。委任統治の概念が不透明だが、実質の支配ということで奈良は理解したようだ。奈良は佐分利と共に首相外相会議に出席した。

さらに、ウィルソン大統領の提案で奈良を悩ませた問題は、軍備制限と徴兵撤廃論、中国問題である。二月三日、牧野は奈良、竹下、山川らを呼んで同件について質問したが、当然というべきか奈良は反対意見を答申した。後日陸海軍はあらためて反対の意見書を牧野に提出している。奈良の報告を見ると、フランスは普通選挙との関係で民主主義が基礎となっており、徴兵制廃止は反対、イタリアも廃止は富める国に有利と反対、米英は制度撤廃の条項を削除したこと、また青島返還問題で、中国側が日本に「不利な運動」を見せているという報告がある*34。日本側も中国側と事前に交渉すべきではないかとの奈良の意見報告もある。また青島については「断じて委任統治に置くへきものに非さる」と主張していた。陸軍代表としては当然な意見だった。それは牧野が英米の意向を受け入れようとしたからである。

ところで、一月下旬、日本が提起した人種差別撤廃案問題について何ら進展はなく、ついに二月一三日、牧野は正式に会議で人種差別撤廃を提案した。移民問題を抱えた日本ならではの問題提起だった。今日から見ると、最初の問題意識はともかく、この当時としては画期的な提起といっても過言ではない。以下は『ドキュメント昭和　世界への登場　一等国ニッポン　ベルサイユの日章旗』に依拠して紹介する。議長のロバート・セシルは困惑した。

「たいへんむずかしい議論を提起されましたね。軽々に扱うわけにはまいりません。」

各国首脳はいずれも困惑の様子だった。しかし誰も発言を求める者はなく、結局第二〇条は原案で採決された。連盟規約委員会での不採決が決定されるや、日本国内では不満の声が高まった。

参謀本部第一部長宇垣一成少将は「人種によりて不平等の待遇を行い、世界の現状を維持せんと欲する英米の希望は得手勝手、実に不平等である」＊35と記している。欧米と日本の価値観は相当の開きがあった。国際会議に熟練していない日本は、戸惑い、困惑、沈黙といった葛藤に悩まされることになる。こうした列国との軋轢に刺激を受けて、近衛文麿の「英米本意の平和を排す」といった発想が国内に登場する。国際政治はヨーロッパを中心に依然として動いていた。列国は、日本と中国問題を重大事と見てはいなかった。それだけに東アジアの問題では、日本は自由裁量が増えたが、その後の軍部の台頭で外交的リスクを背負うことになる。

ところで、戦勝国アメリカ国内では再び孤立への空気が現れ始めていた。三月初め、米上院の三分の一以上の三七人の議員が国際連盟加盟反対に署名、条約批准は風前の灯だった。結局、ウィルソン大統領の提唱した国際連盟は、アメリカ自身が加盟しないという皮肉な結果になった。この翌日、ウィルソンはパリに到着したが、フランス国民による前回のような大歓迎はなく、冷ややかな歓迎になっていた。

また日本は、もうひとつ山東半島の旧ドイツ権益獲保を要求していた。いわゆる青島問題だ。一月二八日の首脳会議では、中国側の全権王正廷、顧維鈞が青島返還を主張していた。なかでも首席全権だった外交総長陸徴祥はこの問題で硬化していた。中国では、国権回復、ナショナリズムがこれを後押ししていた。

奈良は天津や青島に駐在中に面識があったため外交総長を表敬訪問した。しかし、面会を回避された。奈良を毛嫌いしたわけではない。中国を代表して日本の陸軍代表に会見できないということだろう。奈良もこれまで「予に対し特別好意を表し」てきたはずだったと思っていただけに残念だったようだ。中国からは特別に勲章をいろいろ授与されていたからだ。だが、彼からの答訪もないという「不可解の態度」を取られる始末だった。

一方、山東問題について駐日アメリカ大使モリスが情報をアメリカ代表団に送り注意を促していた。日本の人権問題の課題は山東問題解決の道具というわけである。

奈良の「日記」では三月に入り、山東問題について中国の意見に対する反論を連日のように協議している様子が記されている。奈良は当初陸軍で青島問題を協議したが、列国の認識と「根本に於て相違の点あり」、これでは「変更を要すべきもの多き」と認めるほかはなかった。たとえば、租借地を専管居留地にすることは困難、むしろ開港場とすべき、また共同居留地に問題とするかなど陸軍の意向は詳細に反映されず、全権団に委ねるほかはなかった。

中国は強硬だった。中国代表顧維鈞は、山東が中国文明の発祥の地であり、対独参戦で中独間の租借条約は無効となり、すべての権益は直ちに返還されるべきと主張したが、牧野は「すでに中国と友好的に意見を交換し、取り決めも結んでいます」と反論した。ウィルソンが突いたのはその「取り決め」だった。秘密外交の禁止を唱えるウィルソンとしては日本追及の一手だった。

中国ではナショナリズムのうねりが沸き起こっていた。これを機に中国の顧維鈞は、対華二一ヶ条要求問題、最後通牒など異様な空気の中で日本に妥協した交渉を暴露した。ほどなく五・四運動も発生する。中国国民のパリ講和会議に対する不満の爆発だった。それはまさしく奈良が駐屯軍司令官として最前線の地位にあった時の事件だった。国際会議で中国が初めて大々的に国権の回復行動を見せて日本を驚かせた。これも日本の旧外交への固執が招いた結果だったかもしれない。

ランシング国務長官は「日本の、中国に対する妥協のない態度は不快きわまりない」と主張している。明治維新後、不平等条約の壁を破るため、激烈な帝国主義時代の只中を生き抜いた日本の旧外交は、アメリカの新外交を受け入れることは簡単なことではなかった。

一方、奈良は早いうちに人種問題で日本の提案が受け入れられないことを珍田大使から聞いていた。

「珍田大使より人種差別の問題の成行を聴取せり、先つ絶望の模様なりし」（三月二九日）*36

「絶望」という報告に、日本の限界が滲み出ている。奈良は、珍田とは意見交換を交わすこともあり、後に珍田が裕仁皇太子の訪欧の供奉長、またその後侍従長に就任すると良好な関係を築いている。

ところで、日本国内では講和会議で日本の意向が受け入れられない状況に、政治家や右派で組織された人種差別撤廃期成同盟が何度も集会して政府の責任を追及していた。日本国内でも大戦で得た成果をみすみす手放すような会議に出席することに不満は募っていた*37。

一方、三月二五日、ホテル・マジェスティックでイギリスは、オーストラリア、ニュージーランド，カナダ、南アフリカ、ニューファンドランド（インドは招かれていない）の代表を招いて会議を開いた。会議席上、ヒューズ首相は「私はこの提案に断固反対する」と主張した。この秋にオーストラリアで総選挙を控えるヒューズとしては、内政面で野党からあげ足を取られるようなことはしたくなかった。これは南アフリカも同様だった。日本の提案を認めれば、両国では重大な政治問題になり容易に認めるわけにはいかなかった。

他方でイギリスは講和会議での自身の発言力を高めるため自治領諸国を集めており、イギリスの立場を強化するにはこれら諸国の意向を無視するわけにはいかなかった。こうして日本の提案はアメリカとイギリス連邦諸国の抵抗に遭遇していたのである。ヒューズ首相は、牧野に次のように伝えていた。

「人種差別撤廃は、主義としてはだれも異論はない。しかし事の是非はともかく、オーストラリアにはオーストラリアの世論がある。私はこれを尊重しなければならない。」

さて、原首相は三月三〇日、臨時外交調査会を招集した。席上伊東は日本の要求は「絶望ながら「ひとたび提唱したるわが主張は、決して撤回すること許さざるなり」*38と強弁した。

結局、人種差別撤廃の宣言、そして各国がこれを了承したという文脈を規約の付属文書に明記するか、議事録に残すか、また宣言のみを規約の付属に明記する、ともかく日本の主張を後世に残す形で妥協することになった。全権団への電報は、「もし、右三案にしてなお成功し難き場合には、連盟規約調印を一時見合わすべし」（『外文』）という訓令を送った。

原首相は、「到底わが提案、可決を見る見込みなきも、これがため国際連盟を脱退する程の問題にも非ず」*39と記している。現実的な是々非々を取る原首相としては、これ以上の主張は日本の孤立を招くことになると憂慮していた。結局大勢順応という日本の従来の外交に帰着するのである。

四月一一日、日本は再度連盟規約委員会で修正文を提出した。それは「諸国民平等の原則」

という文言を、従来のように規約本文ではなく前文に挿入しようというものだった。イタリア、フランス、ギリシャは賛成、ウィルソン大統領は「規約の前文は原案のままといたします」と述べた。牧野は「議論を打ち切るならば、採決を希望します」と主張、挙手による採決となった。日本に賛成一一（中国も賛成）、反対は五、日本の提案は最終局面で大幅譲歩ながら承認されたかに見えた。すかさずウィルソンが発言した。

「日本の修正動議は全会一致を得られなかったので、不成立を認めます。」*40

牧野は思わず「なぜ」と問えば、ウィルソンは、「このような重要な問題については、全会一致で」と答えている。かくして日本案は葬られることになる。

軍備制限問題

会議で紛糾した議題の一つが軍備制限問題である。従来、この種の問題は、ハーグ会議で議論されていた。これがパリ講和会議で軍備制限が取りあげられることになった。大戦前、外陸海の三省が議論をしたテーマである。審議は尽くしていない。しかし、これが現実の議題になった。奈良は「主義には賛成」だが、「具体的拘束を受けさる」*41ことを言及している。だが軍備制限問題の進展に驚いた奈良は、二月一四日、こうした国際「会議には必す陸軍上級将校中の有力者を出席せらしむ」*42を要すると本省に進言している。さすがに、奈良の職権では荷が重すぎた。外交交渉もそうだが、陸軍の抱える専門的かつ重大な問題は、次官・軍務局長クラスでは列国と対等に渡り合えないというのが本音だった。列国は政治家以外に元帥、大将クラスが参加している。発言力は階級と職務権限がものを言う。

奈良は軍備問題で議論が紛糾する中、軍備制限の「具体的計画及決定」をするものは会議の代表者でなくてはならず、それは「極めて重要の責任を負担すへきもの」*[43]と確信する。会議に出席して手腕を発揮して影響力を及ぼすには、「少くも参謀総長及軍令部長の如き高級将官を用ふる」ことの必要性を指摘している。果たして、このころ列国と渡り合える高級軍人が日本にいたかどうか実に悩ましい意見だが、外務省でも会議の反省が指摘されたようで、陸軍も国際情勢に明るいトップクラスの高級将校の出席が必要と感じたのである。

ところで、軍備制限には各国の方向性があるため、奈良は、牧野に対し「帝国憲法に接触するものなること」と注意を促している。日本にとっても陸軍にとっても全く新しい状況の到来だった。

一方、限定的な問題ながら日本にとって極めて重要な事項が山東問題だった。奈良は、山東問題について「頗る我に不利」（四月一九日）*[44]と認識していた。奈良は希望が入れられない時は「講和条約の調印を拒むの一法あるのみ」と主張している。この国際会議で諸外国と困難な交渉を継続する日本全権の姿を奈良は垣間見ていた。列国との交渉の難しさを彼は身を持って知ることになる。奈良のバランス感覚はこうした経験も加味されていくことになる。

四月八日、会議の合間をぬって奈良は戦場視察に出かけた。主に仏独の最前線で、まずはランス、九日はソンム等激戦地を数名の将校を連れ、フランス軍将校の案内で視察、その所見を記している。ともかく市外村落の「破壊は今日迄想像せしより遥かに大なること」、砲兵将校らしく、「砲弾の威力大にして且命中良好なること」や「戦闘の性質旅順の二〇三高地に等くして其規模数十倍大なること」、将来の戦争は「運動戦にて勝敗を決し陣地戦に等かさること」、やむなく陣地戦となったならば多数の砲兵を活用して射弾幕を応用すること、これは味方歩兵への援護であろう、コンクリートの「応用」などかなりの刺激を受けていた。仏独戦線は塹壕を掘る陣地戦の繰り返しで、旅順攻防戦以上に両軍に数多くの犠牲者が発生した。それだけに陣地戦は犠牲者を増加させるのみと奈良は認識したのだろう。

五月一二日、西園寺公望も戦場視察に出かけている。大正一〇年、裕仁皇太子が初の外遊を挙行した際に同様な視察をおこなっているが、皇太子の経験の裏には事前に西園寺や奈良のこのような経験があったことに留意しておく必要がある。

講和会議に出席していた奈良はロイド・ジョージ、クレマンソーなど名だたる政治家の手腕を間近に見て、大きな刺激になったようだ。たとえばドイツの軍備について、フランスのフォッシュ元帥は歩兵五師団、騎兵五師団の総兵力一二万人というX案を作成した。ところがロイド・ジョージは反論、渋るフォッシュ元帥に、ついには「高圧的」になり「此の如き問題は各国政治家の責任に於て決定すべきものにて軍人の容喙を許さず」と発議した。その上で、各国全権と陸海軍高級将官一人を残して退場すべしと主張、これを実行した。いかにもイギリスらしい発想だが、結局各国の軍事委員はフォッシュ元帥の下に集まり協議を続けた。兵役の問題がいかに各国の歴史の上に積みあげられてきたものかを奈良は如実に知ることになった。英米は志願制、日仏は徴兵制、これひとつ見ても協議は簡単ではない。

一方、パリには各国の講和委員だけではなく多くのマスコミ関係者がやって来ていた。奈良のところにも多くの人々が来集し、奈良も「予の生涯亦尤も多く宴会を催」したという。このことが奈良の国際情勢への認識をいっそう広くしたといえる。高級将校もこのような会議に出席して国際状況に実態を肌で知ることも重要だろう。奈良としては、この講和会議で、青島、南洋諸島問題は、「幾分譲歩」したものの、「大体の目的は貫徹」したこと、軍備制限問題では志願制か徴兵制かで紛糾したが、議論は結論を見なかったこと、軍事力も継続研究となり、対露問題は「日本に殆んど関係なく」といったことで満足している。

ただ、赤軍対策で、イギリスから日本軍はウラル地方まで進出可能かとの質問が出され、英陸相ウインストン・チャーチルのところまで奈良が赴き、出兵となれば「三師団を用いればウラル付近まで占領し得べし」と報告している。後のチャーチル首相と会話を交わした数少ない軍人でもある。奈良は、これをすぐに本国に打診するが、本省の返事はウラルまでの進出は「不同意」との返事だった。

六月二八日、ベルサイユ宮殿では対独講和条約の調印式がおこなわれた。五大国の全権が署名し、各国もそれに続いた。中国は結局調印を拒否した。奈良は佐藤、永井の両大佐と二宮中佐を伴って出席している。夕刻には西園寺全権と日本側の随員が参加してシャンパンを抜いて調印を祝った。

会議が山を越えると、奈良は再び各地を視察している。六月一六日からフォンテネブローの砲工兵学校を訪問、ソウミールの騎兵学校、カゾウの射撃学校、二一日、オルレアンの第五師団司令部、さらに二三日、パリの防空施設、七月一一日には激戦地ベルダンなどを回った。奈良は、元々が仏砲兵学を学ぶはずだっただけに熱心に視察している。

七月二〇日、奈良は元老西園寺らと共に熱田丸に乗船、マルセイユから熱田丸にてポートサイド、コロンボ、香港などを寄港して八月二三日、神戸に到着した。二五日、奈良は無事に東京に帰った。

二七日、奈良は西園寺と共に、日光に赴き大正天星に拝謁した。まもなく日光から帰京した天皇と宮中では陪食し、また裕仁皇太子のところでは御前講義をおこなっている。このような一連の会議参加を通じて奈良は西園寺の知遇を得ることになった。いずれにせよ、奈良はこの会議参加で見聞を深め、多くの首脳と親交を深め、世界情勢の趨勢を知ったことは実に大きな財産になった。

同日、田中陸相は奈良に対し、八月にロンドンで開催される国際連盟会議への出席、続いて一〇月、ワシントンで開催される批准のための会議に出席するようにとの事前の話があった。このまま国際会議への出席を続ければ、奈良の見聞は広まり、海外での奈良の知名度は高まっていたかもしれない。また、海外を知る奈良が陸軍次官、さらに陸相に就任する可能性も十分にあった。しかし、アメリカでは条約の批准で紛糾し、さらにウィルソン大統領の急死により、いわゆるワシントン会議は流れて延期となり、国際通の陸軍将官の誕生は幻に終わった。まもなく奈良は、陸軍高官としては稀有な体験をして宮中入りすることになる。

シベリア・中国への出張

帰国した奈良には、さらなる重大な任務が待っていた。大正九（一九二〇）年一月六日、田中陸相よりシベリア出張の命があった。通常なら師団長クラスに転補させるところだが、再び厳しい任務だった。それもシベリア撤退問題に関係することで、容易な使命ではない。田中陸相も奈良の任務遂行能力、行政手腕を高く評価していたからである。

パリ講和会議に一段落をつけた原内閣に残された外交課題、それはシベリア撤兵問題だった。シベリア派兵継続は、アメリカの不興を買っていた。原首相は田中陸相と段階的に撤退の方向に向けて協議している。すでに大正七年一二月一八日、原と田中の会合で、田中に言明した。「今や当初の目的たりしチェックスロバック救済の目的を達して殆んど大軍駐屯の必要のなきに現在の儘に差置くに於いては各国の疑惑を免れざるのみならず、米国の不快も改らず又費用も莫大にて何の為に此巨資を投じて大兵を置くや」*45との話があり、治安を維持する程度の守備に変更させたい旨を表明した。「豹変」とも言うべき田中の転換だが、第四一議会を控えて原首相としても政局を揺るがしかねない出兵問題については陸軍の妥協を必要としていた。

シベリアでも白ロシア軍に変化が起きていた。大正八年一一月、日本やイギリスが支援していたコルチャク政権（オムスク政権）の敗北が明らかとなり、陸軍は再び増兵を要求した。政府では、時機をみて派遣軍はウラジオへ引き揚げるという諒解が成立して、そのために半個師団の増兵が認められた。しかしアメリカはこの提案を拒否したのである。

一月六日、田中陸相はアメリカより回答がないため満州に増兵すべきことを意見したが、財政的負担を危惧する高橋是清蔵相は、「他日大なる負担を増し、国家を危殆に導く」として「絶対に反対」と述べた。しかし、満州での増兵はアメリカの回答は必要ないと判断をする原首相は増兵やむなしと認めた*46。ところが九日、原首相は、米軍が突然シベリアから撤兵するという報を聞いて愕然とした。さすがに原も「何の理由にて如此處を取るや全く不明」と記している。原首相もアメリカの翻意に驚いた。日米両首脳の認識の違いに驚くばかりである。この点については原にも見通しの甘さがあったとも考えられる。

そこで原はさっそく田中陸相を呼んで、このままシベリアに派兵したままでは列国猜疑の焦点となること、さらに「費用も莫大」*47となり、「国論も如何あらんかと思ふ」が、「軽々に撤兵するが如き事も不可能」である。そこで今後は過激派思想の流入阻止という名目で、「好機を捉へて居留民を集めて奇麗に撤兵」することを表明した。上原総長は消極的だったが、原としても「今日は戦闘を目的とする出兵にあらざる」ことから「政事上陸相の措置に任すべき」ものとの判断だった。原首相も陸軍側の面子を立てたようだ。田中陸相は同意したが参謀本部の感情もあった。そこで一三日、原首相、田中陸相、高橋蔵相の三者会談で、「不得已事」の満州への増兵、アメリカへの詰問的覚書作成（相談なく撤兵の一件）を決めた。政府内ではこれでよかったが、参謀本部との調整がつかず、この後は問題を大きくする。

一六日の閣議席上、田中陸相からは、今回の増兵についてシベリア派遣軍司令への訓令の協議があり、内政不干渉、過激派との衝突回避を主旨とする指示が確認された。その後、時機を見て引き揚げるタイミング、またどの地点まで引き揚げるのか、その時過激派が攻撃を加えてきたならばいかなる対応を示すのか、様々な問題が提起されていた。

そこで陸軍の高級将校が直接シベリアに赴き、口頭で派遣軍司令官や師団長に伝達することになった。適任者は、パリ講和会議に出席して欧米の空気を知る奈良だった。

大正九（一九二〇）年一月一七日、奈良にシベリア出張の命が下った。随員は芳賀真五砲兵少佐、白土哲郎三等主計正、笠原幸雄歩兵大尉の三名であった。笠原は関東都督に参謀として勤務した経験がある。シベリア出兵の政策立案に尽力した奈良だったが、今度は戦線縮小、撤兵に向けての根回し役になった。かつての当事者とはいえ、あまりいい役回りではない。陸軍の対独参戦に伴い、かつてソウルの寺内に現状報告をしたように奈良は、政策転換の折々に根回し役を担当することになる。これはなにも偶然とはいえない。職務に忠実、誠実で使命感と責任感が強く、政治的野心も見せることのない温厚な姿勢が、折衝役として適任と上層部に評価されていたのだろう。

奈良のシベリア派遣に対し、政府からいろいろ注文があった。まず「他の文武官一切に之を秘する事」、そして帰途には北京に立ち寄り日中軍事協定について「提携防御の内談すべき訓示」をすることだった。それに、こうした命令は紙面には「漏洩を恐るゝに固り」、つまり漏れるのを防ぐため、奈良を特派して「口頭も以て内示する事」となったのである。撤兵問題だけに出先官憲や日本側を支援する白ロシア軍に大きな影響を与えるのは必定だった。そのため隠密裏に根回しを指示したことになる。

奈良は原首相に呼び出され官邸を訪問した。首相官邸では、原首相を始め内田康哉外相、田中陸相列席で大井成元司令官（二代目のシベリア派遣軍司令官）への伝達事項が確認された。興味深いのは、原首相の面前で、田中陸相から伝達事項を聞かされたことだろう。この光景は「異様」と奈良が感じるのは当然だった。奈良は、「首相の疑惑なからしめんが為めと思はれたり」とも感じているが、これまた当然だろう。原首相は、陸軍の独断を見逃さないためにも外相と陸相を同席させた。かつて山本内閣で、原が内相の職務にあったときも同様なことがあった。原自身外務省出身だけに、彼のリーダーシップと外交一元化に対する強い意欲を感じることができる。これが激動の昭和になると困難になる。

ともあれ奈良は、前回は支那駐屯軍司令官派遣の時に、赴任途上寺内総督への対独参戦状況の伝達命令があったが、それ以来のことだった。それはいかなる伝達要旨だったのだろうか。次のように記している。

「……第一三師団の残部を補充派兵の意味を以て今回増加せられたり。此以上の増兵は当分望なし、米国兵撤退後は日本及支那にて西比利の時局を担任せさるへからす。日本は大正七年出兵当時中外に為せる宣言を遵守し、チェック救援と事業を継続す。米国は既に此事業完成せるか如く言ふも日本は此事業は未く完了せす、チェックが全部西比利亜を撤退し本国に帰還し終る迄は其救援事業に従事するの必要ありと認む、依て此目的を以ちて従前通り駐兵す。」

日本は、出兵時の宣言を「遵守」しなくてはならない。だが、まだ出兵の目的を達していない部分もある。それではチェコ軍が撤退完了したらどうするのか？　まず「宣言に基き撤兵する方針」であり、無理な駐兵は列国や国内世論が「到底許さざる所」であること、しかしながら「帝国自衛の必要なる少限度の処置を取るへきは自ら当然」で、もし過激派が「帝国領土若くは其勢力範囲内に侵入」してきた場合はその「自衛」の権利を示す。このためウラジオからニコリスク、ハルビン、満州里にいたるラインは「守備」して、そのためにも北部樺太を守備するといった内容だった。

そして、「日支共同に依り支那に出兵せしめ」ることを指示した。日中軍事協定の活用である。因みに中国軍の出兵は東支鉄道から西方の「露支国境」、過激派の侵入には「之に攻撃を加へ来るときは所に戦争を開始す」という中国の積極的な役割があった。つまり奈良は、派遣軍への説明と中国側への了解を目的としていた。これも奈良が大戦中の中国在勤で、中国首脳との面識があることが買われていたからだろう。

その他の伝達事項としては、たとえセミョーノフが東三省に自治地域を確立しても「継続援助せず見捨てることあるへし」など、セミョーノフや反革命軍が妥協して統一に成功し、日本軍の駐留を希望すれば「別問題」とするというように、日本側の都合次第を強調した。また中国が共同出兵に同意しない時はどうするのか、それについては「是亦其時の詮議に譲る」と場あたり的な方針が加えられている。

さらにチェコ軍の撤退前に過激派が東三省に侵入してきたならば、反革命軍をして当らせ「日本軍は直接戦闘の衝に当ることは避けさるへからす」というものだった。全体に日本軍の駐屯の印象を弱くし、中国軍の協力で大義名分を維持させ、直接の戦闘には反革命軍を活用するという日本側の都合の良さであった。出兵計画に尽力した奈良だが、今度は〈止め男〉としてシベリアに自ら行くことになった。

第三革命のときも同様だが、日本の大陸への内政干渉、特に革命や内乱において、干渉が日本に大なる成果をもたらした経験はほとんどない。多くは相手政権が自壊するか、列強の干渉で日本の干渉が頓挫するか、国内の反対勢力の反発で干渉が停止するケースがほとんどである。対華二一ヶ条要求を中国に認めさせることなど極めて稀なケースだった。軍部にはこうした少ない成功体験が権益拡大の過剰な自信になっている。既得権益の拡大という帝国主義、冒険主義に魅力があった時代は、中国やロシアの混乱や国力の弱体化に伴い必ず台頭するテーマだった。

さて、官邸を出た奈良は、外務省に行き埴原正直外務次官ら外務省幹部に会った。外務省はシベリア派兵の継続を危惧していた。彼らからは、シベリアでは穏健な勢力、政派を援助するという政府の意は了解しながらも、「其何れか果して穏健なるや容易に判定出来ず」と言われる始末だった。白ロシア軍支援といっても、相手の実態が不明というのが幹部の本音だった。確かに、このころは反ボルシェビキよりも、過激派の勢力拡大、白軍と白軍の確執などで日本が本来支援する勢力が不透明になっていた。ともあれ、命を受けた奈良は軍務局長室で、ウラジオ派遣軍側からの想定質問の勉強を重ねた。

一月二二日、奈良は東京駅を出発、翌二三日敦賀着、同地に一泊、二四日、新高丸に乗船した。だが、天候悪化のため一度敦賀にもどり、二六日に再出発、二八日、ウラジオに到着した。セントラルホテルで荷を置いた奈良は、派遣軍参謀長稲垣三郎中将の案内で軍司令官宿舎に向った。ここで大井司令官に中央の意向を直接伝えた。何ら大きなトラブルにはならなかったようである。翌日からは軍司令部でシベリア一般のことを軍幹部から聞き、西川虎次郎師団長(中将)からも、チェコ軍は、一ヶ月以内でバイカル以東に進出することを聞いている*48。

三〇日、奈良はウラジオ周辺の軍施設、収容所、兵站線、さらに連隊司令部などを見て回った。翌三一日、ルスキー島の士官学校の下士学校生徒が革命派に呼応する形でウラジオのロザノフ政権に政権譲渡を要求した。しかし、ロザノフは連合軍に政権譲渡を言明したため革命派はついに武力蜂起した。ロザノフ政権は急襲されて崩壊、ロザノフは日本軍司令部に避難した。後に日本に亡命する。

ウラジオはこうして革命派の手に渡った。市中には赤旗が掲げられ、民衆もまた赤い布を腕にまき、商店は閉じてしまった。彼らが見たウラジオは混乱と「不穏を極め」た町だった。このようなウラジオの混乱で奈良の出発は見合わせとなった。

二月一日、派遣軍に同行している松平恒雄政務部長が奈良を訪れた*49。松平はハルビン方面の状況を語ったが、奈良も出張の目的を松平に話した。彼は外務省側の人間としてシベリア撤兵へ向けての中央の動きを歓迎した*50。「政務部長は中央部の変更を歓迎し居れり」と奈良は記している。外務省から派遣され、また温和な松平ならではの感想だった。

翌二日午前一一時過ぎ、ウラジオ発の列車に奈良は乗車した。午後六時ごろニコラエフスク市に到着、さらに四日午前一〇時ハルビンに到着した。ハルビンの特務機関長の石坂善次郎少将よりハルビンへの増兵論があり、奈良は「如何なる場合に於てもハルビンを放棄することなかるへき」を述べている*51。

七日早朝、奈良は満州里に着いた。中島秀雄少佐の出迎えを受け、駐屯する第四二連隊の状況について報告を受けている。旅団長官舎には佐々木到一大尉もやってきた。佐々木についてはは『日本陸軍と中国通』でも記述がある。同地は零下三五度という厳寒だったが、在留日本人はすでに四〇〇人ほどに達していた。それだけに「軍紀の取締に困難を感ずる所」という意見に共鳴している。

九日午後六時、奈良はチタに到着した。チタはシベリア鉄道が通り満州里への鉄道分岐点で極東共和国の首都だった。奈良は鈴木荘六第五師団長以下師団幹部と会見、中央の方針を伝達したが、彼らは奈良に「非常に悲観的態度を以て種々の質問」をあびせかけた。戦線の縮小は出先が簡単に受け入れられものではない。いずれの時代も現地軍と中央のギャップは存在するが、中央の命令に威信があるのか否かがこの種の事態収拾のカギともいえる。なかには「豊太閤の三韓撤去の場合に同しき運命を来す」と嘆く者もおり、出先軍幹部は総じて不満だったことが容易に理解できる。

セミョーノフとの会見

問題となったのが、前述した反革命軍のセミョーノフ軍である。グリゴリー・セミョーノフは反革命勢力のコサックの首長で、コサックの父とブリヤート・モンゴルの母との間に一八九〇年に生れた。革命を機に満州里を根拠地としてコサック部隊を率いて独立運動を始めた。陸軍はこのセミョーノフを反共の壁として期待していた。

さて、一〇日午前、セミョーノフ側から、さっそく奈良との面会希望の要請が伝えられた。すでに日本の撤退の意向は決定しており、これは派遣軍や駐屯部隊の幹部は知っているが、セミョーノフ軍はこのことを知らない。ここで彼は日本軍の戦線縮小を知った。奈良としても「セミョーノフは部下の動揺を防かんか為め撤兵は未た決定せられさる如く装はれたき旨」の申し出があった。セミョーノフ軍の内情は定かではないが、日本軍撤退にセミョーノフ軍全体に動揺が走ることを危惧していたことがわかる。

翌一一日、奈良は再びセミョーノフと会見した。中途で互いの副官などを別室に置き、二時間ばかり会談した。そこでセミョーノフの要望は以下のごとくだった。①日本軍のなお四〜六ヶ月の駐屯を希望、②カムチャッカ方面の金鉱を抵当に日本に資金要請、③やむない場合は

「一部隊を率て満州方面に退却」するので日本からの援助を「御考慮を望む」こと、④上海の排日ロシア新聞は、「露人の真相にあらず」こと、⑤借款を要請する、⑥オムスク政府の金貨七貨車がこの地を経由してウラジオに行くが「当地にて押収したし、日本の助力を迄ふ」こと、⑦ムインツヤに到着するウィリチェフスキ軍に糧食を与えて欲しい、以上だった。情報提供はともかく、セミョーノフは日本撤退を想定しての代償を要求している。

このようにセミョーノフは日本からの支援の継続を望んでいた。これが停止するか否かは死活問題だったからである。チタの将校集会所ではセミョーノフ軍と駐屯軍の盛大な宴会が催された。セミョーノフはもちろん参謀らの軍首脳が参集「頗る盛会を極む」状況だった。奈良に言わせれば盛大だが、戦地におけるロシア軍流の宴会は「頗る蛮的にして食物も亦一般露西亜料理の如く美味ならさりし」ということだった。日本軍とセミョーノフ軍との関係は微妙な状態になろうとしていた。それだけに彼らは奈良を歓迎し、親日ムードを見せなくてはならなかった。奈良もまたあからさまに日本軍の撤退を公言できない。いかに巧妙に軍を徐々に引き上げるかにあった。

翌一二日、今度はセミョーノフが奈良を訪問した。席上セミョーノフは友軍のウィリチェフ軍への支援を依頼した。そのために同軍への弾薬補給、そしてウラジオ占領が必要と奈良に力説した。それにはセミョーノフの中堅部隊二〇〇〇人をハバロフスク付近に送り日本の「援助を乞ふ」こと、セミョーノフの腹心を北京に送り在北京のロシア公使と連絡を取らせたいが意見はどうか、さらに友軍のカッペリ大佐の軍は総数五万人（傷病五〇〇〇人）であるとの話だった。カッペリ軍は国立銀行カザン支店の黄金などを強奪、その後コルチャック軍の手に渡り、これが連合軍からの支援の担保になった。

さて、奈良から日本軍の撤退を知り、セミョーノフは自軍への影響を考え、部隊への漏洩に強い危機感を表明した。ここでセミョーノフ軍全体が日本の真意を知れば部隊は崩壊する。

この結果、セミョーノフは必死に日本の支援を求め、ウラジオ占領と弾薬補給を要請していた。つまり日本軍の撤退があっても、当然だが引き続き日本からの援助の確約を望んでいた*[52]。セミョーノフ軍は大正七年九月から九年一〇月までチタを中心に政権を樹立したがオムスク政権と対立、軍隊も住民に評判が悪く、後に日本軍の撤退によりセミョーノフは大連に亡命した。大正一〇年、セミョーノフはウラジオで再挙したが失敗、昭和二〇年八月、ソ連軍の満州進攻で逮捕され翌年銃殺されている。

翌一三日、奈良一行はチタを出発、途中列車の故障で大幅に時間が遅れ一七日、ハイラルに到着した。このあたりには日中軍事協定によって中国軍が増兵されていた。もともと東清鉄道長官だったホルワットが権利維持を宣言したにもかかわらず東支鉄道租借約条は消滅しているとして鉄道沿線の警備は中国の主権にあると反発していた。夜九時奈良一行は、興安嶺を通過、一八日午前六時、ハイラル通過、午後三時ハルビンに到着した。同地はホルワット政権の根拠地である。

翌一九日、奈良はホルワットと会見した。奈良から日本の意向を聞いたホルワット軍は「意気消沈」の状況だった。さらに、同地では松島肇総領事から現状の報告を受けている。「哈府撤退に関する件」*[53]には、田中陸相から大井司令官に対し「奈良中将をして伝へられたるか如し」という電文があり、奈良が使命を果たしたことが裏付けられる。

ここで注目をされるのが、吉林、長春、ハルビン間での自動車会社がアメリカ資本から出資を受けていたことである。引き続きアメリカ資本は吉林に銀行設立を模索し、また日本の大倉組は吉林で五〇〇万円の借款で製紙会社を設立しようとしていた。北満州には日米の資本が入り始めていた。すでに日本人が五〇〇〇人位に増加していること、中国が東支鉄道の警備・行政権を回収していること、というように大略するとアメリカや日本の資本の流入と革命により中国軍が利権回収を目指しており、同地域は日米中と反革命軍の利害が錯綜する複雑な状況を呈していた。革命は北満州のバランスを大幅に変更させていたのである。

奈良は二一日午前六時長春着、独立守備第一大隊長らが出迎えた。午後八時奉天着、翌二二日に出発、二三日午前九時、天津経由で北京に着いた。小幡酉吉公使、青木宣純中将、坂西利八郎少将らが奈良を出迎えた。奈良はさっそく坂西らに任務について相談した。ところが日中軍事協定についての彼らの反応は「面白からす」ということだった。同協定が中国の「国境外に出兵する場合のみ適用すべく規定」してあって、北満州という地域では中国は、適用困難というのである。

午後彼らに小幡公使が加わって協議が再開されたが、彼らはやはり「面白からす」ということになり、「暫らく考ふる」ことになった。当然ながら翌日、田中陸相からは「速に支那の意向を確め報告すへく」催促の電報があった。

以後奈良は積極的に中国政府要人との会見を続けた。ここでは奈良の支那駐屯軍司令官や青島守備軍参謀長の経験が大きく役立っていた。二四日、靳総理、二五日、徐樹静、曹汝霖、二六日、段祺瑞、梁士詒、二七日、段芝貴、徐樹静、傅良佐、二八日、ようやく連日の会合が終わり、奈良は万寿山、玉泉山を遊覧した。三月三日に靳雲鵬との会談を最後に翌四日に出発した。

奈良は、北京に一〇日あまり滞在した。協議は難航した。奈良は、靳総理を二度も訪問している。そしてシベリア撤兵後、日本軍の満州駐兵について「承認せられたし」と中国に要請したが、「承諾の回答は得られず」となり、ゆえに「黙認」と見なすことになった。極めて曖昧な合意になっている。大戦後、中国の国権回復への意欲はこうした軍事協力でも強く現れていることがわかる*54。

天津にて奈良は、南次郎支那駐屯軍司令官や船津総領事に会っている。同地で、奈良は黎元洪と対面、彼から自身の息子と清国末期に南方軍閥の大物だった張之洞の息子を預かる話がまとまり、奈良が保証人となって彼らを学習院に入学させ、卒業まで世話している。その後、奈良は五日、出発、六日に奉天に入った。

七日、奈良は奉天軍閥の張作霖と会見、「過激派に対する日支共同防禦の件」を話したが、彼は日本に協力的だった。すなわち「北京政府当局よりも大に進て同意」したようだ。「容易く応諾」したという。ただ張作霖の実力はこのころ大なるものではなく奈良も「最後の決定者にあらす余り当てにはならす」と淡々と記している。

奈良は八日、旅順、大連に到着した。かつて乃木第三軍において砲兵将校として奮戦した地である。立花小一郎司令官との面会後、奈良は戦跡を視察、「当時を追懐し感慨無量なるものあり」と当時を回顧している。夕方再び奉天にもどり、一一日、朝鮮半島に入り龍山着、総督府に赴き宇都宮太郎司令官邸で晩餐会に招かれている。

一二日、釜山着、博愛丸に乗船して一三日の早朝下関着、一四日、沼津で下車した奈良は車に乗り、修善寺菊屋別館に滞在していた田中陸相に面会、出張報告をおこなった。同宿に一泊して一五日、三島に行き、午後四時東京駅に帰省した*55。

奈良はパリ平和会議という国際社会の理想と現実のパワーポリテックスが錯綜する政治を、また同時にシベリアや中国で混迷する反革命軍勢力や日本の派遣軍の対処をも垣間見た。同時に欧米や中国の首相、政治家、高級軍人にわずかな期間でこれほど対面した陸軍将校もいないだろう。まさに東奔西走の経験は稀有な体験だったことは間違いない。奈良がシベリア、中国への出張中、この動きに合わせて原内閣は、三月五日、外交調査会でシベリアからの撤兵、軍を東清鉄道沿線に引き上げることを決定、翌日の閣議で同件を決定した。

1　鶴見祐輔編『後藤新平・第三巻』（後藤新平伯伝記編纂会、一九三七年）参照。
2　前掲『原敬日記』第四巻。
3　「田健治郎日記」（「田健治郎関係文書」）憲政資料室。
4　前掲『原敬日記』第四巻。
5　同右。
6　大正五年六月二四日付寺内正毅宛田中義一書簡（「寺内文書」）憲政資料室。
7　「浦塩ニ帝国陸軍ノ出兵ニ付テ」（「戦時書類・百七十三巻」）防研。
8　前掲『原敬日記』第五巻。臨時外交調査会については、伊東巳代治・広瀬順晧『伊東巳代治日記・記録　未公刊翠雨荘日記　憲政史編纂会旧蔵　第五巻』（ゆまに書房、一九九九年）が参考になる。
9　大正七年二月二一日付寺内正毅宛田中義一書簡（「寺内文書」）。

10 宇垣一成、角田順校訂『宇垣一成日記』第一巻（みすず書房、一九六八年）。
11 同右。
12 「露国革命関係一件　出兵関係」防研。
13 細谷千博『シベリア出兵の史的研究』（有斐閣、一九五五年）、同『ロシア革命と日本』（原書房、一九七三年）参照。
14 前掲『原敬日記』第五巻。
15 同右。
16 前掲『シベリア出兵の史的研究』。
17 同右。「西伯利出兵作戦に関する命令訓令」（「西密受・西密受大日記」大正七年八月至大正一四年二月）防研。
18 前掲『原敬日記』第五巻。
19 同右。
20 「西比利亜出兵問題第二編　連合国共同出兵以後米国撤兵ニ関スル迄ノ経過1」（「西比利亜出兵」）外交史料館。
21 前掲『原敬日記』第五巻。
22 前掲『シベリア出兵の史的研究』参照。また前掲『伊東巳代治日記・記録　未公刊翠雨荘日記　憲政史編纂会旧蔵　第五巻』参照。
23 同右。前掲『シベリア出兵の史的研究』。
24 準備会議は大正七年一〇月二二日から大正八年一月二六日まで開催された。「原内閣成立後自第一回至第七回」（「帝国外交　一般政策」、臨時外交調査会会議筆記・伊東伯爵家文書）「松本記録第一巻」）外交史料館。

25　NHK取材班『日米の選択1　理念なき外交「パリ講和会議」』(角川文庫、一九九五年)。また麻田貞夫『両大戦間の日米関係』(東京大学出版会、一九九四年)、篠原初枝『国際連盟　世界平和への夢と挫折』(中央公論新社、二〇一〇年)、船尾章子「大正期日本の国際連盟観・パリ講和会議における人種平等提案の形成過程が示唆するもの」(『国際関係学部紀要』第一四巻、中部大学、一九九五年)など参照。
26　「牧野男一行渡仏雑件」外交史料館。
27　「奈良陸軍中将報告集」三冊(「巴里平和諸条約」)外交史料館。さらに「平和条約国際連盟書類関係」も参照。同様に、海軍代表として出席した竹下勇中将の「竹下勇中将報告集」も存在する。さらに「田中国重大将述　大使館附武官及国際会議陸軍委員トシテノ回顧　自昭和十四年七月」(「諸修史関係雑件　外交資料蒐集関係　第三巻」)(外交史料館)参照。
28　牧野伸顕『牧野伸顕回顧録』(文藝春秋、一九四八年)。
29　NHKドキュメント取材班『ドキュメント昭和　世界への登場　一等国ニッポン　ベルサイユの日章旗』(角川書店、一九八六年)参照。
30　同右。
31　同右。
32　前掲「奈良陸軍中将報告集」。
33　同右。
34　同右。
35　前掲『宇垣日記』第一巻。
36　前掲「奈良陸軍中将報告集」。
37　「青島に関する件」(「大正三年～九年　大正戦役　戦時書類　巻一五〇」)防研。また前掲『ドキュメ

ント昭和　世界への登場』。

38　前掲『原敬日記』第五巻。人種問題については池井優「パリ講和会議と人種差別問題」(『国際政治』第二三巻、有斐閣、一九五八年)、細谷千博「ワシントン体制の特質と変容」(細谷千博・斉藤真編『ワシントン体制と日米関係』東京大学出版会、一九七八年)参照。

39　前掲『原敬日記』第五巻。

40　前掲『ドキュメント昭和　世界への登場』。

41　前掲「奈良陸軍中将報告集」。「巴里高等軍事会議及連合国軍人会」(「欧州戦争関係国際会議雑件　第三巻」)外交史料館。

42　同右。

43　同右。

44　同右。

45　前掲『原敬日記』第五巻。

46　同右。

47　同右。

48　「露国革命一件　出兵関係　反過激派関係」(第一巻〜第一〇巻)外交史料館。

49　「政治経済的諸施設の件　4」(「露国革命一件　出兵関係」第一巻)外交史料館。

50　同右、第六巻〜第八巻参照。

51　八月二六日、稲垣参謀長は「意見書」を本国に送っている。石坂の意見も別紙に準備した。骨子は満州での権益拡大、張作霖支援強化である。「東三省時局平定後帝国の執る可き処置に関し意見具申の件」(「西密受大日記　大正八年二月)防研。

52　「武器交付の件」(同右)。

53 「西密受大日記　大正八年二月」。

54 臼井勝美『日本と中国―大正時代』(原書房、一九七二年)、また横山久幸「一九一八年の日中軍事協定と兵器同盟について」(『上智史学』第五一号、二〇〇六年一一月) 参照。

55 「奈良中将帰京の件」(「西密受大日記　大正九年自一月至四月」) 防研。

第5章
☆奈良、宮中に入る

東宮武官長就任

　東京に帰った奈良は休む間もなくニコライエフスク事件（尼港事件）の調査委員長に任命された。シベリア出張という経験を買われての就任だった。事件は五月二四日、黒竜江河口のニコライエフスクで囚われの身となっていた一〇〇人ほどの日本人がパルチザンに抵抗、蜂起したが、日本からの救援は間に合わず全員犠牲となったものである。

　六月一六日、調査委員長に就任するや、早くも一七日より委員会を開き、二〇日、陸海軍及外務省との合同会議を何度も開催して尼港事件顛末書を作成した。海軍からは野村吉三郎海軍省副官と軍令部の近藤信行少佐らが出席している。

　まさにこのころだった。陸軍内で深刻な事態がおきていた。シベリア撤兵問題をめぐり、撤兵に傾いた田中陸相と駐留を望む上原総長の対立が表面化したのである。六月四日、奈良は長尾大佐より「大臣総長間の職権争に関する話しあり」というのが「日記」最初の記述である。真偽を探るため奈良は菅野尚一軍務局長を往訪し、さらに福田参謀次長や武藤信義参謀本部総務部長を往訪したが、かえって混乱を招くと判断、「調停の望なき故放棄し置く考を取る」ということになった*1。仲介すると火の粉を浴びそうな状況だったようだ。

撤兵をめぐり原首相に歩みよった田中陸相、一方依然駐留を望む上原総長、出兵では協調した二人だが撤兵では職権争いに発展した。田中陸相は平時の戦闘という認識から、陸軍省の権限で撤兵への道を開いたことが上原をいたく刺激したのである。この一件はこのままで終らなかったのはその後の陸軍内の複雑な力関係になっていくことからもわかる。

もうひとつの問題は東宮武官長就任問題だった。東宮武官長の小川賢之助少将が死去したのである。武官長職は参内の機会が多いということで伝統的に陸軍出身だった。小川少将は大正六年九月から東宮武官長の職にあり、九年六月一九日死去した。小川は三重出身、陸大一五期の歩兵将校で、軍政の経験はほとんどない。今までは軍人のなかでは、侍従武官長と違って要職とも言いかねる東宮武官長職だった。だが、今回は今までの様相とは違った。

六月二五日、奈良が田中陸相に面会したおり、東宮武官長の就任要請が奈良にあった。突然の申し出に驚いた奈良は即答を避け、翌朝返事するとして帰宅した。奈良の経歴からすれば、そろそろ師団長クラスの命があっても不思議ではない。奈良自身もそのつもりだった。田中は「軍人として師団長を望むは尤である」が、東宮武官長として「殿下を御補導申上ることとは大切で師団長よりも重任とも考へられる」と慰撫したのである。

翌二六日、奈良は「東宮武官長は余の望む所にあらず」と回答した。軍人としての活躍を望む奈良にしては思わぬ宮中入りの話だったからだ。この話は、上原に近いと見られた奈良を田中が陸軍から遠ざけたという理解もあった。東宮武官長問題に派閥争いが大きく反映されたとは思えない。人物的にみれば、質実剛健で権力志向がなく、温和、誠実、バランス感覚、国際感覚といった点で当時の陸軍の中枢部で奈良が評価の高い将校だったことは確かである。また今までの東宮武官長の経歴をみれば、奈良の経歴は断然に光っている。

初代の東宮武官長は奥保鞏少将（後の元帥）である。奥の在任期間は明治二四年から二六年までだった。奥元帥は別格として、その後は、黒川通軌中将、黒田久孝中将、村木雅美少将、山根一貫大佐と、就任した軍人を見れば軍部の超エリートというには及ばない。この中では、奈良の先輩だった村木が十年ほどの在職で一番長い。だが、奈良のように高級副官、軍司令官、軍務局長、国際会議陸軍代表とエリートコースを歩んでいた将校は今までにはいない。

政府や陸軍では後述するように大正天皇の病気の問題もあり、次代の天皇となる皇太子への教育環境の改善が模索されていた。つまり奈良の東宮武官長問題は、政府や宮中全体で人事異動に強い関心が集まったときだった。山県などはその考えの筆頭だった。それのためには有能な東宮武官長を皇太子の側近に置いておきたい。その上、宮中内では、皇太子外遊の話が浮上していた。パリ講和会議に出席し、欧州情勢にも明るい将校だった奈良に対し、山県らは皇太子の有能な側近になると確信し、軍上層部で奈良の名前を挙げていたのだろう。結果的には、奈良を陸軍中枢から距離を置くことになるが、田中がそれを見越していた判断かは明確ではない。

田中陸相は、奈良に「是非受諾する」ことを勧めた。そこで、奈良は大先輩の上原総長に面会して一件を話したが、奈良の本心を知る上原は同情的だった。かつて上原は田中陸相に、講和会議終了後に奈良を「如何するや」と尋ねている。そのとき田中からは「師団長とする積もり」との答えがあった。上原も「其積りで今日も居る」状況だった。だが、大正天皇の病気が思わしくない以上、皇太子の外遊問題、教育問題を軽視する訳にもいかなかった。上原総長も奈良の「就任を奨励」したのである。

七月六日、迷い続けた奈良だったが、ついに受諾した。その際田中陸相から、初めて皇太子外遊の話があった。さらに、また「殿下と御親みの関係も考慮せざるべからざる」といった意向もあった。上原も「殿下の御教育に付き近頃兎角の評判あり御外遊の議も起り居る等を話され」たという。これこそ山県有朋や松方正義、西園寺公望、原首相らが考えていた皇太子外遊の問題だった。外遊問題が主要な宮中のひとつのテーマとなれば、パリに出張した奈良の経験と肩書きは申し分なかった。

かくして奈良は陸軍の通常のエリートコースから一転宮中入り、それも皇太子付の東宮武官長となった。後述する鈴木貫太郎も軍令部長からの侍従長入りを考えると、高級将校は常に参内、拝謁、演習などの様子、そして政府や軍部の評価など、明治期と違ってこのころはあらゆるところで宮中関係者に見られていたのかもしれない。

相前後して波多野敬直宮相の更迭が一七日に裁可され、中村雄次郎中将が後任の宮相となった。原首相としては、宮相が「何分にも事務運ばず又過日皇族会議に於けるが如き失態も度々之ありたる」[*2]というのが理由だった。山県が西園寺と協議して賛同を得て辞職勧告したものである。皇族会議出席への根回しが悪く、多くが欠席したケースもあり、このような段取りの悪さに山県は業をにやしたと思われる。

しかし原首相の心配はむしろ違う点にあった。「波多野去りて其系統の中村に代へたる如く我は松方に成ふるに平田東助を以てするの伏線あらざるか」＊3 という認識である。要するに原は山県閥の宮中への浸透を憂慮していたのである。だが山県はこのころ心情に変化があった。長州閥の重鎮として名を知らしめた山県だが、彼は原首相の政治手腕に評価をし始めていた。明治から大正にかけて次々と登場する藩閥の領袖に対し、卓越した政治力を発揮して渡り合った原敬の存在感は抜きんでていた。山県が原の評価を高くするも不思議ではなかった。ともかく山県と原の間には、かつてほどの距離感はなかったようだ。

宮中状況

宮中ではいろいろな事態が起きていた。宮内大臣の更迭、奈良の宮中入り、いくつかの人事異動には各方面の思惑が働いている。最も大きな影を投げかけていた問題が大正天皇の健康問題である。奈良が東宮武官長に就任してまもなく判明したことは大正天皇の病気の重さだった。大正天皇は、幼いころ大病を患い、即位後は健康を取り戻し乗馬もこなしていたが、落馬経験もあってか大正五年ごろより乗馬を避けるようになり、大演習では総監ができない状態だった。これは「公然の発表なきも自然国民の知る所」となった。天皇自ら馬に乗り演習を統監することは陸軍伝統のやり方だった。このように軍の統監が不可能ならば、「皇室及国家の前途に就き杞憂を懐く」空気となるのも当然だった。

大正天皇の病状の進行により、宮中では、次代の天皇、裕仁皇太子の成長に元老や重臣の目が注がれることになった。話題は皇太子教育だった。伏線はあった。大正八年皇太子の成年式が霞ヶ関離宮で挙行された際、皇太子が着席し宴が始まった。ところが皇太子は「何にも御話し遊ばされず何か御話し中上げても殆んど御応答なき状態」だった。一人孤立した状態だった。

これを見て危惧した枢密顧問官がいた。宴が休憩に入った時だった。枢密顧問官で無遠慮の評判ある三浦梧楼が衆人の前で浜尾新東宮大夫に批難攻撃を加えて、その「箱入り教育」を叱咤したのである。三浦は山県と同じ長州閥だが、二人は不仲で、谷干城や鳥尾小弥太らと親交を深めて反藩閥姿勢を見せた将官だった。その後彼は、陸軍士官学校長、熊本鎮台司令官を経て予備役編入、朝鮮国公使を歴任、ほどなく乙未事変に関与して広島で投獄されたが、その後無罪になった。彼は明治四三年から枢密顧問官に就任していた。

恐らく誰もが感じていたのだろう。三浦が口火を切ることにより山県や西園寺ら元老連も「殿下の御教育御補導に大革新の必要論起り」、そこで教育を開放的にすると同時に海外巡遊を企画することが表面化した。これを聞いた貞明皇后は中村宮相に対し、大正天皇の病気もあり「此挙を以て冒険」と杞憂を吐露した。母親としての思いが強く出ている。皇后の胸中を知る浜尾大夫は外遊に反対するのも真意はこのあたりにあった。

浜尾は豊岡の生まれで、慶應、大学南校に学び、渡米してオークランドで兵学を学び、帰国後松方正義内閣の文部大臣、さらに東京帝国大学の第三代総長になった。一貫して教育畑を歩んできた人物だった。貞明皇后の意を汲む東宮大夫浜尾新の性格が「頑固旧式にして時勢を顧みず」と批判されて、皇室の危機を訴えられていた。皇太子の補導役としては適任だろうが、机上の学問だけでは皇太子教育が成果を出しているとは元老連には思われなかった。

さて、奈良は東宮武官長就任後に筆頭親王たる伏見宮博恭に拝謁した。席上、伏見宮親王は

「浜尾は頑固な男で皇太子殿下の御外遊も三親王及三元老の意見一致し居るに未だ決定せず」と率直に奈良に話している。皇太子外遊話は確実に進行していたことが伺える。

同じようなことは、奈良が山県有朋に挨拶で訪れた時にも言われている。山県は皇太子に拝謁しても「何にも御下問なく恰も石地蔵の御態度」と話した。「石地蔵」とは厳しい言葉だが、それほどまでに憂慮する事態だったのである。山県はさらに「今后一層開放的に御教育申上げ御自由御活発の御気性を養成せざるべからず」と述べていた。「浜尾が愚図々々し居るは遺憾」と嘆息、それだけに奈良の宮中入りは歓迎したのであろう。

奈良としても、関係者から様々な注意を受けたものの「高貴に対して之を実行するには頗る困難」で当惑したが、責任の重さもあり「出来得る限り其方針を実行すべく決心」したのである。

七月二九日、奈良は皇太子が葉山に還啓のおり、東宮御所で正親町実正侍従長や浜尾大夫から皇太子外遊の話が進んでいることを知ることになる。ここから外遊準備の方向で動きが始まる。

三一日、西園寺八郎を訪問した奈良は、宮中若手の松平慶民や二荒芳徳といった面々と挨拶した。彼らは互いに協力して宮中の「革新を図り又御外遊の実現に努め」ていると奈良に紹介した。この「革新」という言葉に意味がある。彼らもまた旧体制の宮中をこの機に乗じて変革する腹積もりがあった。つまり、山県は側近を刷新して教育の方針を変えることを望み、一方で宮中若手は、教育だけではなく宮中そのものの環境を変えたいとの動きがあった。それぞれの立場で思惑があった。

宮中の若手の一人西園寺八郎は、長州藩主毛利元徳の八男に生まれ、明治三九年、西園寺公望の娘の新と結婚して西園寺家に婿養子となった。松平は、松平春嶽の三男で、その後松平康荘の養子となった。オックスフォード大学に留学、帰国後陸軍に入ったが、明治四五年、宮中に入り侍従となった。

次に、二荒芳徳は伊予宇和島藩主伊達宗徳の九男として生まれ、病没した二荒芳之介伯爵の養子となった。宮中には、こうした革新派というべき若手の側近が入っていた。彼らの多くが、大戦後の世界の新しい思潮の影響を受け、また欧米に留学経験がある国際通が多かった。彼らも旧態依然とした宮中の改革を考えていたのである。

西園寺は奈良に、「露骨の言辞」を以て宮中の事情を話した。この外遊も浜尾を皇太子教育から「離しむるが一面の目的」とまで述べている。奈良の記録を見る限り、奈良は西園寺八郎の性格になかなかなじめなかったようだ。ともあれ、西園寺は、個性の強い人物で、宮中でも父親の威厳を背景に強く革新を考えていたようだ。だが外遊に憂慮する皇后や皇后の真意を知る浜尾が持ち前の「頑固」さで反論していたという構図だった。奈良はまさにその渦中に飛び込んだというのが東宮武官長就任のころだった。

皇太子教育の刷新に一番熱心だったのは山県だろう。山県はわざわざ奈良を呼び出してアドバイスしたが、それはまさしく皇太子教育の改善そのものだった。すなわち、彼の意向を受けて奈良は、①学問は「狭き深きよりも寧ろ広く浅きを可」とする、②「厳格なる御態度より御自由快調なる態度」を学び、なるべき多くの人に接し、雑談や拝謁を増やすこと、③若干の実兵指揮を試み、統帥など軍事訓練を強化する、④射撃など兵器に操作を学ぶ、⑤乗馬の訓練、

⑥外国語の訓練、⑦経験を積むため「今の内に一度海外旅行を遊ばざるべき」こと、それも「御微行」実行に取り組むことになる。

山県の話を聞いた奈良は「元帥の意見は余程進歩的」と驚くほどだった。奈良にしてみれば今まで旧態依然とした長州閥の首領として山県を眺めていたのだろうが、皇太子教育問題では、保守的な考えは微塵もなかった。激動の明治維新を乗り越えてきた山県、松方、西園寺といった元老に残された時間はあまりなかった。大正天皇の病気の回復は難しく、皇太子への期待は高まるばかりだ。だが近くで見た皇太子の社交、食事マナーなど不安は絶えない。ならば外遊を実施して、いわば荒療治だろうが、この外遊に賭けようという面持ちだったのだろう。宮中入りした奈良は、政界で腕力を振るう山県の皇室への切実な危機感を感じ取った。

山県には、戦後のヨーロッパを見て見聞を広めることも重要だったが、奈良へのアドバイスを見ていると、来るべき君主、大元帥としての振る舞いの向上を期待していたことがわかる。関係者は、それぞれの思惑を持ちながら外遊を推進していたことになる。まさか帰国後、皇太子がデモクラシーや立憲君主の考えに覚醒するとは思いもよらなかったはずだ。宮中では重臣たちが参殿し、皇太子に拝謁する機会が増え始めた。いわゆる場数をこなして君主の道を歩む勉学を関係者は続けていた。

さて、原内閣でも外遊問題は現実の問題になっていた。政府内でもいろいろ論議されていた。内田康哉外相は、中村雄次郎宮相からの報告として、大戦後、イギリスではストの余波で不穏な空気があり、フランスやイタリアでも同様な動きがあると紹介して、外遊への懸念を説明した。しかし、原首相は「如此事は何れの場合にも存在」しており、「之を防止自衛の策を立つるの外なし」として消極論を押さえこんだ。このあたりの原首相の大局を見通すリーダーシップは抜きんでている。それは、奈良も実感している。

他方で外遊に供奉する人員の名前も出始めていた。まずイギリスの大使だった青森県出身の珍田捨巳が有力候補となっていた。一二月一一日、東宮御所では外遊に向けて各関係者を集めて陪食があった。珍田は、弘前生まれ、東奥義塾を卒業して渡米留学、帰国して東奥義塾の教師を経て外務省入りした。その後、ロシア公使、アメリカ公使、イギリス大使、パリ講和会議にも出席した経験豊富な外交官だった*4。その直後に奈良は、入江為守（戦後侍従長となった入江相政の父）東宮侍従長から皇太子の婚約者について思いがけない話を聞くことになった。

話はさかのぼるが、大正七年一月一四日、裕仁皇太子は久邇宮邦彦王の第一王女の良子女王との婚約が決まった。ところが良子女王の血筋に色盲の遺伝があるとして山県が動き出し、政府や中村宮相に働きかけて婚約辞退を勧告したのである。これを知った東宮御学問所の御用掛杉浦重剛、また玄洋社の頭山満らが中心となって山県に対する反対運動を始めたため一挙に表面化、世に宮中某重大事件といわれるようになった。

杉浦は御学問所で倫理などを皇太子に教え、厳しい教育指導で名が知られていた。さらに杉浦は婚約破棄となれば「満天大に悪模範を被為示」、また皇太子自身にも「終身の不快」を与えると大批判を加えた書簡を浜尾に送っている。宮中関係者はただただ事態を見守るほかはなかった。ともかく事件のために外遊問題は一時棚上げになった。海軍側の史料「公文備考」を見ると「本件全然取り止めたる」*5 状態となったことが判明する。そうでなくとも海軍はヨーロッパまでも軍艦の航続距離、日程など、幾通りにもシナリオの準備に追われていて大変だった。海軍の艦船運用も大変だったが、政府、外務省では皇太子の外遊は、未曾有の話題で論議は続いていた＊6。

さて、婚約破棄も推進も「両方共一応理由ある問題にて解決は当然」だった。山県の行動に対しては、鉾先が向けられている久邇宮家という薩摩系だけに、世間には薩長の争いと見る向きもあった。一方、杉浦も御用掛の辞職を願い出て一歩も引かないかまえだった。

奈良が同情したのは中村宮相の立場である。彼は、軍務局長に二度就任するという珍しい経験をして山県に仕えてきた人物である。さらに元老山県の意向を当初受け入れたものの、久邇宮家が反発、また御用掛の杉浦も辞職となれば中村は渦中の栗を拾ったも同然だった。山県も宮中に対し辞職を申し出たが、御沙汰書が出され「今日内外重要の時期に付離任を許さず、静養し暫く其任に止るべし」と慰留があった。以後、山県は騒ぎの責任を感じてか表立った行動は控えている。

いわゆる宮中某重大事件と呼ばれる皇太子婚約問題は、外遊問題を置き去りにして紛糾の度を加えていた。翌大正一〇年に入り事態は深刻の度を加えた。二月一一日の紀元節が近づいていたからだ。政府や宮中が恐れたのは、右翼関係者や軍長老の動き、たとえば頭山満、内田良平、大竹貫一、玄洋社、黒龍会などが紀元節を機に何かを画策する動きがあったからだ。彼らは結婚と外遊反対の二つのスローガンを唱えており、紀元節を前に不穏な空気が漂っていた。

二月一〇日、ついに中村宮相は皇太子の結婚は予定通り、一方自らは騒動の責任を取って辞職すると表明した。まさに土壇場の表明で騒擾という最悪の事態を回避することになった。ようやく結婚問題は落ち着いた。

三たび外遊の奏上と幻のアメリカ訪問

大正一〇（一九二一）年一月一六日、まだ皇太子婚約問題で紛糾しているころだった。いったん皇太子外遊が棚上げ状況になる中、これを打開するために内大臣松方正義は葉山御用邸に伺候して皇后に三たび外遊一件を言上した*7。執念ともいえる元老の進言である。松方は次のような言上をおこなった。

（1）欧州各国の形勢を視察して見聞を広めること
（2）大戦後の民衆の運動思想や治乱興廃を注視すること
（3）「長途の御旅行も何等」差し障りがないこと
（4）往路はインド洋経由、帰路は北米経由
（5）一～二の例外を除いては「終始御微行の事」

この中に、北米経由という事項が入っている。当初、裁可された外遊計画は、アメリカ訪問が含まれていた。また「微行」というのはお忍びということである。大々的な公式外遊を予定はしていなかった。しかし、皇太子外遊となればお忍びでも公然たるものになるのは必然だった。一方、外遊決定を予定して海軍省では着々と準備を進めていた。「行動予定案」*8というものがそれである。

海軍の「公文備考」には多くの行動予定案が記されている。「香取」、「鹿島」といった艦船の行動能力、距離、燃料、ヨーロッパを廻りそのまま戻る場合、アメリカに行き、また引き返

す場合、アメリカを横断して世界一周する場合など、事務当局は何種類もの案を用意した。海軍側も宮中の動向次第でスケジュールが二転三転しており、「公文備考」に残された予定作成のための数々のメモや表は当局者の苦労の足跡である。

一月一八日、中村宮相が原首相ら政府閣僚を訪問した。原首相は、旅程は二月中旬出発、日程については「米国御見合せにても可」と提案した。内田外相は「同国の感情も如何あらんか」と述べ、「今回米国にも御出発相成る事然るべし」＊9と続けた。今日なら、飛行機で訪米は安易になったが、当時は船での移動となる。体調など健康を考えると側近たちの心配は尋常ではない。だが、天皇即位後の外遊はまず困難とする内田外相としては、対米協調の視点からも訪米すべきであること、松方が外遊の裁可を受けたときは「欧米」だったこと、アメリカ経由は航海が平穏であること、以上の理由からアメリカ訪問を話題にした。原首相も訪米問題には当初、積極的だったがついに折れた。

一九日、海軍が作成した「覚書」では、五種類の外遊案が作られていた＊10。五案といっても基本は三案で、①欧州往復、②欧米から再び欧州経由で帰国、③世界一周というプランである。

この中から訪米案は中止となった。交渉の窓口に立ったのは伝統的霞ヶ関外交の体現者幣原駐米大使である。外務省も実は皇太子訪米を期待し、「御外遊は第二回を期せらるること或は御困難と察せらるるやにつき、今日の御外遊に於て万難を排し欧州及北米を視察せらるるを時宜にてきさせるもの」＊11と当初は認識していた。

内田外相は一月下旬、主要各国に受け入れなどの状況について詳電を送るよう訓令を発した。

三一日、幣原大使の返電が訪米中止の一つの決め手となったようだ。幣原は確かに皇太子が訪米すれば歓迎され日米協調に寄与するだろうが、「欧州と全然趣を異にする米国の国情」*[12]を視察することに意義を見い出しつつも、前年のエドワード皇太子の訪米状況を幣原は報告した。つまりエドワード皇太子は気軽く米国民と接触したが、「日々数千人の人々と握手することとなり右手も左手も傷みて「御手は傷々しき迄膨上」ったこと、また「当国一般人民の作法は御承知の通」で、新聞記者が皇太子に殺到して「野卑礼な質問を続発したる」状況だった。裕仁皇太子が訪米すれば同様な事態が発生するという憂慮を表明したものだった。「悪意にあらずとも日本人としては之を看過すること至難」とまで通知していた。

幣原は明らかに困惑していた。内田外相は、結局訪米は「到底困難」（「外文」）であり、アメリカの正式訪米招請があってから辞退すれば「面目からさるに付」、非公式に辞退するためにも米政府の意向を内々に調べることを幣原に要請した。ついに、アメリカ訪問を断念し、ヨーロッパ往復となった。最大の障害だった貞明皇后の意向や大正天皇の病状、皇太子の体調を懸念する人々の動きなどを尊重したものと思われる。また牧野宮相の立場は、原則的に外遊に賛成だったが、大戦後に政情不安な国家も多く、イタリアなどを外して結局英仏二ヶ国が良いのではと考えていたようだ。

結局、訪米は実現にいたらなかった。これもイフだが、このとき皇太子が訪米していたら、その後の日米関係や昭和の時代はどうなっていただろうか。

二月一〇日、中村宮相は予定通りの皇太子婚約を発表、他方で自身の辞任という幕引きで、事態はようやく動き出した。一五日には、奈良ら外遊の供奉員となったメンバーは閑院宮親王に挨拶に赴いた。そのとき、閑院宮親王から奈良にいくつかの注意があった。すなわち、①外遊は見学を目的とする、②皇太子の健康には十分注意すること、③皇太子の見学研究に資する行動をとること、④供奉員一同の一致協力、⑤新聞への記事には、事前に一同協議すること、⑥各地の風俗慣習をも重んずること、⑦、公式の行事にはケースに応じて供奉員を配すること、だった。

改めていうまでもないが、外遊は皇太子の研修ということもあって、外遊は大々的にするものではないことが強調されている。各国への訪問も大々的におこなわないということを意図したものだった。元老も宮中も外遊をあまり大げさにしたくないという意向が強かった。「御微行」ということはそういうことである。ところが、それは宮中や政府の意向であって、開闢以来の皇太子外遊、大戦後に五大国の一員となった日本の立場を考えれば、ことさら静寂な外遊など無理難題の話だった。ヨーロッパ諸国が冷静な対応をするはずもなかった。

一七日、中村宮相は、大正天皇、貞明皇后から外遊にゴーサインが出たことが浜尾より報告を受けた。翌一八日、中村宮相は奈良ら宮内官を集めて「殿下御外遊の事略確定せる旨殿下に言上した」ことが紹介された。一方、外遊反対の右翼関係者は供奉員を襲撃のターゲットとして動いていた。二月二六日、暴漢が西園寺八郎宅を襲い、西園寺が負傷した。心配した政府、宮中では、供奉員には出発まで警官二名、憲兵一名が護衛につくということになった。奈良も自宅に警護員がやってきて物々しい空気だったようだ。

牧野については留意しておくことがある。第一次山本内閣時代に、原が内相のとき、牧野は外相だった。このときの状況を振り返ると参考になる。閣議で重大な外交政策論議になったとき、牧野は常に外務省の先輩で五歳年上の原の意向を尊重している。ある意味では腹が据わっていないというべきか、大勢順応というべきだろうか。外遊問題でも、あえて原首相の方針に反発するようなことはなかった。国際情勢に対する認識という点では両者には隔たりはない。問題は外遊先をめぐって牧野は二転三転することだ。政治的決断が可能な原と政治主導に難がある牧野を比べれば、この外遊は原内閣のイニシアチブが大きいと見るべきだろう。大正一四年に牧野は内大臣に転じるが、彼の自由主義、穏健主義は満州事変後の宮中にあって評価されるべきだが、物腰の柔らかさが軍部の独走を結果的に許すことにもなる。

裕仁皇太子の外遊

大正一〇(一九二一)年三月三日、裕仁皇太子を乗せた香取、随伴する鹿島の二艦が横浜から出港した。供奉長は珍田捨巳(前駐英大使)、閑院宮親王、小松輝久(海兵三七期、同期に井上成美がいる)親王、奈良武次東宮武官長、入江為守東宮侍従長、戸田氏秀東宮主事、二荒芳徳宮内書記官、西園寺八郎式部官、沢田節蔵外務書記官、土屋正直東宮侍従、及川古志郎東宮武官、同じく浜田登城東宮武官、三浦謹之助侍医といった面々である。

艦隊司令長官は小栗孝三郎中将だった。竹下勇中将の同期である。六日那覇到着、同地は香取艦長漢那憲和大佐の出身地である。他方で、事前に行く先々の調査警備のために、大戦中、ドイツから戦利品として獲得した商船「クライト」号に島津忠重中佐ら海軍将校や新聞記者が乗り込み出帆していた。

一〇日、香港に入国した。一行は同地で朝鮮人への警戒ということで小松親王を表向き上陸させ、皇太子は秘かに桟橋から上陸するという気の使い方をおこなっている。シンガポールでも同様な警戒は続いた。また寄航した港はすべてイギリス植民地だった。日英同盟の名残が色濃く残っていた時代だった。艦隊は、マルタ島では空軍の飛行機で出迎えられるなどイギリス側の予想外の歓迎に奈良も驚きをもって記している。同地には大戦中、英商船を護衛していた日本の駆逐艦隊乗組員の戦没者の墓があり、イギリス側から大いに敬意を持って迎えられた。

ところで、三月二四日、幣原大使は皇太子訪米不可能となったことを、ロッジ国務長官に弁明していた。すなわち皇太子が外遊することは、「日本の歴史に未だ其例なき処」[13]で、当初の訪問予定が短縮され「米国御来航も他日の好機」としたい旨伝えた。訪米中止によりウォレン・ハーディング大統領と大正天皇との間に御親電が取りかわされ、日米関係が憂慮される事態には発展しなかった。『ニューヨーク・タイムズ』紙が次のように伝えていた。

「訪米の要請は天皇から心のこもったメッセージにより辞退された。礼節を尽くした答えにより東京との関係は円滑になるであろう。」

「大統領は天皇の非常に丁重な電報に対し満足している。」

こうしたアメリカの好反応をみると幣原の役割は間違っていなかったといえよう。アメリカは皇太子訪米中止についての日本側の最大限の努力を好意と理解したのである。

後年のことである。昭和天皇は、昭和三六（一九六一）年四月二四日、那須御用邸での記者団との会見で、「感銘が深かったのはヨーロッパ旅行」であり、この旅行で「ジョージ五世陛下と親しくお会いし、イギリスの政治について直接知ることができて参考になった」と語っている。昭和四五年九月一六日には「それまでの生活がカゴの鳥のような生活でしたが、外国にいって自由を味わうことができました」と述べている*14。

この「カゴの鳥」発言は昭和天皇の名言にもなったが、それだけにこの皇太子時代の外遊が感慨深い旅行だったことがいえる。それは外遊出発となった三月三日を渡欧記念日として何度も宮中で午餐会を開いていることからも理解できる。奈良は、常にこの記念会に招かれている。奈良の史料はそうした貴重な情報を提供してくれている。

さて、皇太子一行は三月二八日コロンボ着、四月一五日スエズ、一八日カイロに到った。ここでピラミッドを見学している。マルタ島では盛大な歓迎を受け三〇日、ジブラルタルに寄港した。同地で国際連盟の会議に参加していた竹下中将が供奉員に加わった*15。

話は若干それるが、竹下勇についても触れておかなければならない。日露戦争研究をしていた筆者が泉岳寺にある竹下家の史料調査に入ったのは一九七八年である。竹下中佐は戦時中、駐米公使武官でポーツマス会議にも出席していた。同家の二階には、八畳ほどの部屋の中に大将の史料が積まれていた。海外の勤務が多かったこともあり舶来の鞄、行李、勲章、軍服、さらに無数の日記と書簡、電報、書類などが存在した。当時ご子息の政彦氏がまだご存命で、竹下大将の大東流の合気道の話、戦時中インドネシアにゴム園を買収に行ったことなど海軍の裏話までいろいろ教示していただいた。

一年ほど目録を作成するために同家に通った。彼の史料がポーツマス会議、第一次大戦や第三革命、パリ会議、皇太子外遊の調査などで奈良の史料と共に重要な鍵になるとは不思議な感慨がある。竹下は海兵一五期、薩摩出身、病気で出遅れた財部彪と同期になった。同期は小栗孝三郎、岡田啓介を含めて四人もの大将がいる。彼は日露戦争中、ワシントンに駐在武官として赴任しており柔道を通じてルーズベルト大統領と親交を深めた。辛亥革命時に軍令部第四班長、第一班長、軍令部次長、連合艦隊司令長官、国際連盟会議への参加、裕仁皇太子外遊に参加したことなど、竹下が様々な重要な場面で活躍していることが判明した。

一方、竹下は駐米公使館付武官のとき、講道館から派遣されていた山下義韶（やましたよしつぐ）をセオドア・ルーズベルト大統領に紹介している。これが縁で山下は、海軍兵学校で柔道の教官を二年間務めた。また感化されたルーズベルトはホワイトハウスに畳を敷いて柔道の朝稽古をおこなった。講道館柔道の国際化が始まったころである。竹下は「イサム」と呼ばれ、ホワイトハウスをフリーパスだったというから当時の日米協調に大きく貢献したようだ。竹下は、大統領や国務長官から日本海海戦の勝利に「コングラチュレーション」と言われるほどだった。閣僚の中にはどちらが勝つか賭けをしていたことも竹下は知っている。このように、当時、海軍では並み居る海軍高官の中でも欧米をつぶさに知る中将だった。その彼が、乗艦するや、必死になって皇太子にマナーを教示するのである。

竹下は「日記」にこの皇太子外遊についていくつかの史実を書き記している。彼が乗艦して驚いたのは、皇太子のスピーチ、テーブルマナーの不味さだった。彼らは皇太子に「諫言」し、またトレーニング方法を供奉員に促して徹底的にトレーニングした。また山本信次郎中佐、沢田節蔵も同様にマナーについて皇太子を指導している*16。山本はフランス語を教示する御用係だが、一六歳で洗礼を受けたカトリック信者で、バチカンの法王に謁見した稀有な将校である。

ともあれ、供奉員の記録を見ると、香取はさしずめ船上の東宮御学所という状況だったことがわかる。奈良は、現場の皇太子教育には口を出さず、関係者に任せていたようだ。このあたりも彼の職務に忠実なところを示している。

船上で皇太子は、デッキゴルフや柔道で鍛錬し、ブリッジ、ポーカーに興じたが、供奉員は真剣勝負だった。彼らは皇太子といって手を抜かないようにと珍田や奈良ら幹部に言われており、組むと皇太子はドスンドスンと投げ飛ばされた。皇太子は心身ともに厳しい修行を積んでもいた。またインド洋はかなりの暑い航路だったが、皇太子は不満のひとつも言わなかったという。戦後、侍従で通訳になった真崎秀樹が昭和天皇に、当時の旅行で航海中の大変さを尋ねると、天皇は「それは窮屈だったよ」*17と吐露している。皇太子の本音は半世紀を経て世間に明らかになった。

ただ奈良の一番の心配は、勉学もさることながら、皇太子の健康問題だった。艦内は狭く、皇太子の部屋は多少改造したものだったが、インド洋を航海するときは船内も暑く、彼らは体調を「危惧」していた。そこで側近たちは、毎朝の検温、拝聴、検便などの習慣が皇太子にどれほどの負担になるかと心配して外遊中はこれをなくした*18。ともかく体調優先、負担軽減、皇太子の動作には「成るべく干渉せず」と奈良たちは決めていたという。

さて、ジブラルタルではアメリカの欧州艦隊司令長官アルバート・パーカー・ニブラックが地中海から急航した。このわざわざの表敬訪問は皇太子の訪米が中止したことによるものだ。同時にアメリカが日本を五大国の一国として認めていた証であろう。皇太子とニブラックは同地で競馬に興じ、親交を深めた。

ニブロック司令長官の訪米要請は、半世紀後、ニクソン大統領が訪欧途上の昭和天皇をわざわざアンカレッジまで赴いて会見し、再度訪米を要請したことを想起させる。さらに昭和四九年フォード大統領の訪日などを経て、昭和五〇年昭和天皇夫妻の訪米が実現するのである*19。

出航して二ヶ月、牧野宮相は再び心配性が出て、二ヶ国の外遊で帰国することを連絡している。だが珍田供奉長は断然反対で、当初の立案通り、ヨーロッパ各国を廻ることにした。東北出身で切れ味鋭い頑固者の珍田にしてみれば、この期に及んで何を躊躇しているのかという気持ちだったろう。

恐らく貞明皇后が再び皇太子の身を案じて心配を始めて、浜尾や牧野がこの気持ちを察して報告したものと思われる。この要請は、牧野の腹のすわりのなさと思わずにはいられない。いまさら手元から離れた矢は、戻すこともできない。各国からは皇太子訪問を待ちわびる電報が届いている。出国したときから供奉員たちは覚悟を決めており、皇太子に幅広い視察見聞をしてほしいとの想いは本国の誰よりも強い。

五月一日夕刻、供奉員一同は会議を開き、改めて各国訪問を決定、出先機関に伝えた。とはいえ、ここにいたるまで、訪問国スケジュールが英仏以外は未確定というのは、驚きの外遊というほかはない。

五月七日、裕仁皇太子一行はようやくイギリスのスピッドヘッドに到着した。港にはエドワード皇太子（後のウインザー公）が彼らを迎えた。直ちに皇太子は声明を発表、大戦中のイギリスの奮闘を称え、両国が「世界の平和及正義の有力なる擁護者」たることを希望する旨を告げた。九日ポーツマスに到着、昼すぎにはビクトリア駅に着き、皇太子はジョージ五世と歴史的な出会いを実現した。同夜バッキンガム宮殿では盛大な晩餐会が開かれた。

英国王ジョージ五世は、先の大戦で疲弊した国情を隠蔽するような言動を取らなかった。国王は連合国のために犠牲を払ったことを率直に示し、「わが国の紛憂を視察して、其の観る所によって、自由に結論せられることは、敢て恐れる所ではありませぬ」と述べた。国内の一部に社会不安があろうとも恐れず現実を見て欲しいとは、長きに渡ってイギリスが築いてきた王族と国民の信頼関係を語っている。皇太子は国王の懐の深さとイギリスの君主のあり方を青年皇太子として学んだのだろう。

さて、裕仁皇太子はこのとき堂々とした演説をおこなった。日本大使館の書記官だった吉田茂は「玉音朗々」と感激を記し*20、六月一〇日、岳父牧野宮相に対し皇太子の動静について「御記憶のよきは余程驚嘆致し居り候」*21と送っている。

さらに吉田は、注文もつけており、珍田は通訳としては申し分がないが、その他の場合は「見劣り致候」と西洋人に比べ小柄な珍田にクレームをつけている。また次回予定の外遊、つまり訪米実現となれば、外務省の斉藤博が適役であること、随行員には、「頭もあり品性の立派な人」が必要で、入江為朝や奈良武次が「大いに適任」とも書き送っている。物言いをつけたり、皮肉好きな吉田が奈良を高評価している。東宮武官長奈良への信頼度が高い証拠でもある。

翌一〇日、自室にジョージ五世が訪れ皇太子に大陸の古戦場視察をアドバイスするなど、慈父のごとく話したことが判明している。一一日には皇太子は、ロンドン市庁の歓迎会に招かれ、演壇に供奉員と離れて座った。後方の供奉員席で珍田たちが固唾を呑んで見守っていた皇太子の演説は、スピーチ内容、抑揚など申し分なく、練習の成果を見事に発揮した。沢田は「実に大なる魅力と謙譲な御態度」で「一生忘れる事が出来ないものであらう」*22と記している。

多くの特派員が外遊に随行したが、なかでも『時事新報』の後藤武男特派員の回顧は興味深い史実を後世に伝えている*23。後藤はワシントン会議を取材して、日英同盟の解消、四ヶ国条約の成立をスクープして一躍有名になった記者である。御遺族宅には残されている史料はなかったが、非常に行動力のある記者だった。

後藤は皇太子について、「態度の堂々たるに感嘆の声」が英人からあがっていたと記している*24。同夜、セント・ジェームス宮殿では、王族、各諸侯、閣僚などガーター勲章の帯勲者だけでも六七名を越えるという大晩餐会が開かれ、日英の絆が強く確認された日となった。

皇太子はケンブリッジ大学、陸軍大学、オックスフォード大学、クンレー飛行場などを見学した。詳細な旅程は省略するが、皇太子のイギリス旅行は、日英の意向もあってか、大学など勉学関係や軍の施設関係を中心に視察がおこなわれた。奈良は皇太子の視察見学にほとんど帯同し、自身の見聞も深めた。一八日、皇太子はケンブリッジ大学では憲法の権威タンナー教授から「英王室とその国民の関係」という講義を聴いている。議会制民主主義とのあり方と「立憲王国では王の権威は制限されている」という内容だった。

皇太子は二一日からスコットランドの名門貴族アソール公の居城に三泊した。皇太子はここで完全に自由な時を過ごした。しかし、これが後に彼の忘れられない三日間になった。アソール公とともに散策し、釣りに興じ、なかでも一番の思い出となったのは最後の夜の舞踏会だった。アソール公邸での貴族も農民も身分の区別なく男女が踊る姿に、竹下も奈良も、供奉員それぞれが、そのうちとけた空気に感動したことが記してある。このアソール公の姿はまさに「貴族の模範」とまで皇太子に言わしめたのである。この貴族の上下隔てない動きを見て、皇太子はイギリスでは共産革命は発生しないと後藤に吐露している。アソール公の居城での異文化体験は、皇太子にはかなり強烈な思い出になったようで、帰国後も折に触れてこの話を側近にしたという*[25]。後藤は、この舞踏会には出席しなかった。西園寺も後藤に「あれを見ないのは惜しいことをした」と告げている。

皇太子一行は二四日、マンチェスターに入った。同地は中世以来、羊毛が盛んで、綿工業が発達していた。それだけに労働者が多くて、今までの貴族社会や、庶民の生活とは違って、竹下は「頗る雑駁のものにて着物など不愉快極まりない」*[26]と記し、奈良も「工業地のことと て其の素質は頗る下等なる者多き」と評価はよろしくない。だが皇太子は少しも慌てず、騒がず、奈良は、「少しの御頓着なく彼らと御歓談」する様子を見て皇太子の成長振りを実感していた。皇太子の演説の口調さえも変化していた。これを聞いて後藤も「嬉し涙が頬に流れた」*[27]と回顧している。ここですべての見学を終えて一行は二六日、ロンドンに帰着した。

三〇日、皇太子一行はフランスに入った。エリゼ宮ではアレクサンドル・ミルラン大統領、アリスティード・ブリアン首相らが出迎えた。フランスではイギリスとかなり空気が違っていた。大戦中ドイツ軍の猛攻を耐えたフランスでは陸軍将官の発言力が向上していた。マルヌの開戦で勝利したフィデルナン・フォッシ元帥、ベルダンの英雄と呼ばれたフィリップ・ペタン元帥、開戦当初の猛将ジョゼフ・ジョッフル元帥など大戦の英雄がパーティーの主力になっていた。幸いにも奈良は講和会議のときに挨拶をしていた首脳が多かった。だが、晩餐会では仏軍高官の出席の多さに驚いた。イギリスと違って、奈良は「仏国に於ける軍人の待遇は大に考へ物なり」と記している。ベルダン、マルヌなど仏独の国境線では大激戦が何度もおこなわれ、パリを救ったとして陸軍の元帥クラスへの賞賛が止まなかったころである。日本陸軍の高級将校でさえも認める仏軍首脳の存在感だった。

皇太子はパリでの買い物に興じた。なかでもエッフェル塔での買い物では、供奉員誰もが財布を持参しておらず、居合わせた後藤特派員が通信費から融通して後に「皇太子に金を貸した男」*28として知られることになる。パリでは皇太子は地下鉄に乗車した。切符の買い方を知らない皇太子はドンドンと歩いて改札を素通りし、あわてて付き添っていた竹下と山本信次郎大佐が切符を買って電車に乗り込んだという逸話もある。昭和天皇が崩御したとき、遺品整理のさい、日ごろ使用していた机の引き出しからこのときの地下鉄切符が発見された。これも忘れられない皇太子の思い出だったようだ。

六月一〇日、皇太子はベルギーに入った。ここでの目的のひとつは、第一次大戦の激戦地を視察することだった。ジョージ五世のアドバイスを受けての視察だった。特にイーペルでは説明役の少将の話に皇太子はひときわ感慨深げだったという。皇太子の「悲惨の極み」といった言葉が残されている。『昭和天皇実録』でも強くふれているのがこの部分である。

一五日、皇太子はオランダに入り、二〇日、再びベルギーにもどりベルダン、ソンムといった戦場跡を視察した。同地は数年前奈良も視察したところである。再びフランスに戻った皇太子は、七月五日、パリの日本大使館で晩餐会を開いた。一二日、ローマ着、一五日はバチカンに赴きベネディクト一五世（ローマ法王）と会見した。この間何度も大正天皇と各国王との間に「御親電」、「御礼電」（「外文」）がかわされた。七月一七日、皇太子一行はナポリを出航、一路日本に向かった。横浜へは九月二日帰着した。

帰国後皇太子は、九月九日、東京から伊勢神宮に行き外遊報告をおこない、さらに京都、奈良の関係神社を訪問、奈良もこれに供奉している。連日の皇太子の報道は、皇室が今や雲の上ではなく、雲の下まで降りてきた存在になっていた。原首相も皇太子の振る舞いが「一段と御立派になられた」*29と記し、政府関係者は渡航前の懸念を払拭することになった。またこれを機に、東宮大夫が浜尾に代わって珍田が就任した。これも外遊の成果だろう。

まさにこのころだった。先の欧州の大戦、帝国の崩壊を見ていた原首相は、興味深いことを記している。

「元来先帝の時代とは全く異なりたる今日なれば、統帥権云々を振回すは前途のため危険なり、政府は皇室に累の及ばざる様に全責任の衝に当たるは即ち憲政の趣旨にて、又皇室の御為と思ふ。皇室は政策に関係なく、慈善恩賞の府たる事とならば安泰なりと思ふ。」*30

この原首相の認識はこの時代の主張としては卓見である。皇室を政争から離間させ、「慈善恩賞の府」にすれば政治的責任から回避できる。いわば立憲君主制を描いているのだろう。だが、この意味が検討されることはなかった。後述するが、ロンドン軍縮条約問題で東郷平八郎や伏見宮親王など海軍の重鎮が条約に反対して、結果的に影響力を見せたことに鑑み、財部彪海相が、皇族が政治問題に関わることを回避すべきことを「日記」に記している*31。皇族と政治問題は責任という点で、分離する考えを有する政府関係者もいたのである。

ところで皇太子外遊は、奈良も実感するように「破天荒の壮挙」だった。同時に奈良は、皇太子外遊の思わぬ効果に戸惑うことになる。視察による態度、マナー、口調など皇太子として成長は著しいが、問題は国のあり方に対する考えに変化が及んでいたことだった。すなわち、奈良は、まずは国家間の親交において「好影響」を与えたことは当然と観ている。その上、「内外人に対する社交も大いに上達」していたことを確信していた。ここまでは宮中側にも喜ばしいことである。

しかし一方で、奈良は、皇太子が旅行を終えて西洋デモクラシーや風俗に感化されたことを率直に認めている。皇太子は原首相と共有するかもしれなかった立憲君主制について、ある確信めいた考えを抱くようになった。側近の奈良は皇太子の内面に生じる変化を感じ取る一人になった。

「皇室の祖先が真に神であり、現在の天皇が現人神であるとは信ぜられざる如く、国体は国体として現状を維持すへきも、天皇が神として国民と全く遊離し居るは過きたることと考へ居らるるが如く、皇室は英国の皇室の程度にて、国家国民との関係は、君臨すれども統治せずと云ふ程度を可とすとの御感想を洩らさるるを拝したることあり……」

奈良は当時を振り返って以上のように記している。リアルタイムではないが、奈良には驚くべき皇太子の認識で、鮮烈に記憶に残ったのだろう。奈良の「回顧録」で非常に重みのある文脈のひとつがこの部分である。二〇歳の青年皇太子が、「現人神」ではなく、「君臨すれども統治せず」というイギリス型政治を、それも大正一〇年という時期に吐露したことに意味合いがある。山県には予想外の皇太子の成長振りだった。これこそ外遊の最も大きな成果だったといううべきだろうか。奈良がこの皇太子の認識を書き留めていることも重要だが、皇太子が山県や松方に言えるはずもなく、奈良を信頼しての本音というべきだろう。

他方で、皇太子の外遊を「拝外思想の軽挙」と認識する保守派もいた。社会主義思想が広がっていることもあり、国体のあり方に認識を新たにする空気があった。奈良は「元老、殊に山県、西園寺両元老の如きさへ余程かぶれ居り、宮内省の若手にも此空気案外多く、西園寺、二荒、松平の如き其先鋒たりし」とまで触れている。宮内省の若手はともかく、元老山県までデモクラシーに感化されているのでは、と訝る奈良は、皇太子外遊問題で、政府や宮中周辺が大きく変化しつつあることを実感していた。

そして、結論としては、「其左右何れも極端に走ることは賛成せさるも中道を執り」つつ、国体については、「従来の観念を執りつつ国民には漸次接近する方皇室安泰の為適当なる」と奈良は捉えていた。彼自身の性格を如実に語るもので、中道を行くことが「皇室安泰」とそのバランス感覚を見事に披瀝している。

もとより日本の皇室と英王室は全く違う。そのため奈良自身も「殿下の窮屈なる御立場は常に深ふ御察し申上け」ていたという。軍人奈良としては、国体の観念が絶対的な君主として従来の認識で推移することは重要だった。だが海外への視野を広めた皇太子、その変化を微妙に感じ取っていた奈良が、デモクラシーが広がるヨーロッパ情勢を理解していたのも重要である。奈良が頑迷な保守派だったら。こうした皇太子の回顧も残せなかっただろう。少なくとも、進歩派とはいえないまでも、国際情勢に明るく、バランス感覚に富んでいたからこそ、皇太子の境遇を推し測れ、これが長期に及ぶ武官長在任の背景の大きな理由でもある。

ところで、昭和天皇の一番の思い出となった欧州訪問について『昭和天皇実録』は非常に多くの頁をさいている。古戦場で流した涙、ジョージ五世に対する感謝電など、人間昭和天皇の原点についてようやく明らかになったことは喜ばしいことである。

一方、帰国後の皇太子の行事は加速度的に増えていた。当然、東宮武官長だった奈良の仕事も増えていた。変革を迎えていた皇室に大きな事件が発生した。一一月一四日、原首相暗殺事件が起きたのである。原首相は、第一次世界大戦後、いくつかの帝国が崩壊したことに鑑み、皇族が政治軍事問題で政治的責任を負うことを危惧していた。それだけ皇太子の理解を得られる首相でもあった。彼の死は、皇室のあり方や、天皇制の変革を考えるとき極めて残念な事件だった。

一一月二五日、裕仁皇太子は摂政に就任した。大正天皇の病気に鑑み致し方ないことだった*32。だが、皇太子が国民に大きく報道されるようになったにもかかわらず、公務が増えたことはむしろ残念な事態だった。一二月六日、皇太子は高輪から霞ヶ関離宮に移動した。ここを東宮仮御所とし、東宮大夫に珍田捨巳、また奈良は侍従武官長の職務を代行することになった。

エドワード皇太子来日、増える行啓

大正一一年三月三日、宮中では渡欧出発記念（一周年）として牧野宮相、旧供奉員、小栗孝三郎前第三艦司令長官ら四〇名余が参加、陪食があった。さらに午後六時からは宮相主催で供奉員や関係者の招待会が開かれた。これは天皇の楽しみ行事の一つとなり、時々開かれた。

この中の出席者にフランシス・S・T・ピゴット中佐がいた。後に『断たれた絆』を記し、戦前期日英の交流をよく知るイギリス人陸軍将校である。戦後も昭和二八（一九五三）年、明仁皇太子がエリザベス女王の戴冠式に出席したとき、ピゴットは接班員として再び皇太子を接待する栄誉を得ている。明仁皇太子は、幕末時日本の富国強兵に寄与したアームストロング砲の由来するアームストロング邸に滞在した。最終日の懇親会でピゴットは求められるままに日英の絆を演説し、居並ぶ名士を感動させている*33。

三月一〇日、ワシントン会議に出席した随員杉村陽太郎が国際連盟協会の宴会に出席して講演をおこなった。この日全権加藤友三郎、植原正直が帰国、一一日にはこの両名が帰朝を言上、一三日、竹下中将による国際連盟理事会と総会に関する講和の御前進講があり、全権及び関係者との陪食、というように宮中は平和協調時代の華やかな時をむかえていた。

一方、裕仁皇太子外遊の返礼としてフランスからは、大正一一年二月、ジョゼフ・ジョフル元帥が来日、日本に三色旗がはためきラ・マルセイユズが鳴り響いた。ジョッフルは海外植民地経験が長く、明治四四年に参謀総長、第一次大戦では北部軍司令官となり、マルヌの会戦でドイツ軍を破った英雄だった。

次なる訪問者がイギリスからのエドワード皇太子だった。後に「王冠を捨てた恋」として知られるウィンザー公（エドワード八世）である。対戦前にナチス・ドイツに接近して、英政府の不興を買っている。なかでもチャーチル首相からはかなり敬遠された人物だ。

エドワード皇太子は四月、レナウン、ダーバンの二艦と共にアジアを来訪した。日本側の歓待行事としては異例中の異例の歓迎だった。それは裕仁皇太子外遊に対するイギリス側の配慮への御礼でもあった。日本政府は、わざわざ四艦からなる接班艦隊を編成して香港に派遣するという最上級の出迎え行事をおこなった。日英同盟が消滅しても日英の絆は継続しているという証だった。香港から日本艦船四艦が英艦二隻を護衛して四月一二日、エドワード皇太子が来日した。同夜は宮中で大晩餐会が開かれ、宴会は深夜にまで及んだ。以降エドワード皇太子は忙しい日々が続いた。一五日には近衛師団の観兵式、一六日、観桜会、一七日、帝劇観覧、一八日、柔道を観覧、一九日、駒沢で両皇太子によるゴルフ、二一日、箱根仙石原でのゴルフ、二二日、箱根離宮、両皇太子午餐会、その後エドワード皇太子は関西地方（保津川下りなど観覧）を回り、鹿児島から出港した。一連のスケジュールを見る限り、皇室始まって以来の大歓迎であることが理解できる。

原の死後、高橋是清内閣が政権を引き継いでいたが、政友会の内紛もあって六月、加藤友三郎内閣に代わった。奈良は、海軍の軍縮条約問題もあり、川崎造船が元老松方を動かして組閣させたのでは、と疑っている。八八艦隊は過度の財政負担となるため緊縮政策はやむないものの、「一種言ふべからざる禍根」を残したと悔いている。奈良は、加藤の軍縮実現への政治指導を評価しつつも、その後の混迷の端緒になったことを残念に感じていた。

大正一一（一九二二）年七月、奈良家は、娘梅子と元陸相の楠瀬の息子楠瀬康雄との縁談がまとまり、結納を交わし、翌一二年一月一三日、婚礼となった。時を同じくして、奈良は砲兵出身の先輩、井口省吾大将から自宅を購入する手続きを始めている。五万五千円を目途に交渉を纏めている。

一一月九日、奈良は珍田捨巳より侍従武官長内山小二郎大将の更迭を聞き、翌一〇日、山梨半造陸相より後任の旨内命があり、一一日、更迭内奏、裁可があった。かくして奈良は東宮武官長兼侍従武官長に就任した。行啓の多さは、大正天皇の病気ということに対し、天皇の名代であり、皇室と皇太子の存在感を示す必要性もあったのだろう。

皇太子は相変わらず多忙だった。一一月二一日、皇太子は東京を離れ、四国に向った。一四日から高松、水雷艇に座乗して陸軍演習の上陸作戦を視察、さらに善通寺、演習統監、坂出、二一日、小豆島、二二日、今治、松山、二四日、県庁、宇和島、二六日、高知県庁、二八日、小松島、徳島、洲本、一二月三日、和歌山駅出発、静岡、五日、帰京と従来にないほど多忙な日々を送っていた。

一二月六日、皇太子は高輪御所から霞ヶ関御離宮に移転、同所が東宮仮御所となった。演習は統監だけで終わるだけではない。必ずといっていいほど地域一帯への行啓、学校、公官庁、軍施設など皇室の威信の保持も含めて多方面への行啓がおこなわれていることに注目される。

大正一二年に入っても行啓は続くが、軍事面においては留意すべき事項がある。国防方針の改定である。二月一七日、上原参謀総長、山下源太郎軍令部長が沼津に来着、二人共同により国防方針並に国防に要する兵力と用兵の改正案を奏上した＊34。元帥や首相に御下問の要請があり、奈良は直ちに沼津から帰京、翌一八日、奥保鞏元帥のもとに行き皇太子の御沙汰を伝え書類を手交した。次いで武藤信義次長と電話で首相に御下問の手続きを確認、二〇日、東京と沼津を往復して二二日、首相往訪が決定した。

二一日、奥元帥は御諮諭に対する奉答のため拝謁、覆奏、そして書類を奉答した。奈良はさらに国防方針について加藤首相に下問するため、命を奉じて帰京、翌二二日、加藤首相に国防方針の書類を下付、次長室に赴き坂部十寸穂（さかべとしお）参謀本部作戦課長を招き国防方針及兵力の改定についての書類の後始末について相談、そして沼津にもどった。

二月二八目、上原総長、山下源太郎軍令部長、加藤首相が来邸、国防方針についての御下問について書類及口答をもって奉答した。ついで皇太子は総長、軍令部長を呼び、続いて首相を呼び裁可した。

国防方針改定そのものは大権事項だが、奈良は侍従武官長として元帥、総長、軍令部長、首相との往訪など細かい作業に関与していることが注目される。ともあれ行啓などが増えて皇太子の行事について、側近はあまりの多忙に危惧する声も上っていた。奈良は山梨陸相に、秋期の大演習には「殿下の御行動余り無理とならざる様注意」をおこなった。大正天皇の名代ということもあるが、それにしても皇太子の多忙さは驚くばかりだ。奈良や側近たちも皇太子の激務を心配していた。

関東大震災と大正時代の終焉

大正一一年に入っても大正天皇の病状は一進一退だった。奈良の「日記」には天皇の様子を記す記述が増えている。拝謁のとき、発音は明瞭ながら「事柄は判然せざる」、以前よりは明白とみている。あるいは紙巻煙草が下賜され、天皇から「之をお前に遣る、喜ぶだろう」といった会話がある。

宮中では天皇の体調に万全を期するため、五月二四日、侍従職及び武官長会議で次のように決った。避暑については、日光が六月中旬から九月中旬、沼津が一〇月上旬より一二月中旬、葉山が一二月中旬から五月下旬ということになる。九月一九日、高齢となった松方内大臣が辞任、後任に平田東助が就任した。山県が一一年二月に死去し、松方も引退(大正一三年に死去)して、宮中で影響力を発揮できる元老は西園寺公望一人となった。明治は遥かに遠くなり、政党政治の過度期の大正末期を迎えることになる。

大正天皇の存在感はいやおうなく薄れていった。さらに病気の天皇の乗車する車を改造、帽子の件、奉送迎では皇族を断り、関係者がプラットフォームに入ることを禁止した。上野駅には天皇の車を直接プラットフォームに乗り入れること、拝謁を成るべく少なくする、もし拝謁となれば侍従長もしくは侍従次長が立会うことなど天皇への気づかいというべきか、病状に鑑み天皇をできるだけ国民の目から離す措置であったことも否定できない。それは皇太子の職務をますます重くさせる。

その後の天皇の奈良への話を紹介しよう。拝謁のとき、「当番か」、「之をお前に遣ろう」と葉巻を下賜、あるいは煙草を下賜して「之を遣るから能く来て呉れ」、この言葉は拝謁の時おりに奈良は聞いており、数少ない面会者の一人として天皇の覚えが良かったということであろう*35。

さらに、一一月一三日には大正天皇は「御機嫌余り宜しからざる様拝す」、翌一四日、「御機嫌宜く之をお前にやろうと仰せられつつ煙草を賜はる」、一八日、「煙草を賜はりしも御言葉なし、御機嫌宜しからざる方に拝せらるる」と記している。大正一一年一二月九日、珍田大夫より奈良は内山小二郎侍従武官長更迭の話を聞いた。翌一一日、正式に更迭となり奈良が兼任することになった。

大正一二年二月七日の「日記」では、葉山御用邸で「聖上は御満足の体にて煙草を賜り、『是は皆に……良いか』と度々繰返し御言葉あり……」との内容が記している。四月、裕仁皇太子は台湾に行啓した。一一日間という長い期間だった。従来、総督府から皇太子の台湾訪問を要請されていたが、ようやく実現したものだった。しかしすでに出来上ったスケジュールは変更できない。

四月一二日、皇太子は横須賀から軍艦金剛に座乗、台湾に向った。一六日、基隆に到着、田健治郎総督、福田雅太郎軍司令官らが出迎えた。一八日、中央研究所、師範学校、高等法院、一九日、台北、新竹県庁、州庁、州知事官舎、提灯行列、台中、小学校、中学校、二二日、台湾製塩株式会社、水車揚水、エープヒル登山、二七日、出港、五月一日に帰着した。これも相当に厳しいスケジュールである。台北では、「総督府以下官民の大に喜びたるは察するにあり」と記している。

帰京した奈良が見た大正天皇は、さらに状況は悪化していた。五月一四日、奈良が拝謁したときは、「其処に待て」と言い残し、すぐに「もう宜しい」と述べたり、一六日には奈良が献上した篋入巻煙草入を、次の拝謁者の松村龍雄海軍中将にそのまま下賜したりしている。それでも「仰せになる事柄は判然せざるも発音は以前より明瞭なる様感じ」ていた。その後の拝謁では、「体左方に傾き御機嫌余り宜しからざる様」の状況になった。

さて、大正一二年八月一〇日、奈良は皇太子と共に、松方公爵の案内で地元の安戸山に登山した。那須野ヶ原一帯を一望できる地点に、「摂政宮殿下御野立所」という碑がある。その左には、「記　侍従武官長陸軍中将奈良武次謹書」とある。

同年九月一日、東京、横浜一帯を未曾有の激震が襲った。関東大震災である。八月二四日に加藤首相は病没、首相は不在のため、内田康哉臨時首相がかけつけ参内した。

ところで、この地震発生のおり、奈良は昼食時だった。すぐに皇太子のところにかけつけたが、すでに皇太子は中庭に降り立っていた。

二日、山本権兵衛内閣が成立、同夜親任式がおこなわれた。いわゆる地震内閣の誕生である。内閣の主要な命題は普選実施だったが、震災復旧でそれどころではなかった。宮中では地震のため米麦の食糧を焼失し、玄米の塩むすびを皇太子共々食したという。まもなく福田雅太郎が戒厳軍司令官に就任、その後皇太子は一五日、一八日と数回にわたって市内を視察している。しかし不穏な空気もあり、皇太子の御料車に皇宮警察官を乗せ、近衛騎兵は馬では随伴できないためサイド・カーで供奉するなど警護は厳重になった。

未曾有の災害で、世界は日本への支援に着手した。アメリカは、本土から物資を満載した貨物船、フィリピンから救護団、遼東半島付近で展開していたアジア艦隊が日本に到来して物量作戦による救助活動を開始、一方、新国家ソ連は、上陸を拒否されるがウラジオストックから「レーニン号」と称する船に救援物資を搭載して東京に送りこんだ。アメリカの急速な援助に、日本政府は当惑しつつも全面的に受け入れを決めたが、このことで陸海軍の国防問題に抵触する部分が表面化した。軍港のチェックやアメリカの支援が日本を資金によって「金縛り」にするのではないかということだった*36。

ともかく日本が大震災でアメリカから大規模援助を受けたことは事実であり、地震災害における国際的な緊急援助のルーツとして評価できる。

警備ではないが、このころ問題となったのが、このころ「直情径行も度を越へ横暴を極め」ていた奈良の苦手だった西園寺八郎の存在だった。八郎は西園寺公望の娘婿だが、出生にはとかくの評判があり、今日では人格者とも言われるが、奈良の情報では、そのイメージから程遠い。彼の「無遠慮なる横暴」に、さすがの穏和な奈良も閉口したようだ。すでに奈良が宮中入りしたころから西園寺の性格は理解していたが、宮中行事が進むにつれて、また背後に元老西園寺の存在もあってか、その言動に奈良も苦労を重ねていた。

一方、皇太子の警備については、「殿下の御希望と皇后陛下の御意見との間に相当食ひ違」もあった。外遊経験を持つ皇太子は「民主主義を御考慮で」、つまり、なるべく開かれた皇室を望むため警備は「簡単にするよう」と述べていた。しかし、貞明皇后は、これを危惧するという立場だった。これは外遊前の状況と同じだが、だが震災後、社会不安もあり、油断できないとの認識では奈良たちは共有していた。

こうした空気が広がる中、事件は発生した。一二月二七日、第四八回帝国議会の開院式に向った皇太子の馬車が虎ノ門において難波大助に狙撃されたのである。いわゆる虎ノ門事件である。皇太子は無事だったが入江侍従長の顔面にガラスが飛び散った。このまま皇太子は開院式に出席したが、政府は大騒ぎとなり、山本首相は辞表を奉呈した。

地震対策で終われる中、山本は、第一次内閣のときのような強力なリーダーシップを発揮できないまま大正一三年一月七日、総辞職になる。山本首相は、第一次がシーメンス事件、第二次政権が虎ノ門事件という不運で二度目の内閣も総辞職となった。

山本内閣に代って一月七日、清浦奎吾内閣が成立した。このとき、陸軍は陸相人事でもめた。上原元帥は福田雅太郎大将を推し、田中義一大将が宇垣一成中将を推していた。シベリア撤兵問題以来、上原と田中の確執が続いていたが、それは陸相人事に反映した。結局、宇垣が陸相に就任したが、当然二人には感情的しこりが残り、一部青年将校の不満の温床にもなる。「部内不満も此頃より発芽したる感あり」と奈良は振り返っている。陸軍内の人事問題はそれだけでは終わらなくなる。「実に苦々しきこと」と奈良は批判している。

大正一三年一月二六日は皇太子の結婚式だった。この後まもなく第二次憲政擁護運動がおこり、清浦圭吾内閣は組閣わずか半年で窮地に立った。総選挙で勝利した憲政会は政友会、革新倶楽部と共に加藤高明を首班とした護憲三派内閣が六月一一日、成立した。一方、政友会は政友本党と政友会に分裂、政友本党はその後憲政会と合同し昭和二年に民政党となる。党利党略の合併だった。だがこれで二大政党時代が到来した。憲政会の浜口雄幸に言わせれば「政党政治の試験時代」の到来だった*[37]。

同内閣は普通選挙法を実現させ、他方でワシントン軍縮条約に従っていよいよ実施する動きが始まった。また海軍では軍縮を推進するため艦船の廃棄などがおこなわれた。九月四日、軍艦安芸、薩摩の二艦撃沈を視察するため皇太子が金剛に座乗して館山に行啓した。悲痛な面持ちでこの日を迎えたのが東郷平八郎元帥だった。東郷は「見るに忍ひず」として顔を出さない状況だった。軍縮の影響は軍人の存在感の低下、つまり軍人の肩身の狭さを惹起させることになる。今まで、軍拡が当然だった軍部にとって、まさに軍縮は逆風だった。

一方、陸軍では宇垣陸相により四個師団削減がおこなわれた。奈良は、宇垣陸相が軍縮に向かって「万難を排して実行」する姿勢に敬意を払っているが、他方で、軍縮は軍人の肩身の狭さに同情している。奈良は、軍部に対する世間の風当りの悪さも手伝っていたと回顧する。財政の悪化を防ぎ、経費負担を進めるには軍縮は当然の結果である。それだけに政治家の「苦心察するに余りあり」と同情的でもあるが、「武を軽じ軍人を侮り其肩身を狭からしめたるは事実」と行き過ぎた空気を感じていた。奈良のこのあたりの回想は、その後の軍部専横時代を迎えたのは、こうした背景もあると軍人として擁護したかったのだろう。

ところで大正一三年六月一一日、加藤高明は護憲三派内閣を組閣、普通選挙の確立、貴族院改革、英米協調、行財政改革、といった方針を打ち出した。内相は若槻、蔵相は浜口、陸相は宇垣、海相は財部、農相高橋是清といった新布陣だった。従来、国際協調路線は政友会の基本政策だったが、原敬が死去して政友会の勢力は低迷、政友本党、政友会と分裂するなど内紛が続き、これも憲政会に順風になった。

さらに、憲政会内に存在した対外硬派は度重なる選挙で落選し、憲政本党、立憲同志会時代からの政治家は大幅に入れ替わった。変わって若槻礼次郎、浜口雄幸といった官僚派が発言力を増し、通商国家、軍縮を声高に主張するようになっていた。浜口は、「わが国の貧しきを以て米国に追従せんことは到底思ひもよらす」と述べており、国力すべてを犠牲にしても「英米二国の海軍力に追従すること能はず」と言及していた*[38]。大正期初めの対外硬派にはない発想であり、こうした冷静な日本経済の分析が協調路線への伏線になる。この方針はアメリカの軍縮政策と整合性を持つようになる。

八月、奈良は陸軍大将となった。まさにこのころ、軍縮、軍制改革の改革が進んでいた。一

○月一〇日、参謀本部の阿部信行総務部長が来訪して軍事整理案を研究することが奈良にも伝えられた。

一三日、加藤首相が参殿、行財政の整理大綱を言上、「覚書」を奉呈した。武官長として奈良は形式上ながら「大権事項を含む此の如き覚書に御捺印下附を請ふは違法の嫌」ありと認識したが、「職権の及はさる所」と判断するほかはなかった。このあたりが断固たる態度を取れない彼の姿勢でもある。後年、奈良が違法と認識しながら、奈良がこれを黙認し、鈴木侍従長がかなり強引に軍縮実現を目指して浜口首相を支援していくのとは大きな違いがある。

軍の整理は確かに大権の及ぶところだが、今までの軍拡路線が大戦後軍縮に方向が向いた今、天皇がどこまで関与するのか危険な事項になっていたことを奈良は感じていた。

引き続いて河合操参謀総長が参殿して「軍政改革」を言上した。手続上について奈良は、統帥問題がからんでいるため、政府と陸軍の協議が不十分と感じていたのである。畑英太郎軍務局長は奈良に面会したおり、加藤首相の整理言上書に「異議」を陳情してきたため、奈良は宇垣陸相に会って善後策を練った。だが宇垣は「差支なかるへし」との反応だった。宇垣の政治手腕のなせる発想である。だが陸軍内部は一枚岩ではなかった。

陸軍内は軍縮で四個師団を廃止する案に「種々異論」が出ていた。軍部の中でも「壮青年将校の間に放漫不紀下克上の悪空気を醸成したる」を認めていた。といって軍縮であまりに軍部を追い詰めることもできない。軍縮の嵐が吹く中で、軍人の肩身は狭くなっていた。彼らの葛藤は高まることになる。だが、経費削減のためには「軍縮を歓迎する」ことは各国共通で「民主政治の発達上是亦当然の事態」と奈良は認識していた。宇垣陸相の強力なリーダーシップは評価しうる手腕だった。

一二月二五日、奈良家の三郎（兄の彦作の三男で養子に迎えていた）が士官学校道場で突然心臓の病気で死去している。痛恨の極みの事故だった。三郎は福田雅太郎大将の娘勝子と同年春に結納を交わしていたその直後だった。その後、昭和四年、奈良は娘の梅子と結婚した楠瀬幸彦の息子康雄との間に生れた武康を、養子に迎えている。

一方、大正天皇の病状はさらに悪化していた。大正末の奈良の動向は、皇太子の行啓以外は政治・軍事にあまり紛糾がなく、宮中内でもめるような事態はなかった。大正一四年に入り今まで明瞭だった天皇の言葉が少々「早口」となり、上半身が右方向に傾き「御椅座あらせらる」場面を奈良は目撃するようになった。そのようなおり、四月に秩父宮親王がイギリスに留学することになった。日英王室間の皇室交流は続いていた。三月には平田東助内大臣が辞職して、牧野が新任、一木喜徳郎が宮内大臣に就任した。

大正一四（一九二五）年五月二日、若槻内相の拝謁時には、天皇は「御機嫌宜しく」、「ににこ遊ばされつつ御会釈御返事」があったが、言葉もなく、煙草の下賜もない状況だった。さらにその後「御元気なく御喜びの色なし、唯御返事あるのみ」の状況が続き、五月三〇日、福田雅太郎、山梨半造、尾野実信、町田経宇の四人の大将の予備役編入について天皇に拝謁した。天皇は「御元気なし」の状況で、奈良が四大将の拝謁を天皇に言上すると「御了解なきが如く察せらる」状況で、また「御言葉なかり」という様子だった。その後も奈良が拝謁のときの天皇は、ますます「御元気なき様」だった。確実に体力は衰えていた。

八月二日、第二次加藤内閣が成立した。三派体制は崩れ、憲政会単独の少数与党政権が成立した。同月五日、皇太子は樺太への行啓に向った。御召艦は長門で第三駆逐艦隊が供奉した。八日稚内、九日大泊、一〇日樺太庁に行啓、中学校、高等女学校、豊原公会堂、さらに一二日、漁を観覧、一三日出港、一七日横須賀着。台湾、樺太と日本の植民地行啓がこの時期実施されるのは、まったく偶然とはいえないだろう。次代を担う皇太子のいわば各地へのデビューであろう。大正天皇の威信がいまや不透明の中、皇太子の行啓は大日本帝国の一枚岩を内外に知らしめる意味でも重要な役目となっていた。

二二日、奈良は帰京後に樺太土産の蟹の缶詰を天皇に拝謁して献上したところ「何等御悦びの状態も御言葉もなかり」と感情の変化もあまりみられなくなっていた。こうした事態が続いたからであろう。九月一三日、「御土産は今後特別の場合の外、持参せざること」となった。一〇月六日奈良が拝謁のときは、「唯『ウン』と御返事あるのみにて御口元締りなく、御倦怠の状」だった。明らかに天皇の病状は進行していた。

一〇月一二日皇太子は山形県に行啓に向った。夕刻には県庁、一三日米沢駅、上杉家別邸、地方裁判所、一四日酒田、一五日鶴岡、秋田、一八日仙台、一九日より古川周辺で実施される陸軍大演習を視察した。二四日まで滞在、二五日帰京した。

大正一五（一九二六）年は天皇の病状のさらなる悪化がわかる。一月に加藤首相が死去し、若槻が後継首班となった。内相は浜口、外相は幣原である。宇垣陸相の陸軍の整理作業は続き、河合操参謀総長、大庭二郎教育総監が更迭され、鈴木荘六を参謀総長に、菊池慎之介を教育総監に任じた。また軍の四個師団の整理も終わり、宇垣陸相の政治手腕が発揮された。

一二月一日、奈良は侍従、宮相、侍医頭と協議して、さらに次のような事が決まった。まず車への乗車は侍従長ではなく侍従とする、大勲位、首相、枢密院議長、元帥総代、皇族等関係者以外天皇への拝謁を禁止する、また看護婦二名を配置する、いっそうの天皇への配慮が決定した。このころの天皇の病状については、「聖上、御容体別に御変りあらせられず」という記述が毎日あり、天皇の容体が落ち着いていることがわかる。それだけに皇太子の業務は通常どおりになっている。

同月九日天皇は脳貧血で急に倒れ、一時呼吸も停止状態となった。侍医は直ちに人工呼吸を四〇回ほど繰りかえし、カンフル注射を打ち、二分ほどで意識を回復するという事態が発生した。奈良は宮相から「陛下御食事殆んど不可能の御容体」であることを聞かされ、直ちに葉山に向った。重態ということだった。翌一〇日夕刻には若槻首相が閣僚総代として参邸した。一八日には、一時好転し「一同喜ひ合ふ」空気もあった。体温は三七・二～三八度二分、脈は一一〇～一二八。しかし、二四日天皇はまさに「険悪」の様子をなり、「少しも良好の徴なく」、二五日午前一時二五分、ついに崩御した。

1　高橋正衛『昭和の軍閥』(中公新書、一九六九年)。川田稔『日本陸軍の軌跡』(中公新書、二〇一一年)。
2　前掲『原敬日記』第五巻。
3　同右。
4　菊池武徳編『伯爵　珍田捨巳伝』(共盟閣、一九三八年)。
5　「公文備考　大正十年　儀制」防研。

6 裕仁皇太子の外遊については、波多野勝『裕仁皇太子ヨーロッパ外遊記』(草思社、一九九八年)。また「大正一〇年皇太子訪欧」(『法学研究』第六六巻第七号、一九九三年七月)参照。黒沢文貴『大戦間期の宮中と政治家』(みすず書房、二〇一三年)。伊藤之雄『昭和天皇伝』(文藝春秋、二〇一一年)、古川隆久『昭和天皇』(中公新書、二〇一一年)、原武史『大正天皇』(朝日選書、二〇〇〇年)、小田部雄次『皇族』(中公新書、二〇〇九年)など参照。

7 「松方正義関係文書」憲政資料室。

8 前掲「公文備考　大正十年　儀制」防研。

9 前掲『原敬日記』第五巻。

10 前掲「海軍公文備考　大正十年　儀制」。

11 「皇太子裕仁親王殿下御渡欧一件」外交史料館。

12 同右。

13 同右。

14 高橋紘『陛下お尋ね申し上げます』(文春文庫、一九八八年)。

15 黒沢文貴・斎藤聖二・櫻井良樹・波多野勝編『海軍の外交官竹下勇日記』(芙蓉書房出版、一九九八年)。

16 同右及び澤田節蔵『澤田節蔵回想録』(有斐閣、一九八五年)、二荒芳徳・澤田節蔵編『皇太子殿下御外遊記』(大阪毎日新聞社、一九二四年)を参照。

17 真崎秀樹『昭和天皇の思い出』(読売新聞社、一九九二年)。

18 前掲『澤田節蔵回想録』また「竹下日記・大正一〇年」、前掲『海軍の外交官　竹下勇日記』、山本正『父　山本信次郎伝』(サンパウロ、一九九三年)参照。

19 前掲『裕仁皇太子ヨーロッパ外遊記』。

20　同右。吉田茂『回想十年』（中公文庫、一九九八年）。
21　大正一〇年六月一〇日付牧野伸顕宛吉田茂書簡（「牧野伸顕関係文書」憲政資料室。
22　前掲『澤田節蔵回想録』。
23　後藤武男『われらの摂政宮』（時友社、一九二二年）。
24　同右。
25　同右。前掲『裕仁皇太子ヨーロッパ外遊記』。
26　前掲「竹下日記」。
27　前掲『われらの摂政宮』。
28　同右。
29　前掲『原敬日記』第五巻。
30　同右。
31　前掲「財部彪日記」。
32　前掲『大正天皇』、また古川隆久『大正天皇』（吉川弘文館、二〇〇七年）参照。
33　波多野勝『明仁皇太子エリザベス女王戴冠式列席記』（草思社、二〇一二年）。
34　「帝国国防方針及国防に要する兵力改定上奏の件」（「軍事機密大日記　大正一二年」）防研。
35　前掲『大正天皇』、『昭和天皇』参照。
36　波多野勝・飯森明子『関東大震災と日米外交』（草思社、一九九九年）。
37　波多野勝『浜口雄幸』（中公新書、一九九二年）、同「憲政会の外交から幣原外交へ」（『法学研究』第七三巻第一号、二〇〇一年一月）。
38　党機関誌『憲政』参照。同右及び池井優・黒沢文貴・波多野勝『濱口雄幸日記・随感録』（みすず書房、一九九一年）参照。

第６章 ☆昭和の始まり

昭和天皇の登場

大正天皇の崩御に伴い、奈良の東宮武官長の兼任はなくなり侍従武官長専任となった。昭和元（一九二六）年一二月二八日裕仁天皇が宮城に行幸、朝見式が挙行され、さらに御座所に閑院宮載仁親王、西園寺公望、若槻首相らに勅語があり新しい時代が始まった。翌二年、宮中の人事で、珍田は侍従長に就任した。青年天皇は宮中改革にも着手した。女官制度では皇太后と昭和天皇との間に「御意志」に「相違」あることはわかっていたが、天皇の意向で改革は徐々に進んでいた。当然というべきか、皇太后は旧制度の維持を望んでいた。島津女官長が退き竹屋志計子が女官長に就任し天皇の意志が反映されることとなった*1。奈良も「新旧思想の差異」と認めている。

一方、幣原外交で知られる国際協調路線も大きな転機を迎えようとしていた。周知のように幣原外相は中国内政に干渉しない方針を堅持していた。だが中国国内の反列国姿勢、ナショナリズムの高揚、国権回復運動もあり、日本人保護のためにも限定的ながら軍事力を利用する必要性もあった。その成果を推し測るのが蒋介石率いる国民革命軍の北伐とこれに対する対応だった。

他方で、若槻内閣が直面したのは経済問題だった。関東大震災で被災者救済のために取った震災手形が焦げつくという危機に政府は直面した。三月一一日、第五二議会において片岡直温蔵相が、台湾銀行の手形債務額が二億八〇〇〇万円にのぼると発言したことに端を発し、東京渡辺銀行の破綻問題が表面化、政府は台湾銀行救済のために共同支援する方針を決定した。

しかし枢密院は台湾銀行救済の緊急勅令案は憲法違反と認定、これを否決した。その中心人物は伊東巳代治だった。伊東が元来の憲政会嫌いだったことも若槻首相には不運だった。かくして若槻内閣は金融恐慌のなかで総辞職した。そして大命は政友会の田中義一に下った*2。

陸軍に入って以来長らく奈良がかかわってきた田中がついに政党の総裁になり、首相に就任した。田中は軍人出身、政友会に従来からの基盤はない。だが彼は持ち前のリーダーシップを発揮した。確かに田中は「人心収攬には長じ」ており、「俗受け良く」と奈良は見なしている。だが他方で「軽挙盲断」には心配の念が付きまとっていた。奈良の田中への認識は終始一貫して手厳しい。

昭和二（一九二七）年四月二〇日、田中内閣は成立した。同内閣は、経済の安定、産業立国を推し進め、枢密院の協力を得て、国内は昭和恐慌からようやく脱却した。田中は外相を兼任して積極的にかかわった。奈良は外相兼任には「思慮慎重を欠きたるもの」と冷ややかだった。それは中国第三革命、シベリア出兵、パリ講和会議、ワシントン会議に直接的に軍人として関与した経験からでもあった。代表的なものは東方会議である。この東方会議は原敬内閣の時に一度開かれている。基本的には満蒙の権益の保護、張作霖支援であることに変化はなかったが、問題は日本側の出席者の顔触れである。

会議には関係閣僚にとどまらず参謀本部次長、軍令部次長、陸海軍の両軍務局長が参画している。これは田中自身が参謀次長で関与した中国の第三革命における反袁政策、シベリア出兵計画における状況と類似している。軍事作戦の当局者を横断的な会合に加えるという田中の経験的発想だった。

田中首相の外相兼任は対中問題が紛糾しているだけに議論をよんでいた。奉天総領事だった吉田茂は昭和二年七月二日、岳父牧野内大臣に面会して外務省事情を紹介した。吉田は、田中外交は「憂慮すべき」[*3]ことと批判した。また田中外相はあまり「日常業務に従事せず、電信等は読まず、報告は聞取るに過ぎず」という状況で、「今日の急務は専任外相を置く事焦眉の問題」と指摘していた。多忙のなかで田中外相の実務で尽力していたのは外務政務次官の森恪だった。このことも外務省や政界では問題視された。外相経験を有する牧野としても看過できるものではなかった。心配した牧野は元老西園寺にこの兼任を止めるように説得を依頼するほどだった。

ところで、もうひとつ田中は問題を抱えていた。それが大正時代から継続している陸軍内の派閥争いである。長引く田中と上原の対立は宮中や政府でも危惧されていた。田中はいわずと知れた長州閥だが同期の山梨半造と協力関係にあり、一方、シベリア撤兵問題以来田中と確執があった上原は、いわゆる上原閥の町田経宇、福田雅太郎、尾野実信らに支えられていた。

この推移を裏づけるかのように話は遡るが、大正一三年一月三日、町田は上原への書簡で事態を物語っている。町田は「風聞に依れば、田中一派は山梨を再投せしめ彼等の同期政治を出来る丈継続せんと運動中」で*4、むしろ「時代は正に新陳代謝を要求致居申候」として尾野を陸相後任に強く押す考えをみせていた。町田は五月一日、牧野宮相に再会したおりも、上原、田中の確執に話がおよんだ。しかし「田中一派」とは尋常ではない。対立の根深さを表している。

牧野は「今日の場合私情の為め大局を忘却せる両巨頭の醜体、慨嘆に堪へず」*5と記し、「国家大事にあたりて」にあまりにも「心細そき次第」と嘆息していた。この二人の問題は各方面に影響を与え始めていた。すでに藩閥の意識は低下していたが、二人の対立は、折からの軍縮への反発も加わり新たな派閥を生み、規律の弛緩を生み、青年将校の下克上を引き起こしていくことになる。奈良は大正時代の終焉を迎えるころから軍部の規律が緩んでいることを危惧していたことは前述した。侍従武官長の職務ゆえに陸軍に容赦できなかったのか、彼自身の温和さゆえに非情になれないのか、必要以上に軍に対し注意を促すことはできなかった。

北伐の影響

昭和二（一九二七）年三月二四日、蔣介石の国民革命軍は南京に入城した。だがそのとき第二革命と同様に日英米の外国人居留民が被害を受けた。四月三日も類似した事件が発生した。英米は艦船を派遣して砲艦外交を展開、日本も陸戦隊を派遣、上陸して日本人居留民を救出した。

同年一一月一〇日、上海にもどった蒋介石は南京政府の奪回策を企て、その後総司令に復職した。翌年四月八日、再び国民革命軍は北伐を開始した。四月中旬には北伐軍は山東の西部や東南部に進み、田中内閣には出兵の気運が生じていた。四月一七日、閣議で白川義則陸相は出兵の時機を述べた。

かつて、幣原外相は、中国での事件発生に際して内政不干渉を主張していたが、これに対し政友会総裁に就任した田中は、幣原外交を「無抵抗主義」と厳しい批判を加えていた。武漢と南京の国民革命軍は北上を開始、五月二一日には山東軍は撃破されるなど軍閥側の劣勢は明らかだった。北京や天津方面には外国人居留民の数は多く、一六日の五ヶ国（日英米仏伊）公使館の武官会議では、状況次第で中国へ派遣軍増援を必要としてまとまった。

田中首相は蒋介石の反共主義に理解をもっていた。つまり南方では蒋介石により取締りを強化、北方では張作霖に同様の方策を徹底させ両者の妥協で中国問題の安定を考えていたからだ。二七日、政府は閣議を開き、派遣部隊を青島に集結させ、済南の日本人居留民を救出することを目的とするが内政干渉にならないように方針を決定した。奈良は「斯の如く軽忽に軍隊を使用し、己の対支外交の抱負を誇示せんとするは田中首相の癖と謂ふへく」と記すほどだった。これがいわゆる山東出兵である*6。

六月一日、第一〇師団歩兵第三三連隊は青島に上陸した。このころには国民革命軍はかなりの勢力をもっていた。それでも田中は北伐を開始した国民革命軍が徐州あたりで止まると読んで六月中旬日本軍の撤兵に着手した。短期間の限定出兵は二週間ほどで終止符をうった*7。泥沼を回避するためとしたら、まさしく田中参謀次長時代のシベリア出兵という政治経験だった。

八月一三日、蒋介石は突然下野を宣言し、九月末日本を訪問した。国民革命に対する日本の真意を探るためと思われる。一〇月一三日、東京に到着した蒋介石は田中首相に面会を要請した。まもなく田中首相、森格外務政務次官、張群も参集して箱根で会議が開かれた。引き続いて一一月五日、田中と、蒋介石との会談が青山の田中の私邸でおこなわれた。蒋介石による北伐の承認、対共産主義、満州国承認を議論していたようだ。さらにもし張作霖が北京から奉天に帰還するならば追撃しない約束もでき上っていたという。少なくとも田中、蒋の両首脳が意見交換し、現状を肯定する方向で確認しあった意義は大きい。日中関係が大きく改善される大きな機会でもあった。

ところで、昭和二年一〇月下旬、昭和天皇が親臨して海軍の大演習がおこなわれた。これは四年に一回の海軍の大演習で、天皇は御召艦陸奥に座乗、奈良ら牧野はもとより岡田啓介海相、鈴木貫太郎軍令部長、野村吉三郎軍令部次長ら海軍首脳が乗り込んだ。海軍の良識派首脳が参集した大演習だった。

この時の海軍首脳の対応ぶりに牧野は驚きを隠せなかった。牧野は「概して海軍の人は陸軍に比し見聞広く、窮屈ならず、特に鈴木部長如きは徳望勝れ、東郷元帥老境に入られたる今日に於ては気を強くするものあり」*8と感じ入っていた。波に大きく揺れる陸奥艦上で背後から皇太子を支えるように仁王立ちし、皇太子に説明し、部下を統率する鈴木軍令部長に牧野は感心したようだ。奈良は第二次大隈内閣時代軍務局長の職にあった時、鈴木は海軍次官であり互いに面識もある関係だったが、この時の鈴木の動作は強く牧野の脳裏に印象づけられたようだ。

さらに牧野は大演習が終了した二四日の『牧野日記』に、岡田や鈴木からの行動に「何れも有為、信頼するに足る人々なり。其眼界も決して一局部に止まらず、諸般の殊に当り適当判断の出来得る器材なり」*9 と絶賛しているところからみると、余程の感銘を受けたものとみえる。それは田中の政治手腕を日頃よく見ていたからとも言えるが、恐らく奈良も同様なイメージをいだいたであろうことは想像に難くない。

宮中入りする文官、武官の選抜、特に首脳クラスはどのようにおこなわれるのか。別段、試験があるわけではない。明治時代は、藩閥の首領、要するに実力ある元老や政治家が閨閥、門閥の関係を見ながら人材が宮中に供給されていた。天皇の側近ということで、必要とされたのは、権力者ではなく、温厚さ、政界の実力者に宮中や政界の情報をもたらす人物、何よりも天皇の意向を知ることが彼らの思惑を優先する場合、あるいは全く政治的中立を保つケースもある。逆に権力欲を宮中にまで浸透したいという人物もいた。山県や松方、井上などがいなくなり、宮中入りは西園寺の影響力が大きいのはもちろんだが、彼の政界や軍部の空気を読む姿勢に反映されていた。

昭和天皇は若かっただけに側近の侍従長や、侍従武官長職はその意味で見識、公平さ、判断力など様々な能力が必要で、権力者にとっても、このポジションを得た人物から天皇の意を知ることも重要な役割だった。

ところが、いまや、実力ある元老は西園寺一人、彼に政治的野心があるわけではなく、ただファナティックな人物の宮中入りだけは回避したいことははっきりしていた。大正の中ごろに宮中入りした牧野や一木など元老から距離を保ち、第一次世界大戦の影響や思想の変化を受け、天皇を真摯に輔弼する人物、政財界や高級軍人から卓越した人物を発見するのは、こうした演習などで確認できる貴重な場だった。岡田も鈴木も牧野の眼力からすれば、卓越したリーダーシップをもつ指導者とみなされることになる。優れた指導力や識見をもつ鈴木が海軍を離れたのも長い目で見ると海軍には不幸なことだったかもしれない。宮中から見込まれた鈴木は、軍令部長を経て昭和四年一月に予備役編入、二月に侍従長に就任した。

牧野は大正一〇年から五年間は宮内大臣、大正一四年から一〇年間、内大臣の職にあった。一木喜徳郎は大正一四年から八年間、宮内大臣の職にあった。珍田は昭和二年から侍従長、その後に鈴木貫太郎が侍従長となった。総じて言うと、温和さ、国際派、判断力、バランス感覚、公平さ、誠実さなど多くの資質を有する幹部がこのころ宮中入りしていた。奈良もその一人である。

昭和三年の秋は御大礼だった。一一月八日から二七日の帰京まで京都では様々な儀式がおこなわれた。国民が昭和を迎え祝う中、満州では思わぬ事件が発生していた。

張作霖爆殺事件

昭和三(一九二八)年六月四日、奉天に帰還途中の張作霖の座乗した列車が爆破され、張作霖が死亡した。いわゆる満州某重大事件といわれる事件である。田中としては日露戦争以来、陸軍として張作霖支援に深くかかわっていただけに大きな衝撃を受けた。田中首相が中国状況で張作霖や蒋介石と連携していたことは知られている。それがこの事件で崩れていく。それよりも関東軍高級参謀河本大作大佐という日本人将校が関与したという情報が大きなダメージだった。同時に関東軍幹部が田中首相の意向と離反していたことが、もはや田中にはかつてのように陸軍に影響力を及ぼすような力がないことを示していた。

九月二二日、田中首相の命で外務省、陸軍省、関東庁の三者からなる張作霖爆殺事件調査特別委員会を設置した。『昭和初期対中国政策の研究』*10では、委員会が事実を調査することに森次官が相当「消極的姿勢」だったことや、杉山元軍務局長は、犯行は日本人ではないと主張するなど建設的な会議とはいえなかったことが明らかにされている。真実に直面することを回避する動きは政権の自助努力の欠如を物語っている。田中首相は小川平吉鉄相から真実を知らされていたという。

小川平吉といえば、思い出されることは、明治三三年、伊藤博文が立憲政友会を結成したときのころである。伊藤は幅広い分野から人材を求めていた。小川は江湖倶楽部という新進気鋭の弁護士グループを率いて政友会に入党した。これは異例のことだった。当時、義和団の乱、北清事変が勃発し、日本国内では国民主義的対外硬派が台頭していた。中心人物は貴族院議長の近衛篤麿だった。近衛を中心に国民同盟会が結成され、佐々友房率いる帝国党や大隈重信の憲政本党もこの国民同盟会に参加して、対外硬運動を激化させていた*11。

伊藤はこの種の対外硬運動に反対で、政友会党員がこの運動に参加することを禁じた。しかし、弁護士の法案立案能力を期待した伊藤は、小川の国民同盟会運動参加を黙認した。以後、小川ら政友会の硬派は常に少数派で、伊藤、西園寺公望、原敬時代は、外交問題で声高に対外硬を主張しなかった。だが、原が死去し、党の求心力がなくなる。その後党は政友本党と政友会に分裂し、田中義一が入党したころから、政友会の国際協調路線は怪しくなった。むしろ田中に呼応するかのように党内の硬派が台頭するのである。

憲政会（後の立憲民政党）が野党に下り、徐々に対外硬運動から撤退し、国際協調路線に転換していくのとは大きな違いがあった。憲政会幹部の浜口雄幸が通商国家を目指す論説を党機関紙『憲政』に書いている。むしろ田中政友会内閣の外交が強硬外交を引き継ぐという皮肉な路線になっていた。

さて九月九日、田中首相の命を受け峯幸松憲兵隊司令官が調査のため奉天に向い、河本大作参謀が主犯であることをつきとめていた。この事件については、大江志乃夫『張作霖爆殺』、日本国際政治学界編『太平洋戦争への道　満州事変前夜』[*12]などを参照されたい。

元老西園寺は、田中首相に対し、「日本の国際信用のため、あえて事件の真相を公表」[*13]することを説いた。さらに西園寺は「陛下にだけは早速行って申上げて置け」と勧告していた。しかし政府や陸軍内部では事態の収拾をめぐって紛糾した。ここから前代未聞の混迷が始まる。田中自身は当初西園寺の注意もあり、軍の綱紀粛正という視点からも断固たる処置を取るつもりだった。

しかし小川平吉鉄相は真相究明反対の急先鋒となり、中橋徳五郎商相、白川義則陸相らも同調した。鈴木荘六総長、阿部信行陸軍次官ら軍の中堅幹部も真相の公表には大反対だった。ここで田中首相があえて蛮勇を奮って処断すれば、日本政治史に画期的な歴史的事実として後世に名を残す評価になったかもしれない。

この間に田中首相は誰に相談することもなく昭和天皇に拝謁、「張作霖爆破事件については、どうも我が帝国の陸軍の者の中に多少その元凶たる嫌疑があるやうに恩ひますので、目下陸軍大臣をして調査をさせております。調査の後、陸軍大臣より委細申上げさせます」と述べたという。田中は上奏の中で河本の名を指摘した可能性が高く、それだけに真相公表反対派から追及されることになる*14。

一二月二八日、白川陸相が拝謁して張作霖爆殺事件について「調査を開始すべき旨」を内奏した。天皇は明らかに「御不満」で、「厳重調査」を陸相に命じている。さらに白川は珍田捨巳侍従長と奈良に面会して「同事件の今日迄の調査の結果及行懸り」を話した。しかし白川陸相は「真相を明言するを憚り」という状況だった。奈良は何かを隠していると感じていたようだ。同日、小川は田中首相に、真相を天皇に奏上し非公表の許しを得ればよいとの考えを紹介し了解を得た。

結局、事件解決の方策は、いわば満鉄警備の任にある村岡関東軍司令官の警備不備に責任があるという玉虫色の処理だった。陸軍に隠然たる影響力を持っていたはずの田中首相も、陸軍内の突き上げを受けていた。田中の力は衰えていたというべきだろう。また政党人となった田中には、陸軍は過去のものになっていたのかもしれない。最高軍司令官というべき天皇に軍の独走動向の真実を伝えられないことは権威の失墜である。こうした隠蔽の連続が結果的に軍の独走を許すことになる。かつて原首相が奈良をシベリアに派遣し、現地軍に撤退のスケジュールを伝達したような強力な指導力は田中にはなかった。軍上がりの政治家の限界でもあったというべきか。この段階で、田中内閣は天皇の意図を理解しているはずだが、問題解決を回避しようとする。これがまた問題になる。奈良もこれには不愉快だった。

昭和四（一九二九）年一月一〇日、西園寺公望の意を受けた原田熊雄が牧野を訪問した。席上、牧野の話は、事件について「軍部には矢張り調査の結果ウヤ〔ムヤ〕に葬り去る空気充満し」ており、「決心に対し心中服従し居らず」*15との報告だった。昭和四年に入っても事態は全く変わらなかった。奈良には、田中首相が「曖昧」な態度を続け、白川陸相の「勇断なく」処する姿勢に不満だった。

ところが、宮中にも奈良にとって残念なことが起きた。裕仁皇太子外遊以来、親交が篤く天皇を補佐してきた珍田侍従長が一月一六日、死去したのである。奈良は重要な同僚を失った。事件に揺れる宮中で、頼れる珍田の死は宮中には痛かったと思われる。ほどなく旧知の鈴木貫太郎大将が侍従長に就任した。昭和四年一月二二日のことである。つまり事件の調査で政府や陸軍がもめているさなかのころだった。

さて、宇垣一成は田中首相が宮中に矛盾する行動をしていることを冷静に見ていたが、牧野宮相は首相の対応に驚愕していた。つい昨年末に珍田と共に田中の「決心の程」を聞いていただけに「今更乍ら呆然自失と云ふほかなし」というほどの脱力感だった。

前述したように、天皇は「此の事件に付き非常に御不満」だった。天皇が不愉快な感情を表すことは極めて珍しい。奈良も心配している。白川陸相も三度ほど拝謁して調査結果について天皇に奏上する一方、「侍従武官長にも諒解を求むる等不鮮明態度を続けた」と奈良は不快の念を隠していない。田中と白川の言い分の相違、やむなく陸軍は関与していないという田中の変節、上原、閑院宮両元帥の天皇への奏上が何度か繰り返されるなかで田中の立場はますます苦しくなっていた。

四月一日、田中首相は参内上奏して、事件について「当初の考とは変り行政処分による責任者処罰位に止むべき旨」を述べたといわれる。これは河井弥八侍従次長より外務省から宮中入りした岡部長景の『岡部長景日記』*16による。河合は、内大臣府秘書官長から転任して、昭和五年より侍従次長を七年間務めた。新任の鈴木侍従長はその処理に憂慮しており、田中首相に「此問題はうっかり上奏するととんだことになる」と「警告を与へた」ようである。

天皇の「逆鱗」

白川陸相は一度「満州軍重大事件事実なしと発表したき旨」を上奏しようとしたが、これを聞いた奈良に阻止された。東宮武官長時代から天皇に仕える奈良としては、杉浦重剛に厳しく教育された天皇の性格をよく理解していた。すでに天皇には事件への日本人の関与が伝わっているだけにそのような嘘が通じるはずもなく、ましてや天皇は嘘に対して大嫌悪することはわかっていた。事実、天皇は不満な旨を鈴木侍従長に吐露、これを聞いた牧野も「絶望」とみていた。

六月二七日、田中首相は参内して、ついに「真相不明」という内容で報告、「責任は関東軍司令官にありて行政処分せん」というまさに奈良に言わせれば曖昧な態度をみせた。事件から一年経過してこのような報告では天皇に不信感が高まるのは当然だった。

すなわち午後一時半、田中首相が拝謁、事件の発表案を奏上した。約一五分で退下して「憂色を帯び」た田中首相は鈴木侍従長と「拝謁の不始末」を懇談した。その間に牧野が天皇に呼び出された。天皇は「今奏上したることは前に奏上したる所と非常に異り居るにつき、これについては何もいはぬ、何れ此件については篤と考へる」と述べ、田中首相の「弁解を御聴取にならなかった由」だった。田中は「誠に恐懼致します」と二度ほど繰り返して弁明しようとしたが天皇は「其必要なし」と打ち切った。

天皇は「大に御不満を抱かせられ」、さらに「関係上司も其任を明にするよう仰せられた」のである。ところが奈良の判断によると、田中首相は「之を理解せざりしか或は理解せざる風を装ふてか、関係上司たる自らは責任を取らず白川陸相にも責任を取らしめず唯軍司令官以下の行政処分を内奏せしめたるより逆鱗に触れた」のである。軍司令官の責任とは、実に事件の本質を欺く内奏で、後世に有名となる天皇の「逆鱗」となる。

ここから実力者鈴木侍従長の動きが顕著になる。鈴木は、これを天皇から「拝承し」て「恐懼措く能はず」となった。天皇が田中首相に「逆鱗」を示したということにただ事ではないと鈴木は感じた。直ちに田中首相を参内させ、「陛下逆鱗の旨を伝へた」。鈴木は奈良にもこのことを伝えた。侍従長と武官長の二人は事態への認識を共有していた。

余談となるが、次の武官長に就任する本庄繁は『本庄繁日記』に、この件に触れて、「政治上余儀なく斯く発表しましたが、前後異なりたる奏上を為し申し訳なし、故に辞職を請ふ」*17とでも述べれば、「夫れは政治家として止むを得ざることならん。而るに先づ発表其ものの裁可を乞ひ、之を許可することとなれば、予は臣民に詐りを云はざるを得ざることとなるべし」と天皇は述べることとなり、と記している。ただ事件の解決にはなっていない。

ところで鈴木侍従長は自分で、田中が天皇の拝謁を終えてから会って、田中自身が辞職を述べたことに対し、鈴木は取次ぎはできないとの発言があったようだが、岡部の『日記』で「お取りつぎはしますが、おそらく無駄でしょう」*[18]という表現が真相に近いと思われる。田中に引導を渡すような発言だ。

同日、内大臣室において鈴木侍従長、牧野内大臣、一木喜徳郎宮相が参集した。田中首相が事件について上奏した際の対応策であった。その模様を岡部が『日記』に記している。

「……政府が重大事件につき発表案及処分案を御報告的に奏上することとならば、それにて問題は一段落となり、陛下より嚢に奏上したる所と合致せざる点につき御指摘相成り、篤と考るべき旨を以て厳然たる態度を採らるること然るべく、一木大臣は西園寺公の問に対し、陛下が政府の信任を問はるるは常時に於ては好ましからざるは勿論なるが、政府が非立憲的なる態度を採る今日の如き異常時には之又巳むを得ざるべしと答へたる由の話もあり。……」*[19]

宮中内の田中首相への不信も極まっていたのである。

翌二八日、閣議では、事件について責任者処分の件を内奏することが決定、白川陸相の内奏は閣議決定事項のことでもあり、立憲君主の立場を取る天皇はそれを認めた。

後に天皇は、田中に「辞表を出してはどうかと強い語気で云った」*[20]こと、さらに「こんな云ひ方をしたのは、私の若気の至りであると今は考へている」と述べている。この「辞表」云々について天皇がそのまま発言したのかは断定できないが、奈良の「回顧録」には「陛下逆鱗」とふれている。よって明確に天皇は不愉快さを示したのだろう。これは後年の天皇の反省である。奈良も武官長という職務では、田中首相にアドバイスはできる立場にない。鈴木の動きに追随する形になる。

七月二日、田中内閣が総辞職となった時、宮中では「一同に喜色ありたり」[21]ことを岡部は認めている。宮中は田中内閣の総辞職を歓迎していた。宮中関係者が内閣総辞職を露骨に喜ぶなどあまり史料には残らないことだが、事件の対処について、政府の不始末が続き、田中首相が宮中からよほどの不興を買っていたことを示している。

七月五日、一木宮相が「何とか辞職さす方法はなきやとの御沙汰を拝したることありとて笑ひ話され」たことからしても、また牧野内大臣の田中による「辞表捧呈の予告とは前代未聞のことにてヅウヅウしさ驚の外なし」と嘆じていることも合せて、宮中に一安心の空気が流れたのはいうまでもない[22]。しかし、事件について本当の調査を内外に表明することはなく、闇の中に葬られたことは疑う余地もなかった。軍に対する断固たる綱紀粛正の機会はこうして失われた。満州某重大事件といわれるのもこうした曖昧さがこの表現になった感がある。後継の浜口内閣は、国益を考えてだろうが、結局明らかにしなかった。政治が不安定な中、曖昧な解決は、将来に禍根を残すことは言うまでもない。

一方、憤慨していたのは与党政友会だった。田中内閣の総辞職問題をめぐって、政友会では、自浄努力どころか、鈴木侍従長への「非難反感」があがるという不穏な状態になった。田中首相のリーダーシップの欠如と政府の不始末を棚上げして、追及の矛先は宮中側近へ向かった。与党として事件の断固たる処置ができなかったのは、当時の政党政治の限界だった。

就任早々、強力なイニシアチブをとり行動する侍従長は、今まで宮中にはいないタイプだった。だが、宮中にいながら政治に関与するなど侍従長の姿勢は問題だった。奈良も鈴木の行動が「行き過ぎたる」を感じつつ、追認するのは、このまま推移すると、天皇の政治責任が生じることになるという危惧である。鈴木の行動は天皇の真意を慮っての判断だろう。これが軍縮問題でも再現される。

侍従長の行動力は、岡部も確認している。七月六日、原田熊雄が政友会の森幹事長の発言として「今回の政変が宮中の陰謀により、陛下が満州重大事件につき此上聞く必要なしと宣せられしは、内大臣侍従長等の輔弼其宜を得ざる為」＊[23]であること、これは「憲政上の重大事件にて側近は断然改革せざるべからず」と、さらに西園寺にも面会したいと要望まで述べていたという。側近の「行き過ぎ」は宮中にも自覚があったが、与党政友会は不満を募らせた。それが「宮中の陰謀」ということになる。

このような宮中への攻撃は、伊藤博文や原敬の首相時代ではまずなかったことだ。政友会の追及の矛先は、本来なら軍部の独断的行動や事件処理の姿勢を問題視するべきだった。

原田としてもむしろ「事情の暴露は政友会の大不利益」で、時の経過と共に「真相も知悉」すると判断していたようである＊[24]。憲政上の大問題というなら天皇の手を離れた一部軍人の秘密工作はそれこそ大問題だが、政党はこの種の問題の重要性に目を瞑り、自助努力を怠っていることは明らかである。

九日、岡部は駿河台に西園寺を訪問した。席上西園寺は、自身が「田中といふ人については大分考へ違をしたこと」＊[25]、「各般の政治に無理の多かったこと」を嘆息しつつ次のように話している。

「………今度のことは侍従長が御言葉を其侭総理に内話したる訳にて総理が之れを閣僚に漏らすとは心外のこととなるが、内府、侍従長の人物はあれ位なるべしと可なり酷評までして居られた。尤も君側には懸引のなき正直の人が必要なるは申す迄もなけれど、裏面をも洞察し得る眼識を有せざれば誤まるる慮あり、……一木は物のわかる方だと意中を漏された。………又英国の如きは其運用最も宜しきを得居るは羨望に堪えず、日本もどうかそうゆふ風に行きたいものである………」*26

西園寺は鈴木や一木喜徳郎を高く評価していたことがわかる。牧野の立場と同じだった。鈴木の動きについても根回しの「眼識」の必要性を認めている。昭和初期の政治を考えるとき、元老が政治の舞台に登場する機会がなくなったが、それだけ宮中の穏健勢力に西園寺が期待していたことになる。西園寺がイギリスの流儀にあこがれるのも無理はない。

鈴木が侍従長として、閣僚を天皇に取り次ぐという従来の侍従長の枠を超えた今回の手腕は、明治・大正時代の侍従長の姿というよりも青年天皇を懸命に支え奉仕する使命感を感じさせる。奈良は、職権では彼らの行動はやりすぎと思うが、天皇や西園寺の意向を考えると道理に合っている。奈良も認めざるを得ない。確かに、西園寺を頂点に牧野内大臣、一木宮相、奈良武官長という布陣は、大正時代以降の宮中首脳を比べても国際情勢に対する認識が豊富で、穏健であり、天皇の輔弼という点ではバランスの取れた人事配置だった。そこへ鈴木侍従長が加わり、基盤はいっそう強化された。それよりも就任わずか半年で、大侍従長の役割りを果たす鈴木の根回しというか、辣腕ぶりは驚くばかりである。

このように鈴木の混乱を防ぐ役割は、天皇には信任が篤くなるが、他方で反対勢力に反発も招くことにもなる。いずれにせよ鈴木侍従長の宮中での働きは改めて検証する必要がある。

このような田中内閣の総辞職に「その雲行き或は漏れ居たるにあらざる」か、政友会の鈴木侍従長に対する「非難反感は甚大」になっていた。原敬が存命ならこのような結末にはならなかっただろうが、政友会は、すでに強力なリーダーシップを発揮する指導者はいなかった。

1　柴田紳一『昭和期の皇室と政治外交』（原書房、一九九五年）、黒沢文貴『大戦間期の宮中と政治家』（みすず書房、二〇一三年）参照。

2　昭和初期の政治、軍事、外交の研究成果は近年あまりにも多いので、数点の研究書を紹介する。佐藤元英『昭和初期対中国政策の研究』（原書房、二〇〇九年）、永井和『青年君主昭和天皇と元老西園寺』（京都大学出版会、二〇〇三年）、伊藤之雄『昭和天皇と立憲君主制の崩壊』（名古屋大学出版会、二〇〇五年）、また前掲『昭和天皇』などを参照、

3　前掲『牧野伸顕日記』。

4　大正一三年一月三日付上原勇作宛町田経宇書簡（前掲『上原勇作関係文書』）。

5　前掲『牧野伸顕日記』。

6　「山東派遣に関する外務当局談」（「陸支普大日記　昭和三年」）、「済南事件善後策前後処理に関する件」（「陸支密大日記　第一冊　昭和三年」）以上防研。

7　前掲『昭和初期対中国政策の研究』。

8　前掲『牧野伸顕日記』。

9　同右。

10　前掲『昭和初期対中国政策の研究』及び『大戦間期の宮中と政治家』。

11　前掲『近代日本の外交と東アジアの政治変動』。

12　黒沢文貴『大戦間期の日本陸軍』（みすず書房、二〇一〇年）、前掲『昭和天皇』、大江志乃夫『張作

霖爆殺』（中公新書、一九八九年）、日本国際政治学会編『太平洋戦争への道　満州事変前夜』（朝日新聞社、新装版、一九八七年）、秦郁彦『昭和史の謎を追う（上）』、文藝春秋（文春文庫）、一九九九年）などを参照されたい。

13 原田熊雄『西園寺公と政局』第一巻（岩波書店、一九五三年）。

14 同右。小川平吉関係文書研究会編『小川平吉関係文書1』（みすず書房、一九七三年）。

15 同右。

16 岡部長景『岡部長景日記』（尚友倶楽部編、柏書房、一九九八年）。

17 本庄繁編『本庄繁日記』（原書房、一九六六年）。

18 前掲『岡部長景日記』。

19 同右。

20 寺崎英成『昭和天皇独白録』（文春文庫、一九九五年）参照。

21 前掲『岡部長景日記』。

22 前掲『牧野伸顕日記』、『岡部長景日記』参照。

23 前掲『西園寺公と政局』第一巻。

24 同右。

25 前掲『岡部長景日記』。

26 同右。

第7章 ☆国際協調時代

浜口内閣の登場と官吏減俸問題

西園寺はすでに田中の後継内閣を民政党の浜口雄幸に決めていた。七月二日、西園寺は田中内閣が総辞職後参内したおり牧野に会っている。『牧野日記』では、二人は浜口推挙で「意見全然一致」*1し、「得失は免がれざる事なるも此際は浜口を御召しの外あるまじく申上げたるに御満足被遊」と同意した。二日午前一一時、鈴木侍従長より浜口に参内する旨通知があった。午後一時過ぎ参内した浜口は、組閣の勅命を受け直ちに退下、別室で牧野に会い一刻も早く不安な空気を一掃したいとして組閣への熱意を示し、閣僚も本日中に決定するので親任式も夜になる可能性を伝えた。

浜口は高知県生まれ、東京帝国大学卒業後、大蔵省に入省した。上司と衝突して長い間地方の税務署回りを経験するが、若槻礼次郎らの仲介で本省に戻り、専売局長官、大蔵次官を務めて立憲同志会に入党した。大正四年に衆議院選挙で当選、その後加藤高明内閣で蔵相、若槻内閣で内相と要職を担った。浜口の演説や論説を見ると、大戦後の世界状況に鑑み、日本は軍事大国ではなく通商国家を目指すべきと力説している。国際協調時代の申し子というべき首相だった*2。

さて、浜口は帰宅後、家族を集め決心を語っている。浜口に大命が降下して首相を拝命し、全力を持ってこの難局に処したいと述べた。筆者は全くの偶然だったが、当時浜口雄幸の四女富士氏が居住するマンションに住んでいた。三階のご自宅に何度も通った。富士氏は非常に闊達で、当時のことをよく記憶され、ときに長男の宗男氏とも会話を交わした。特に、富士氏は子供心に総理就任のころと狙撃事件が強烈に記憶にあり、筆者もメモを取るのが大変だった。富士氏から、浜口の首相退任後は、内大臣就任の話が宮中からあったことも吐露された。宮中では、浜口の姿勢が高評価されていた証でもある。さらに筆者に史料紹介と同時に父雄幸の足跡について富士氏から執筆依頼もあったことが『浜口雄幸』執筆の理由である。

大命降下の日はいつにもまして浜口の口調が厳しく、居間に集まった家族に緊張感が漂っていたという。「父親の事に処する態度は、いつでもそうでしたが命がけという感触だった」とも伺っている。いかにも浜口らしく、表裏のない謹厳実直さは家庭だけではなく、宮中にも広まっていたことは間違いない。まだ浜口が総裁に就任したころに富士氏は、父雄幸に「日記」を書くようにアドバイスして、これを受けて彼は「日記」を書くようになったという。そのため「浜口日記」は、総裁・首相時代を中心に残されることになった。こうした浜口の謹厳実直さを多少とも知っていたのだろう。田中は退陣直後浜口に、多忙だろうが週末は鎌倉の別邸に行って気分を転換したほうがよいとアドバイスしている*3。

宮中でも浜口の組閣は好印象を持って歓迎された。憲政の常道といってしまえばそれまでだが、田中首相の張作霖事件解決をめぐる混乱に比べれば、公明正大という点で宮中も世論も彼に期待したのは当然だった。それは奈良も例外ではなかった。

田中とは対照的な勤厳実直な浜口の態度に、牧野が「意気込頼母敷感じたり」＊4と記すのも無理はなかった。まれにみるスピードで組閣は完了し、奈良も「即日新内閣成立せるは稀有のことに属す」と驚きを隠していない。閣僚名簿を見た天皇は牧野に「名簿を見よ」と述べ、続いて「良い顔触れなり」＊5と満足の意を表明した。ここまで天皇の高評価が記されるのは珍しい。浜口内閣は、宮中にも感触は良かった。浜口の誠実な姿勢に対し、陸相に就任した宇垣一成は次のように書き記している。

「浜口氏の進む道は消極たるを免かれぬけれども真面目である、真剣味を比較的帯びて居る。是非成功せしめ度ものである。」＊6

権謀術数に長けた策士の宇垣も評価し、財部彪海相も好意をもって組閣に協力した。外相は幣原、蔵相には井上準之助を招いた。政府は五日の閣議で緊縮方針を決定、九日には一〇大政綱を発表した。①政治の公明、②民心の作興、③綱紀粛正、④対中外交改善、⑤軍縮、⑥緊縮、⑦非募債と減債、⑧金解禁、⑨社会政策、⑩教育改善というものだった。

一〇月一五日、浜口内閣は突然官吏減俸を決定した。政府が緊縮を唱導するおりから官僚自らを律しようとする浜口らしい施策だった。ここで同内閣の欠点が露呈した。浜口らしいといえばそれまでだが、決めたら断固推進するという姿勢は組閣しても変わらなかった。だが日本的ないわゆる根回し不足があった。減俸については大蔵省では次官、局長クラスが発表直前に知ったほどで、まさしく寝耳に水の唐突な決定だった。官僚の間に不満の声が湧き起こった。

与党民政党でも不満の声があがった。また司法部では一方的に俸給を減ずることは違法と主張、検事団では総辞職も辞さずと声明するなど総スカン状態だった*7。

しかし一六日、官吏減俸を浜口首相は天皇に言上した以上、簡単に引っこめるわけにはいかなかった。焦慮した政府は一八日、閣議で減俸案の比率を緩和することを決定したが、今更このようなことで解決できるものではなかった。天皇も憂慮し始めていた。天皇は牧野に「自分に対する内奏の行掛りより今更再考を難ずる様の事ありては不本意なり」*8と情を示した。つまり天皇に浜口首相が減俸を報告した以上撤回できないというなら、それは気にしないでよろしいという配慮である。これも珍しい天皇の首相への気配りだ。青年天皇は浜口首相の手腕を期待して事態の収束に手を貸した。

天皇の意を理解した牧野は鈴木侍従長と相談、そこで一九日、財部海相に鈴木侍従長は面談して注意を喚起した。他にも仙石貢や幣原が撤回への根回しをおこなっていた。鈴木侍従長は減俸案顛末を言上し、天皇は、金解禁など重要な政務事項があり、政府が混乱を来たすようなことは「好ましからず、井上(準之助)も忍耐するを希望す」*9と伝えた。要するに天皇は金解禁という大問題を決行する前に、減俸問題で政治紛糾し政変を招くことを回避すべきことを指示したのである。

同様な内容は『岡部日記』にもあり、「減俸案は撤回する訳には行かずや、然し他に重要案件の処置すべきものあるゆへ辞職してもらっては困るとの御意」*10があった。期待されている浜口首相が責任を感じて辞職してもらっては困るというのが宮中の本音だった。天皇や宮中が政府に配慮して働きかけるという稀有な事件だった。それだけ誠実な浜口へ期待していたことになる。

二二日、浜口首相は閣議においてついに官吏減俸案の撤回を決定、その足で鈴木侍従長を訪問した。『浜口日記』には、鈴木に「某事件を託す」とあるが、減俸案撤回について天皇への報告依頼と考えられる。いずれにせよ張作霖事件に引き続いて鈴木侍従長の手腕は留意する必要がある。

ロンドン軍縮会議

浜口内閣は昭和五年に入り第二回普選での地滑り的勝利をした。選挙の勝利は民政党が国民から大きな評価を得たということだ。ただし金解禁は「台風のさなかに雨戸を開けた」状態となり日本経済はその後不況に向った。いずれにせよ議会政治に信を置く浜口首相としては、選挙結果を見て政権運営に自信を深めたのはいうまでもない。天皇の信任が篤かった浜口首相だが、経済政策は明らかに失敗することになる。その浜口首相の最難関となった問題がロンドン軍縮会議への対応だった。

すでにワシントン会議において、主力艦について日本は英米両国を相手に五対五対三の比率で妥協していた。これは時の首相全権で海相の加藤友三郎の手腕によるところが大きかった。この加藤を同じ全権で助けたのが当時の駐米大使幣原喜重郎だった。加藤は海軍所属ながら内部の強硬論を押えて会議に決着をつけた。続いて補助艦をめぐるジュネーブ軍縮会議が開かれた。日本の首席全権はやはり海軍長老の斎藤実だった。不幸にして英米間の交渉が順調とはいえずジュネーブ会議は決裂に終わった。そこで再度補助艦をめぐる会議が開かれることになったが、これがロンドン会議だった[*11]。

浜口首相は会議参加を前に人事面で政治的決断をおこなった。すなわち首席全権を民政党(憲政会)前総裁の若槻礼次郎に依頼した。前の二回は首席全権が加藤友三郎、斎藤実といった海軍首脳だった。今度のロンドン軍縮では浜口首相は政党政治の一つのスタイルを見せることに固執したのである。二月二〇日、総選挙に民政党は圧勝しているだけに浜口首相は強気だったし、またアメリカも民政党の勝利を軍縮推進の重要な政治要素と認識していた。

しかしロンドン会議は簡単に決着をみるような状況ではなかった。対英米七割を基本方針とする日本側は執拗にねばっていた。しかし、三月一三日、若槻よりこれ以上の譲歩は不可能という請訓電報が東京に発電されてから国内では政治問題と化していくのである。

ロンドンの交渉に対し海軍内において岡田啓介軍事参議官は最後には丸呑みと判断していた。長老の斎藤実も七割無用論を発言して強硬派を落胆させていた。つまり海軍内は斎藤、岡田が妥協論、伏見宮、東郷、加藤寛治軍令部長、末次信正次長などが反対するという状態で割れていた。ワシントン条約交渉で加藤友三郎は卓越した政治手腕を発揮して強硬論を抑えたが、ロンドン会議ではその抑え役がいなかった。海軍始まって以来の政治紛糾が起きていた。

西園寺は浜口首相の奮発を期待していたが、宮中内のコンセンサスづくりの必要性を感じていた[*12]。一木宮相、鈴木侍従長、牧野内大臣、奈良侍従武官長との間に、交渉における若槻の妥協について大きな相違はなかった。彼らが危惧していたのは、軍縮に反対する軍令部の強硬な反発、伏見宮博恭親王や元帥東郷平八郎の反発だった。前者は、海軍内の分裂を意味するし、後者は皇族と元帥が相手だけに、政府や海軍首脳がおいそれと妥協を促すことは出来ないというこれも厳しい局面だった*13。

予想どおり加藤寛治軍令部長は牧野や鈴木に面会したおりアメリカ案に妥協不可を伝えた。加藤軍令部長は、両名が「軟化の甚しき驚き且悲嘆」*14と記しているが、宮中側の意を加藤が知っただけに複雑だった。前途を憂慮した岡田も、一時帰国していた斎藤実朝鮮総督に対し「何かして下さいと申さぬが、何となく今度はただは治まらず、見苦しい場面を生ずる如き予感あり、故に今暫く滞京せられき」*15と海軍ＯＢに哀願するほどだった。

奈良の「日記」「回顧録」を見ても、ロンドン軍縮問題は海軍の事項だっただけに、細かい内情を知らない奈良は詳しく記述してはいない。加藤友三郎の死後、岡田啓介も強いイニシアチブを発揮できるタイプではなく、山梨勝之進海軍次官も能力は秀でた人物だったが、東郷元帥、伏見宮親王を相手に説き伏せることは不可能だった。かくいう浜口首相も自身の根回し力は皆無で反対勢力と対決、中央突破というスタイルが続いていた。かくして水面下で強硬論を抑える人物が存在しなかったことも混乱に輪をかけた。このとき苦労した山梨次官は、統帥権干犯など憲法問題は枢密院が議論することで、軍人が憲法を論ずることは問題としているのはもっともなことである。

浜口首相は断固たる決心をしていた。幣原外相のロンドンへの電報にもその意向は表れた。すなわち「外国との交渉事件に関し現役軍人が徒に自己の意見を宣伝するか如きは綱紀粛正の問題として別に処理するもあり」*16と述べる、また「政府は断然異論を無視して回訓を決定し得へし」と送った。かなり調子の強い電報で浜口首相の断固たる方針を如実に示した電報だった。

翌二五日、海軍首脳会議の様子を山梨次官から聞いた浜口首相は、「自分が政権を失うとも、また自分の身命を失うとも奪うべからざる堅き決心なり」と紹介していた。このような柔軟性の欠如が政敵を増やすことにもなる。二六日、鈴木侍従長から参内を促され、二七日、浜口首相は天皇に拝謁、「帝国の関する限り速に協定の成立する様十分努力すべき旨」を言上、これに対し天皇からは軍縮について「世界の平和のため早く纏める様努力せよ」との言葉があった。

この天皇の意志を確認した浜口は、「此時より回訓に対する自分の信念愈々固し」との自信になっていた。天皇が政府の方針を支持しているという確信を浜口は得たのである。こうした浜口の決断のよりどころは、「随感録」に余すところなく記してある。浜口の「日記」は奈良同様に時々の感情や決断を細かく書いてはいないが、「随感録」と合わせ読むと、浜口が迷いや疲れを感じたとき、参内して天皇に拝謁し、何らかの言葉があると政治的決断が揺るぎないものになるという。『昭和天皇実録』でも、浜口首相の参内、拝謁の回数は歴代首相でも上位に入っているのはその証左でもあろう。彼の政治信条を知るとき、「随感録」は大きなヒントを与えてくれる。まさに二七日朝の天皇への拝謁は浜口首相の決断を促した参内だった。

宮中参内後、浜口首相は岡田、加藤と会見して回訓決定を伝えた。あまりの浜口首相の自信に驚いた岡田は「総理の意志明晰となる」*17と記すほどだった。

鈴木侍従長の根回し

浜口首相の意志が明らかになった直後、原田熊雄が加藤軍令部長を訪問した。加藤の様子を見に行ったのだろう。原田は、軍令部の主張は「大勢非なる」ことを告げて再考を促したが、加藤は「時既に遅し」と言い放った*18。加藤は選択の一つに帷幄上奏を考えていた。同様な思惑は皇族である伏見宮親王にもあった。帷幄上奏となれば政変につながる。かつての上原陸相を想起させる。天皇が浜口首相を支持しているだけに宮中は危惧しただろう。

三月二八日、鈴木侍従長は伏見宮に「押して拝謁」した。このあたりは鈴木の強い決意を感じられる。伏見宮にいわせれば軍令部長のような鈴木の口ぶりだったという。そして伏見宮に対して「陛下に御心配をお掛けすることになりますから御止めになった方が宜しかろうと存じます」と勧告した。伏見宮にしてみれば上奏阻止と疑っても致し方のない行動である。侍従長の職権としては問題がある。これは本来なら奈良の役割だからだ。

このとき、加藤軍令部長に対し、鈴木から上奏反対の示唆があったという。宮中サイドは加藤の動きを極度に警戒していた。しかし三一日、加藤は上奏を決意した。上奏について宮中に問い合せ、鈴木は面会した。そして「宸襟を悩まし奉るのを不可」として上奏不可を述べたのである。この「宸襟」を悩ますことを阻止するということが鈴木の信念である。重大な問題に関して天皇の御心を配下のものが悩ましていいものか。これを鈴木は強調するのである。鈴木は西園寺に次のように言っていた。

「……一体自分が侍従長という職にいなければ出て行って加藤あたりを説得してやるのですけ

れども、現在の地位ではどうすることもできない。一体陛下の幕僚長である軍令部長はもっと沈黙を守って自重してくれなければ困る。民衆に呼びかけて輿論を背景に自分の主張を通そうとする如き態度はまことに遺憾である。……六割でも五割でも決められたらその範囲でどう動かせますといふところに軍令部長たる所以があるので、………」*19

「幕僚長」たる軍令部長は「自重してくれ」というのは、鈴木ならではの明快な主張だ。鈴木が心配したのは諸勢力の動きが「宸襟を悩し奉る」という憂慮だった。このまま両グループが対立を続ければ天皇を政治の渦中にまきこむことになる。これは西園寺や宮中としては絶対に回避するべきことだった。

四月一日、政府は閣議で回訓案を決定し、ロンドンの全権団に打電された。同じころ加藤は再び上奏をおこなおうとしていた。これを知った鈴木は天皇の本日のスケジュール調整はできないと再び断った*20。このような動きを奈良は近くで見ていた。

さすがに奈良は、鈴木の「延引」策に「大に不同意」だったという。実直な奈良の姿勢である。侍従武官長の職務は、行幸、観兵、演習などの陪侍などや通常の軍事関係の奏上、奉答命令の伝達以外に、陸海軍大臣、参謀総長や軍令部長が帷幄上奏を行使するとき、そのときの仲介役は侍従武官長である。そこへ鈴木侍従長が割り込んできたことになる。職権乱用というべき行為だ。

鈴木が後にいうには、自身が前任の軍令部長だったこと、海軍の先輩だったこともあって加藤軍令部長に物言いができるとの判断を紹介している。いささか詭弁とも思われるが、鈴木は非常時と認識して、あらゆる言い訳を行使して、一日の帷幄上奏を阻止したかったのだろう。

一方、職務に忠実な奈良は、鈴木の行動は武官長としては職権乱用と考える。だが、奈良も事態の深刻さを理解していた。鈴木侍従長は「非常に熱心強硬に希望」したため、「其意見を容れた」と述懐している。奈良は、鈴木の断固たる姿勢に折れた。宮中の力関係を見せ付けるような事態だった。奈良のパーソナリティーがよくわかる動きだ。

奈良も鈴木の性格を理解していた。それだけに誰かが天皇の「宸襟（天子の御心という意）」を理解して軍縮をまとめる方向に持っていかなくてはならない。奈良としては職権を越えるようなならないのは両者とも同じ気持ちだったはずである。奈良としては職権を越えるような「侍従長の此処置は大に不穏当なりと信す」と記すほかはなかった。張作霖事件の対処のときと同様な事態になった。奈良は再び、鈴木侍従長の強いイニシアチブを目の当たりにする。

奈良はこの種の紛糾、事態収拾において、関係者にアドバイスはしても、それ以上にイニシアチブを発揮する人物ではない。第二次大隈内閣のとき鈴木は海軍次官、奈良は陸軍軍務局長、二人とも田中の反袁政策に懐疑的だった。筋を通すことでは二人とも性格は似ている。あえて言うなら、鈴木の父親は旧幕臣系（最初の結婚も会津藩士の娘である）で、また海軍は薩摩が長らく中心勢力で、これに対する反骨精神もあった。そして、鈴木は日露戦争中、駆逐隊司令として高速近距離での水雷攻撃を猛訓練し、旗艦スワロフに接近して魚雷を打ちこむという戦果をあげている。咄嗟の判断を繰り返し、戦場を駆け抜けた鈴木の判断力と実行力、豪胆さと比較して、旅順攻防戦中、歩兵部隊の突撃を見ながら、後方で敵陣地との距離を測り砲撃を指示していた奈良とはおかれた状況はかなり違う。性格もあるだろうが、鈴木のこうした経験が、奈良よりも多少リードしていたということだろうか。かくして奈良は鈴木の動きを見守ることになる。

奈良自身も、鈴木の意見は「穏健」であり、「固有の意見大体之に同じ」である。だが、「理論上は元より適当と謂ひ難き」事態だった。あくまで職務に忠実な奈良としは「職務柄此私見を以て干渉することば宜しからす」と考えるのも無理はなかった。それほどの鈴木の動きだったのである。それだけに、以後、強硬派に鈴木に対する反発が生まれることになる。君側の奸と目されるようなるのは、こうした鈴木の役割が外部には伝聞、誤解、憤懣を大きくさせたのだろう。ともあれ奈良の史料は、侍従長鈴木貫太郎の政治的役割を検証するための大きな材料を提供しているともいえる。

四月二日、加藤軍令部長が上奏した。内容はすでに反対というものではなく、鈴木にすれば「斯かる無意義なる上奏は其侭御聴置になし置かれる然るべし」というものだった。

帰国した財部海相は五月二六日参内、天皇に拝謁すると、力強い言葉で「ご苦労であった。今後批准が出来る様努力せよ」*21との激励があった。ところが、末次次長は六月五日の御進講で軍令部の主張を「有の儘」に話した。驚いた奈良は終了後に「此の御進講は研究的に申上げたもの」であって、「奏上せるものとは全然別個」と弁明している。天皇は不愉快だったに違いない。末次へのイメージも悪くなる。

その後六月一〇日、加藤軍令部長は軍縮経過を上奏して辞職を表明した。天皇は直ちに奈良、鈴木を呼び下問があった。岡部はこの報を聞いて直接奏上するとは何事であるか、軍令部長として「誠に常軌を逸した処置である」*22と怒りを表し『日記』に記している。加藤のスタンドプレーもあるが、彼の背後では末次信正次長が動いており、軍令部は組織ぐるみの反発だったようだ。その上、怪文書まで飛び交っていた。『昭和天皇実録』では「本日は殊に御心労在らせられたる御模様」とある。軍令部長が天皇に辞職を願い出るという異例の状況に天皇は無言で対応して加藤は訝ることになる。

ともかく宮中首脳協議の結果「輔弼の責にある海相大臣に御下渡になるべきものであろう」ということになり、財部海相を呼び出した。財部海相はまず鈴木侍従長に面会して状況を聞き、事態の深刻さを感じていた*23。二人は年齢は同じ、鈴木はシーメンス事件後、脱薩摩勢力勢力として奮闘したが、いまや利害は一致していた。さて、財部は、さらに拝謁して軍令部長の辞表を下附され、後任に谷口尚真大将を言上した。谷口は、その後勃発する満州事変に異議を唱え、軍を大陸に派遣することに反対した良識派で、英米との協調論者だった。

六月二三日、財部彪海相は兵力量の決定については、海相と軍令部長との意見一致が必要との覚書を上奏した。ロンドン会議で紛糾した経験により省部の一致の必要を財部は考えたからである。省部一致とは、聞こえは良いが、しかしこれが成文化すれば政党政治への重大な危機にもなる。政党が軍の軍事力整備にますます介入できなくなる。目前の軍縮条約は浜口の思惑が成功したが、その後、軍令部側に妥協したことになる。奈良や浜口内閣はみすみすこれを放置してしまった。

天皇は、財部海相に、谷口について、①東郷元帥の「同意ありしや」、②谷口の条約に対する意見、を問いた*24。その前に天皇は「若し元帥に於て不同意の節は極力同意するやう努むべし」との言葉があった。要するに東郷元帥が反対したら説得せよということである。奈良に海軍のカリスマを簡単に説得できるはずはない。

そこで、奈良は東郷元帥を訪問した。谷口が条約を肯定していることを知っていた天皇は、財部の後任人事の内奏を認めるつもりだった。ただ東郷の意見を聞くという従来の姿勢をとった。席上、東郷は、奈良に「条約内容の不可」なこと、「軍令部の同意を得ずして回訓を発した」ことについて「大に遺憾」を表明した。さらに「財部全権の行動への不満」も述べた。この不満というのが、財部が夫妻で訪英したということも含まれていたようだ。若いころは国際法に対する知識や海外体験も豊富だった東郷だが、軍縮で艦船が処分されていくことを垣間見ていたせいか、頑固さに輪をかけていた。

ところが東郷は、奈良に条約反対を述べながらも、天皇に拝謁して自身の所見を奉答することに憚った。風邪で参内できないというのである。さすがに東郷も天皇に意見することは控えたのかもしれない。この間、誰かが東郷を説得していたのかどうか定かではない。事態を多少は知っていた東郷は、奈良には反対を伝えたものの、最後は参内せず、沈黙したということだろうか。

ところが天皇も少々心得ていたようで、鈴木を呼び「元帥はすべてにつき達観するを要す」と述べている。これを東郷にどのように伝えるかが問題だった。天皇の姿勢はやはり明白だった。

そこで奈良は、東郷元帥が谷口の軍令部長就任に同意であること、面会したときの東郷の雰囲気や所感、感触を天皇に奏上した。微妙な東郷の姿勢をどのように天皇に伝えるか、まさに侍従武官長の手腕が問われる。翌一二日、加藤は軍事参議官、谷口は軍令部長に正式に就任した。

　こうした中で軍縮条約はいよいよ元帥、軍事参議官に付されることになった。ところが軍令部長を辞職した加藤が、今度は軍事参議官として反発した。あまりの協議の難航に財部は「最後の決心」＊25を吐露する。

　さて、七月七日、財部は強硬論者への説得は悲観的で「唯一路正道を歩まん」と浜口に述べた。浜口は「仮令玉砕すとも男子の本懐ならすや」と言うのである。浜口の今日ではキャッチフレーズともいうべき言葉「男子の本懐」はこうして生れた。かつて作家城山三郎が『男子の本懐』を世に出して、頑固で律儀な浜口の性格はこれで知られるようになった。だがそれはあくまで小説の話で、その証拠は明白には記されていなかった。その言葉は「財部日記」に数回記されていた。浜口首相が財部海相と面談して、困難な政局に直面したとき、浜口首相の「男子の本懐」という発言を本人との会話で聞いている。

　政府も心配して七月九日、江木翼を鈴木侍従長のところへ送って仲介を求めた。すなわち、天皇を通じて、硬派の東郷に「御諭しありたき」ことを相談するほどだった。つまり天皇が東郷を説得するという構図である。常識的には考えられない考えだ。さすがに奈良も「それは不可なるべし」と天皇を活用せんとする動きを牽制した。鈴木らも同様で「陛下を直接お煩はせすることは好ましくない」と述べている。これこそ「宸襟を悩ませる」行動である。

　ともあれ七月二二日、政府側の断固たる姿勢と宮中側の根回しにようやく論争は終止符をうち、二三日に奉答書が完成した。海軍内の紛糾に苦慮した天皇は、二七日、阿部信行陸相代理が参内したおり、今後陸軍の縮少のこともあり「此の際の縮小は此ことを顧慮し置く様」注意を促した。さらに天皇は奈良に対して、陸軍も今後国際会議によって「軍縮を余儀なくせらるることなきを保せず之を考慮して自発軍縮の必要あるとき慎重に実行するやう陸相に注意せよ」と述べている。陸軍軍縮を念頭に入れた天皇の配慮である。

さらに問題は広がっていた。野党政友会が、ロンドン軍縮条約について統帥権干犯と声高に叫んで民政党を追及していた。軍備問題で政党が主導権を握るいい機会でもあったが、野党は結果的に海軍強硬派と連携するかのように与党批判を執拗に繰り返した。政党の存在を自己否定するかのような政友会の主張であり、将来に禍根を残したことになる*26。

陸軍内の紛擾

陸軍では派閥争いが続いていた。田中内閣が崩壊し、直後に田中が急死、シベリア出兵問題以来の上原勇作対田中義一の構図は消えた。しかし、今度は上原の跡目を継ぐような武藤信義、真崎甚三郎ら佐賀閥と田中に近かった宇垣一成の対立の構図に変わった。この対決が表面化したのは、鈴木荘六参謀総長の後任問題だった。

奈良は「陸軍部内の統制」が「弛緩」し、「中堅層の将校間に不良の風紀起こり、不軍紀の思想暫時発達し下克上の徴候顕れ」と嘆息している。鈴木総長への批判も跋扈し、彼のために職務に忠実だった岡本連一郎中将の誹謗までマスコミに出て過激行動が連鎖し始めていることに、奈良は警鐘を鳴らしていた*27。

奈良は張作霖事件の処理あたりから上原元帥率いる佐賀閥の台頭を認めている。その一人は村岡長太郎だったが、他に宇都宮太郎、武藤信義、荒木貞夫、真崎甚三郎、香月清司、柳川平助などが連なる。彼らがいわゆる皇道派といわれるグループになる。浜口内閣成立後だが、昭和五年、鈴木参謀総長の退任を受けて後任人事をめぐり両者の確執は深まった。端的に言えば、宇垣陸相や鈴木総長は後任に金谷範三大将を推挙、一方、上原は武藤信義大将を推挙していた。

昭和五年二月一三日、天皇は、鈴木と奈良を呼び参謀総長後任問題で下問があった。奈良は「其取扱に困難を感じ」ていることを正直に言上、そこで天皇は筆頭元帥である閑院宮親王を呼び下問した。閑院宮は陸相に同意の旨を言上した。次いで上原元帥も呼ばれた。上原は「断然と金谷反対の意見を申し上げず唯武藤の方ならんと信ずる旨」を言上した。

宇垣陸相はこの奈良の動きに疑問を呈した。彼は「上原元帥の意見を微せら（れ）たは大臣輔弼の責任上不都合なりとの意見」を奈良に述べた。天皇は、奈良を呼び「陸相の責任を重んじ金谷とすべし」と話があった。

ところで、宇垣陸相は、奈良が総長人事で上原の意見を聞いたことが面白くなかったようだ。田中以来のライバル感情も加味されていた。奈良は、閑院宮親王に何か累が及ぶと考えたのか、親王のアドバイスだったことは宇垣陸相には言わなかった。宇垣陸相は金谷案が入れられなければ辞職を示唆していたようだ。ともあれ、宇垣の「不都合」発言に、温厚な奈良も「最後に予は何時でも退職する故陸相に於て遠慮なく取斗はれたし」と笑いながら言って別れたと記している。

その後、奈良は、閑院宮親王に拝謁し、上原元帥や宇垣陸相との会見の模様を話し、さらに「宇垣陸相の憲法上輔弼の責任についての解釈は至当ならざる旨を断然と申上げたり」と記している。「断然」という文言に奈良の不快感が滲み出ている。

後任総長問題で、各方面に気配りをした奈良武官長だったが反発もあったようだ。その上、二人とも慶応四（一八六八）年の生まれの同世代、奈良は陸士旧一一期、宇垣は陸士一期、さらに第一次山本内閣において、官制改革で反対して怪文書を配布したりして左遷されたとき、奈良は陸相の高級副官だった。上原に近いと見られた奈良だが、田中同様政治手腕を発揮する宇垣とはどうもあわなかったようだ。

こうして金谷総長は誕生した。しかし奈良は金谷について「甚だ評判悪く」と感想を記している。金谷は酒豪で深夜まで深酒するタイプだったといわれている。宇垣陸相からは、天皇に拝謁するときには酒の匂いをさせないようによく注意されたという逸話が残っている。奈良の情報もこれかもしれない。金谷に批判的だっただけに少々差し引くことが必要だが、少なくとも陸軍内の派閥争いに奈良自身が陸軍将校の一人として不快だったことは確かであろう。参謀本部は「策士多き」とは、実感だった。

話はそれるが、天皇がロンドン軍縮については肯定的だったことは、四月一三日の高松宮親王夫妻渡欧歓送午餐会でも次のように述べていることからもわかる。同席した英大使ジョン・テイリーに対し、ロンドン軍縮条約締結は「満足な結果を期待しうる事態」（「外文」）で、「此上もなく悦はしき」旨の言葉があり、外務省首脳を喜ばせた。

通訳の任にあたったのは沢田廉三電信課長である。沢田はこの天皇発言を「そのまま通訳していいのか、一瞬の間判断に迷って、急に体中の血が頭に駆け上るやうに感じた」*28と回顧録に残している。彼は沢田節蔵の弟である。

幣原外相はこの発言の骨子をロンドンの若槻に送った。彼の苦難の交渉の成果に対し、天皇は信頼しているとの意味合いもあったのだろう。しかし天皇発言は公表すればいかなる政治的紛糾を引き起すかもしれない。宮中の要請もあり新聞や軍関係に漏れないよう配慮すべく依頼もあった。その証拠に、外務省幹部の印、サインとともに電報文の横に一木と鈴木のサインがしてあった*29。筆者が『浜口雄幸』を執筆していたとき、外務省電報を調査していて、この電報のサインの存在を確認して珍しい文書に驚いたことを覚えている。それだけ、宮中の側近は天皇の発言が軍令部側を刺激することを恐れたことを表している。

また六月二〇日、天皇は全権団を宮中に招き、重大な交渉に尽力して「任務を了へたり。朕深く其の労を嘉す」との勅語があった。天皇は条約を歓迎する言葉をあちこちで言明していた。天皇もロンドン軍縮問題で海軍が混乱をきたしたことを十分教訓としていた。そこで奈良に対し、「軍縮実行は実に困難なる問題」であり、今後陸軍も国際会議によって軍縮を強いられることもあるので「軍縮の必要あるとき慎重に実行するやう」に宇垣陸相に話すようにとアドバイスがあった。天皇の指示に忠実に動く奈良は、直ちに阿部信行陸軍次官に「此有難き御思召を伝達」した。天皇の意向が、こうして側近から次官に伝えられていくのは、従来のプロセスだが、現場の軍人たちに天皇の懸念や危惧を慮る高級将校がこのときどれほどいたか疑問である。

浜口遭難

ロンドン軍縮条約は、最後に枢密院の会議に付された。顧問官の中では伊東巳代治が反対を表明していた。民政党にしてみれば伊東はかつての天敵だった。昭和恐慌で経営危機がいわれていた台湾銀行の救済のために、第一次若槻内閣は緊急勅令案発布を枢密院に諮った。ところが憲政会に反発する伊東の工作で、一九対一一と否決された。この結果若槻内閣は総辞職したという苦い経験が浜口にはあった。

今回はまたも伊東が立ちはだかった。憲法の番人を自称する伊東の存在は大きい。浜口首相は、当然のことながら正面突破を考える。心配した元老西園寺は、枢密院が条約批准を認めないならば政府と協力して顧問官を入れ替えるという強硬論を示唆して圧力をかけ、これによって反対の声は急降下した*30。浜口内閣は、こうして大きな政治課題が登場すると宮中の内面からの支援があるという稀有な政権となった。だがこうした事態はいつまでも続くわけではない。敵対勢力を先鋭化させる可能性がある。さらに宮中に対し不信感を有するグループも顕在化する。政府は、天皇や宮中からの信任では従来になく順調だったが、短期的には成功しても長期的には問題を残した内閣だったともいえる。

一〇月一日、枢密院本会議において全会一致で条約を批准、これを機に財部は海相を辞職、後任にロンドン軍縮会議にも出席した安保清種が就任した。彼は海兵一八期で海外勤務が多く、加藤寛治と同期である。長らく財部のもとで軍政や軍令で彼を支えていた。

ところで、財部はこの軍縮問題を通じて伏見宮親王の発言を聞くにつけ、皇族の政治関与に少なからぬ不安を覚えていた。これを明確に記す軍人も珍しい。皇族が政治的発言をすれば、これに乗じる人々が必ず跋扈する。これを利用する政党、勢力も登場する。逆に、抜き差しならない対決になったとき政治的勝利もあれば、敗北もある。となると皇族としての威厳を失うこともある。財部も改めて、皇族の政治関与を懸念した。彼の「日記」には「皇族のためにも皇室のためにもならぬ」*[31]と記したのはもっともな感慨だった。まさに原敬が首相時代に行き着いた「恩賞の府」という記述に通じるものである。

浜口首相はいくつもの山を乗り越えて条約調印にたどりついた。一〇月二七日、日英の首相、米大統領による軍縮記念放送は、平和と協調を意味する世界初の放送となった。まさしく浜口首相が頂点を極めるころだった。次年度予算編成に一段落をつけた浜口は、一一月一四日、岡山における陸軍演習視察に向うため東京駅に到着し、駅構内で右翼青年の佐郷屋留雄に狙撃された。統帥権干犯の罪を犯人は自白し、この問題が世間に与えた影響が大きいことを知らしめることになった。

事件を聞いて西園寺は原田を通じて政府に冷静に対応するように伝えた。宮中で高い評価を持っていた浜口内閣を簡単には総辞職には追い込みたくなかった。選挙で大勝し世論からも人気があり、誠実に内外の政治課題を処理する浜口内閣の姿勢は、まだ十分に維持するに値する政権だった。西園寺はまず政変が起きる空気を起させないこと、司法大臣に注意を促すこと、民政党内に内憂を起させないこと、以上を伝えた*[32]。西園寺としてはようやく政治が安定していた時に、浜口が無事ならば紛糾の芽を押えこんでおくことが必要だった。結局首相代理は幣原外相に決定した。

浜口は東大病院に入院して手術、議会に戻るためリハビリに必死となる。奈良は原以来の事件に「実に嫌悪すべき罪悪」と記した。一方、これを機に議会答弁に立った幣原臨時代理首相に対し、政友会側から統帥権干犯の声が噴出し、民政・政友両党が泥仕合を演じることに対し不快の念を隠し得なかった。なかでも「政党が院外団を認め之を利用し又壮士を保護扶養の闘争に利用する悪習慣を容認するは政治道徳上許すべからざる罪悪」と批判している。この当時、政党は院外にこれから政治家を目指す青年、壮士のような人材、あるいは落選した元代議士など様々な人材を抱えていた。

彼らはいわゆる圧力団体と化し、政党間の対立が激化すれば実力行使も辞さなかったのである。宮中からみる俗世界の泥仕合は、いかにも不愉快であり、「罪悪」そのものだった。典型はこの政党の院外団の存在だった。彼らの脱線的行動は、軍人には不愉快千万に見え、政党への不信感を増長する。その「思想低級精神腐敗言語に絶するものあり」と記す奈良の胸中、察するものがある。

昭和六年は不穏な空気のままに迎えていた。前年、海軍軍事参議官会議の奉答文を浜口首相が内覧したことについて、天皇は、軍縮で紛糾したことに鑑み、奈良を呼んで、奉答文内覧は「元来国務なりや否や」と尋ねた。奈良は、奉答文内覧は国務ではなく軍事事項だが、内覧することは「国務と解しても差支かなるべし」と答えている。天皇は、統帥事項であるため「余り無理に亘り不法に流れざるやう将来は注意せよ」との話があった。奈良は「陛下の此思召は至極尤ものことと敬服し奉れり」と記している。

ところで、野党政友会は首相の代理となった幣原の答弁に満足せず、浜口を議会に引き出す手立てを模索していた。元来政治家ではない幣原は演説や答弁は得意ではなく、野党から追及されると議場で立ち往生することがあった。議会出席を「強要」する政友会に奈良も嘆息している。しかし、この事態を座視できないのが浜口である。富士氏の話では、浜口首相は病院で歩行のトレーニングを続け「議会に出る」と強い調子で言っていたという。浜口の性格を逆手に取った政友会の策略は決して褒められたものではない。議場の混乱に憤慨して、浜口は答弁ができるように準備した。また議場も改修して演壇に立てるようにした。

三月九日、浜口首相は数ヶ月ぶりに宮中に参内、拝謁した。復帰した浜口首相は気丈に自ら答弁をこなしたが、声は弱々しく、病気も悪化、到底議場での質疑応答に耐えられないことを世間に晒すことになった。ついに浜口首相は退陣、若槻が後を引き継いだ。まさに満州事変が勃発する直前のことだった。八月、無理をした浜口は病没した。彼の死去は、これまで築いてきた日本の国際的地位が揺らでいく前兆のようでもあった。

余談だが、狙撃されたとき浜口は、東大病院か慶應病院のどちらかに運び込まれるはずだった。結局、東大病院に入院、手術となった。退院して登壇したが、無理がたたり病状は悪化した。富士氏は、浜口の病気の悪化は、無理の登壇もあるが、院内感染もあるとも言われた。富士氏は話を何度も口にされて悔いておられた。多くは書けないが、筆者の「浜口日記」との対面は、これがひとつの理由と話されたことを記憶している。

四月一四日、第二次若槻内閣が成立した。陸相は南次郎大将、海相は安保の留任だった。天皇はこのころより軍紀について奈良に下問する機会が増えている。満州事変の直前のことだった。三月には、浜口内閣を倒して宇垣陸相を担ぎ出して首班にするという計画が発覚した。事件の詳細は他の研究書に委ねるが、これは三月事件といわれる陸軍のクーデターである。桜会を中心に国家改造が論議された。事前の計画の甘さもあるが、事件の発覚後、徹底した関係者の処分がおこなわれなかったのも禍根を残した。

満州でも状況は不安定だった。七月、万宝山事件が発生、八月には、関東軍の中村震太郎歩兵大尉が中国関係にスパイと疑われて殺害された事件、いわゆる中村大尉事件が発生、日中交渉がおこなわれていた。軍や世論では張学良側に責任を問う声が出ていた。

こうした空気について天皇もいろいろな情報を得ていたのだろう。九月八日、奈良に対し「陸海軍大臣に軍紀の振粛に付き注意を喚起」し、奈良も「突然」の天皇からの話で驚いた。その後暫時猶予を願って、熟慮して後奉答したという。その間に奈良は新任の南次郎陸相に面会して問いただしている。「左程切迫し居る状況とも思はれず」と述べている。一〇日には、天皇は、参内した安保海相に、青年将校団のいろいろ噂があり、「軍紀の維持確実なりや」と問いただしている。安保は、なんらの不軍紀なく、軍紀の維持厳粛なることを答えている。中国問題の紛糾や国内の軍将校の不軍紀など内外に危惧することが多かった。

このころ天皇は、断続的に軍部首脳に軍紀について尋ねている。一一日、天皇は、南陸相が拝謁したおり、「陸軍の軍紀維持確実なりや」、また「陸軍が首謀者となり国策を引摺るが如き傾向なきや」と注意があった。これだけ連日にわたって天皇の注意喚起があるとは異例のことだ。南は、「特に注意して厳重に取り締る」ことを奉答した。さらに、天皇は、侍従長を呼んで、陸海の両大臣に伝えたことを内大臣に紹介することを命じている。

奈良自身はかなり楽観的だったというべきだろう。その証拠に彼は「灯台下暗しで却て軍部内の此空気を知らず、後日に至て之を悟れるは愚なり」と記している。奈良が陸軍中枢部から宮中に入って十年ほど経過していた。かつての後輩たちが今や軍中枢部にいるが、それだけに細部は知るよしもない。軍の内情を天皇に逐次報告する職務は侍従武官長の役割だが、このころの混迷する陸軍の内情を、天皇から下問があったとしても大臣や総長、次官、次長どまりの情報で、詳細には奉答できない自分に奈良は時代の流れを感じていた。

ともあれ天皇は、満州事変前、何もしていたわけではなかった。各方面の情報から軍部内の不穏な空気を耳にしていた。問題は軍部当局が天皇の意を受けて綱紀粛正を断固としておこなう決意があったのかどうかである。どうもそれは掛け声で終わった。一週間後に本当に現実になった。それが満州事変の勃発だった。天皇の質問に、陸相が本腰になって綱紀粛正を厳しくしているとの奉答が何度もあれば、満州事変直後に軍の大々的な陸軍の綱紀粛清をおこなうのも可能といえば可能だった。それは天皇が統帥権を発動したときだが、そうしたことに立ち戻ることもなく、天皇も宮中も注意をしつつ追認するという事態が続くことになる。

1　前掲『牧野伸顕日記』。
2　前掲『浜口雄幸』、川田稔『浜口雄幸と永田鉄山』（講談社選書メチエ、二〇〇六年）、また憲政会の党機関誌『憲政』に寄稿した浜口の各論文を参照。
3　前掲『浜口雄幸日記・随感録』。
4　前掲『牧野伸顕日記』。
5　同右。
6　前掲『宇垣一成日記』第一巻。
7　前掲『岡部長景日記』。
8　前掲『牧野伸顕日記』。
9　前掲『浜口雄幸日記・随感録』。

10 前掲『岡部長景日記』。
11 「ロンドン会議　若槻男口述」（「外交関係諸先輩ノ口述筆記ニヨル外交編纂事　務ノ件」）外交史料館。伊藤隆『昭和初期政治史研究』（東京大学出版会、一九六九年）、前掲『昭和天皇』、関静雄『ロンドン軍縮条約成立史』（ミネルヴァ書房、二〇〇九年）、池井優・波多野勝「ロンドン軍縮問題と浜口雄幸」（『法学研究』第六三巻第一一号、二〇〇一年一一月）、波多野勝『浜口雄幸』（中公新書、一九九三年）。波多野勝「浜口家所蔵の浜口雄幸文書」（『法学研究』第六七巻七号、一九九四年七月）。
12 前掲『西園寺公と政局』第一巻。
13 前掲『岡部長景日記』。
14 伊藤隆『加藤寛治日記』（みすず書房、一九九四年）。山梨勝之進海軍次官は軍令部側の反発に、五月一日斎藤実朝鮮総督に対し「総督より大臣にも御力添を仰ぎたく」と協力を依頼し、これには浜口首相も同じ考えと書き送っている。昭和五（ママ）年五月一日付斎藤実宛山梨勝之進書簡「斎藤実関係文書」憲政資料室。
15 岡田啓介『岡田啓介回顧録』（毎日新聞社、一九七七年）。
16 前掲『浜口雄幸日記・随感録』。
17 前掲『岡田啓介回顧録』。
18 前掲『西園寺公と政局』第一巻。
19 同右。
20 前掲『加藤寛治日記』。
21 「財部彪日記」（「財部彪文書」）憲政資料室。
22 前掲『岡部長景日記』。
23 前掲「財部彪日記」。

24 同右。
25 同右。
26 前掲『浜口雄幸』、『昭和天皇』。
27 高橋正衛『昭和の軍閥』（中公新書　一九六九年）。
28 澤田廉三『凱旋門広場』（角川書店、一九五〇年）。
29 前掲『浜口雄幸』。
30 同右。
31 前掲「財部彪日記」。
32 前掲『西園寺公と政局』第一巻。

第８章
☆満州事変と宮中

満州事変

昭和六（一九三一）年九月一八日、ついに関東軍は満州事変を引き起こした。関東軍司令官本庄繁がこの事件を聞いたのが、同日午後二時過ぎで板垣征四郎参謀からだった。『本庄日記』によれば、彼は直ちに司令部に出張し、翌一九日午前〇時に「出動」＊1を命じた。

事変勃発に際して昭和天皇が事態を知ったのは、一九日午前九時四五分、南次郎陸相からの報告だった。奈良が詳細を知ったのは一九日の新聞だった。朝、平常通りの拝謁において奈良は「偶然突発の事件にして大なる事件にはあらざるべし」と言上したが、これは全くの予測違いだったことがまもなくわかった。

若槻首相は参内して事件の不拡大方針を閣議決定したことを奏上した。鈴木侍従長も裁可のない軍事行動に不快感を表していた。南次郎陸相はまもなく拝謁して、関東軍の奉天進出、中国軍攻撃について「奏上せず」、「今後の状況は参謀総長より奏上すべし」と言上、奈良にもそのようにしか語らなかった。

平時の戦闘だけに陸相の責任は重い。奈良は南陸相に対し、従来からの天皇の注意もあり、関東軍は任務範囲内では「軍部専断し得べきも」、それ以外は「閣議の決定を待つべく」こと、また大々的出兵は「或は御前会議を要すべし」と注意した。戦時ではないので当然である。南陸相は「了承」して退出したが、その言動に、奈良は「或は多少予想したりたるが疑はれ」る返事だった。明治期の軍部での動きではありえないような曖昧な内容である。奈良が疑問を感じたのは恐らく後のことで、このときは陸相の対処を信じていた。

午後三時、金谷参謀総長が参殿、事件の発生、林銑十郎司令官率いる朝鮮軍の越境などを奏上して「抑止すべき」電報を発したことを述べた。天皇の勅裁もない勝手な朝鮮軍の満州への越境攻撃はまさに統帥権干犯である。若槻首相も不拡大を表明している以上、天皇が派兵に許可を出すはずもない。奈良は金谷に注意した。金谷総長は「専断派兵の処置に関し恐懼の意を表」していたという。ならば独走を止めなければならない。

陸軍首脳はこれを統帥権問題として認識するような空気はなかった。それどころか越境将軍といわれた林は後に陸相、首相を務めることになる。これでは軍部の独走を黙認するようなものであり、関東軍のクーデターの様相を示していた。陸軍側は閣議が認めない時は、帷幄上奏をおこない、弁裁がないときは総長、陸相が相次いで辞表を提出する段取りまで整えていた。

陸相、総長も「威厳なく中堅層殊に出先軍隊の軍紀下克上行為を抑制し能はざる状態」になりつつあることに奈良は不満だった。だが情報は、奈良ら側近にではなく、他の高級将校に入っていることに「将来恐るべきを感ず」としている。金谷総長はこの非常時で全く指導力を発揮できなかった。『昭和天皇実録』では、金谷総長の天皇への拝謁が異常に多い。これほど参内しておきながら、総長の威信を発揮できなかった。

陸軍内ではこの機に満蒙問題の解決を期すと決定しており、もし政府が同意しないならば「政府が倒壊するも毫も意図する所にあらず」と強硬方針を確認していた。天皇の意向など彼らには毛頭ない。

元老西園寺は怒りを隠さず、天皇の裁可なく軍隊を動かしたことに「陛下はこれをお許しなることは断じてならん」*2と伝えていた。本来、ここで政府や軍部中央が強力に抑止するべきところだが、奈良も関東軍が陸軍中央の要請を受けて作戦を中止するだろうと甘い読みがあった。

夜、井上準之助蔵相が牧野を訪問、南陸相は「時々動揺」していたようだ。おそらく陸相は現場の強硬論と政府、宮中の不拡大の意見の中に挟まれて苦慮していたのだろう*3。閣議決定も「部下に反復せらるゝ事あり」、どうも命令に威信がなく、満州問題は「今後に付実に憂慮に堪えず」と話しこんできた。南も強いリーダーシップを持っているわけではない。往年の陸相の器から見れば官僚的になったというべきか、軍中堅の支持がないと陸相に就任できないというような環境が出来上がり、天皇を輔弼するという重大な使命を忘却した職務を遂行していた。

一方奈良は、当初軍中央の威信を信じていた。それは天皇の威信でもある。非常時に楽観的過ぎるが、すでに奈良が陸軍の内情に暗くなっており、これが彼の見通しを誤らせる。一木宮相、牧野内大臣、鈴木侍従長らが参集して奈良に意見を求めた。奈良は「関東軍の行動左様に専断に出でざるべく、陸軍中央部も相当強力に抑制し居る故心配なかるべし」と述べていた。

決して奈良が関東軍の独走を黙認していたからではない。身内に対する弁解というべきか、見通しの甘さである。また政変が起きるという危惧もあった。たとえ奈良が事態を把握して陸軍に働きかけてもどこまで影響力を発揮できたかは疑問は残る。

天皇は二一日、若槻首相を呼び不拡大を指示、「閣議の趣は適当」と話があった。まさしく天皇の裁可なく行動する軍隊は天皇の軍隊ではなくなる。天皇の意志表示であり、抵抗でもある。だが戦闘は続いた。金谷総長の満州への増兵の増兵、朝鮮軍の越境の裁可に対し、奈良は「陛下は首相の承認なくては允されさるべし、故に左様なる無法の挙を避け」ることを発言、そこで、とりあえず、まずやむないため「既成の事実」を奏上し、しばらく猶予を願って、政府内で協議してもらってはどうかと注意」した。若槻首相の承認が必要とは、武官長として当然のアドバイスである。金谷総長は難色をみせながらも同意したという*4。

二二日、金谷は再び参殿、前日同様「自己の責任を以て増兵の弁裁仰ぎたき」旨を述べたため、奈良は「本日も善後処置の御猶予を願ふ外なし」と天皇に紹介するほかはなかった。ここにきてさすがに奈良も自身が状況を見誤り、事態が悪化していることを理解した。直ちに牧野に会って自身の「判断誤り居りしことを謝」すると共に、一連の金谷総長の行動について説明した。初期の段階で、奈良のいわば楽観的見通しが天皇や宮中の判断を誤らせた可能性もある。

午後になると天皇は奈良を呼び出し、「事件拡大を防止するやう参謀総長に注意したるや」と下問があった。奈良は「注意は再度与へた」こと、しかし「出先軍隊が騎虎の勢もあり脱線少からず誠に遺憾且恐懼に堪へず」と奉答した。明らかに天皇は事変の拡大に反対だった。そこで奈良は二宮治重参謀次長も呼び、天皇の「憂慮御下問の次第」を述べ、金谷総長に伝えるように指示した。二宮は宇垣に近く、宇垣内閣樹立を目指した昭和六年の三月事件に関与した一人である。

結局二二日の閣議では、朝鮮からの増兵は賛成しないものの、既成事実として経費支出を認めて、午後四時、若槻首相は右決定を奏上、続いて金谷総長は朝鮮軍派遣の追認允許を内奏し、天皇より「此度は致方なきも将来十分注意せよ」との言葉があった。ついに派兵が認められた。この結果、政府は朝鮮軍越境を追認、臨時軍事費支出を閣議決定した。天皇は林や本庄を革職することも可能だったが、それはなかった。

この「致方なき」との方向は、立憲主義の建前からすれば、閣議決定を天皇が尊重したため、政府決定を天皇が承認したことになる。裏を返せば、若槻首相の指導力の欠如により天皇が事態を追認する事態になった。奈良としては、軍の高級将校に威厳なく「若手に引摺られ居る状況」に「時既に遅し」と痛恨の極みだったようである。

一方、関東軍は戦線を拡大し、「満蒙問題解決案」を作成、他方で天津の溥儀を保護下に置くように通知した。二三日、若槻首相のイニシアチブで、吉林省からの撤兵を決め、南陸相から独断行動を止める発言があった。これに応じて、陸軍は白川義則大将や今村均大佐を奉天に派遣、二一日以降、本庄は断続的に白川と会議している。この日、関東軍中央部が日本から離脱する無謀な話なども登場していた。こうなるともはや天皇の軍隊ではなくなる。天皇は、関東軍の布告に「内政干渉の嫌ひあり」、また軍と外務省の意見の「相違」への不満を述べた。満蒙独立論は「適当ならさる」と明言していることは関東軍の思惑と違った。ここで注意したいのは、天皇がこうした関東軍の思惑が、英米諸国の反発を買うとの懸念だった。この点は、天皇が国際関係に敏感だったことがわかる。犬養内閣になっても「国際間の信義を尊重すべき」と主張していることから明確である。だが、天皇自身も満州という地域には甘い考えがあった。

『昭和天皇独白録』には、「満州は田舎であるから事件が起こっても大した事はないが、天津北京で起ると必ず英米の干渉が酷くなり彼我衝突の虞がある」*5というのである。同書は、昭和二一年、宮中側近に天皇が語りかけるものだ。敗戦後の記録であり、当時の状況や感情をどこまで正確に論じているかは不明だが、これを見る限り満州地域はある程度は致し方なく、ただ万里の長城を越えて関内に入ることは厳しく禁じたのは、対英米を考えてのことと理解できる。

ともあれ状況を見れば満州事変はクーデター紛いの軍事行動である*6。天皇の威信、大権を軽んじる行動だった。奈良は情報を把握しきれず、陸軍に注意を促しながら強力なイニシアチブを発揮できなかった。それも軍人の綱紀粛正を言い続けていたにもかかわらずである。

事変その後と犬養内閣の成立

満州事変に外務省側は翻弄されていた。林久治郎奉天総領事は、「現在の事変のごとき下剋上的行動は、断然之を排除する必要が有り」*7と述べ、この事件に対して「政府の処置は、優柔不断、ステーツマンシップを欠き、醜悪を極めて居る」と不満を募らせていた。帰朝した林は佐藤尚武と共に幣原に面会して、「軍紀振粛の大詔渙発」を発することを進言した。いわば統帥権を振ることを意味する。幣原は出先軍部が「若し之を聞かざりし場合には、皇室に災を及ぼす」として消極的で、彼らの「断乎たる処置」要求はついに果たされなかった。

一〇月二日、関東軍参謀らは満州の独立方針を決めている。日本の国籍を捨てる覚悟もあったといわれているが、天皇の軍隊でありながら満州の切り離しを謀るとは、統帥権は形骸化している*8。二六日、天皇は奈良に「軍の行動を制限」するよう述べたが、奈良は「此事は仲々六ヶ敷事」と回答するほかはなかった。天皇の不満は続く。再び八日、奈良に関東軍の張学良政権批判について「内政干渉の嫌ひあり」と不満を伝えている。関東軍作戦課長だった石原莞爾中佐は一〇月八日に、錦州爆撃を敢行した。この日、陸相、参謀総長、教育総監など陸軍首脳は、満蒙問題について時局処理方策を決定した。

ところで、錦州爆撃の翌九日、天皇は、錦州周辺で張学良部隊が再編となれば、「拡大は止むを得ざるべきか、若し必要ならば余は事件の拡大に同意するも可なり」とも述べている。この条件付の「拡大」は参謀本部に伝えられるが、額面どおりに関東軍は受け取れば、事態の拡大を認められているということになる。非常時に曖昧な、あるいは条件付の提案は危険である。

若槻首相も事態が悪化する中で、一二日、山本権兵衛、清浦奎吾元首相を訪問、さらに西園寺の上京を牧野内大臣に依頼した。翌一三日、犬養毅政友会総裁を、高橋是清元首相、徳川家達貴族院議長をも訪問している。事変の収束を目指して若槻首相は実力者を次々と訪問したがこれといった妙案は出なかったようだ。

まさにこのころだった。陸軍の桜会を中心にクーデター事件が発覚した。だがこれが一六日に漏洩し、翌日早朝、橋本欣五郎中佐ら関係者が憲兵隊に捕縛された。一〇月事件である。

一〇月一七日、同事件について、関屋貞三郎宮内次官から奈良に電話があった。「陸軍に不穏の企て」があり、将校一〇名ばかりが憲兵に検束されたというものだった。情報によるとたびたび彼らは築地の料亭に会合して「密議」を重ね、高級将校の了解を得て宇垣陸相を首相に担ぎ出す予定だったが失敗した。そこで、近ごろは荒木中将を押す動きがあるという「恰も児戯に類する非望」だった。奈良は、高級将校たちもこれを知りながら「断然之を抑圧せざりしは当時の軍紀弛緩下克上の空気」と憤慨していた。奈良も、二宮参謀次長、杉山元陸軍次官、小磯国昭軍務局長が知らないとは「不可解」と理解している。陸軍中枢部の情報がないだけに奈良も何もいえない状況だった。まさに陸軍内にはこのころ「不可解」のことが多すぎた。

二一日、南陸相は事件関係者の処分を奏上したが、天皇は「御不満」で、奈良を呼び「尚詳細のことを御下問」あったが、陸軍内の細部は奈良も知りえず、「充分なる奉答なし能はざりし」という状態だった。天皇の発現で「御不満」という言葉を使う頻度が極めて多くなっている。さらに、天皇は日本の孤立を恐れ、牧野内大臣を通じて奈良に、経済封鎖や開戦したときの「覚悟」「準備」を陸海相に問い質すよう指示した。天皇は国際連盟から侵略国と言われていたことを非常に懸念していた。天皇の危機感はよくわかるが、このとき天皇の軍における威信は明らかに低下していた。西園寺らもここで天皇の聖断があっても、もし有効でなかったときのことを恐れていたのだろう。

ちょうどこのころ、末次信正中将が第二艦隊司令長官に転補された（昭和六年一二月）。天皇は、安保清種海相が人事を内奏した後、奈良を呼びだした。明らかに天皇は、この人事に「御不満の意」を吐露していた。末次といえば、軍縮問題が紛糾する中、加藤を押し立てて浜口内閣を揺さぶり、また怪文書を配布して政府、宮中を悩ませ、御進講でも物議を醸した人物だった。こういう人物が栄達の道を歩むことは天皇の威信が末端まで伝わっていないということだろう。立憲主義を建前とすれば、当局の人事決定に天皇が介入するのも問題でもある。そのため、天皇は不満を奈良に言うほかにない。このような事態では、立憲主義は軍部に付け込む隙を与えるというべきだろうか。

一一月一六日、若槻首相は来訪した原田に対し、「もし陸軍が、東支鉄道以北に兵を出すといふことがあるとしても、政府は責任をとるわけにはいかん。陸軍大臣は、閣議で増兵問題を通させようとしたが、できなかった」と述べていたが、陸軍側は「どうしても東支線を越えてチチハルまで攻めて行かなければ軍略としては完全なものではない」*9と主張しており、ましてや鈴木侍従長が金谷総長に面会した際、金谷が「敵の攻撃を受け自衛上」対応していると含みを残していた*10。

一一月二六日のことである。山岡重厚少将（歩兵第一旅団長）が奈良と面会した。過般の陸軍の不軍紀について、総長や次長、第一部長などの責任を追及する意見を山岡は開陳した。驚いたのは奈良で、「高級将校で此の如き正直強硬なる意見を聴き感心せり」と記している。軍部の不軍紀が蔓延する中で、奈良は正論を吐露する将校に驚き入っている。山岡は、軍政に携わったことがなく、奈良に直言したかもしれない。ただ皇道派に近く、ほどなく荒木が陸相に就任すると、経験の浅い山岡を軍務局長に抜擢している（昭和七年二月）。

ところで、奉天特務機関補佐官だった花谷正中佐は「満州事変はこうして計画された」*11を残している。一〇月中旬、侍従武官川岸文三郎少将が視察のため派遣されたときのことである。恐らく、川岸は軍の独走について天皇や宮中の憂慮を伝えたのだろう。対面した花谷ら軍幹部は「われわれは『よくやった』という御嘉賞の言葉を頂くつもりでいたところ」というのである。この無神経な感性には驚くばかりだが、さらに侍従武官の来る前日に陸相電報で「関東軍独立の噂があるがそういう企図は中止せよ」とあり、「われわれはかんかんになって怒った」と回顧している。出先と中央に認識の差があり、その上「御嘉納の言葉」を期待しているところに関東軍の増張ぶりが理解できる。天皇の意図と彼らの認識の差を埋めるものがなかったところに悲劇がある。

宇垣は関東軍の行動を誇らしげに『日記』に記している。金谷については、「余が聖断までも煩はして無理押して其地位に就けるもの」[*12]と自慢げに述べ、南は「余の代理者として迎へるとまでに若槻氏をして言明せしめたるの人」であり、事態が失敗に終れば「人の選択処置の当を果したる結果」とも言われかねないと断じている。その宇垣は当然のことながら、国際道徳及び正義の上から考えても「根本除去に努力する帝国に対して列国が文句を述ぶる筋合もなく」と関東軍の行動を正当化している。その後宇垣は若槻首相や幣原外相に対し、満州を切り離して「新政権を樹立」することを進言していた。

結局、若槻内閣は事態収拾ができず、総辞職、同年一二月一三日、犬養毅内閣が誕生した。青年将校に人気があった荒木貞夫中将が陸相になり、翌年一月、真崎甚三郎が参謀次長になり、いわゆる皇道派が陸軍の実権を掌握していくことになる。

後継内閣問題で奈良が驚いたのは、若槻内閣で内相だった安達謙蔵の「策士」ぶりだった。安達が事件後挙国一致内閣をめざして政友会側と水面下で工作していたのはよく知られている。

協力内閣といわれるものだ。結局若槻がこれに同意せず、連立は立ち消えとなって総辞職となった。奈良も「実に珍らしき崩壊なり」と記している。奈良には若槻のリーダーシップの欠如を感じるばかりの政権だった。

天皇は「張学良を復括せしたるには陸軍は何処までも不同意なるべきや」との下問を奈良にしている。天皇は、当初は排除に同意していたものの、現状を回復するには張学良の復権も一案と考えていたようだ。これは外務省が考えていた一方策でもあった。張作霖の息子張学良を立てて新政権を樹立するならば国際世論の非難の鉾先をかわせると読んでいたとも思われる。関東軍には張学良の復権など到底飲めるはずもなく、満州を中国や日本から切り離すため、天津にいた溥儀を連れ出すことになる。

その一方で、天皇から奈良に、陸相たる「南大将は九ヶ国条約を全く知らざるが如し注意しては如何」との言葉があったことは、陸軍の独断に依然不満だった表れでもある。天皇が九ヶ国条約に言及することは、国際社会への影響を心配しているからだ。逆に関東軍がこうした条約をいかに軽んじていたかである。

天皇も立憲主義を尊重して政府、軍部の動向を切歯扼腕しながらも眺めていた。奈良との会話をみてみると、天皇は日本の孤立を真剣に危惧していたのである。清朝の復活、ましてや溥儀という廃帝を引き出すのは時代錯誤で、国際社会に復辟という印象を与えかねないとの懸念があった。だが結局、関東軍は溥儀を天津から脱出させ、ほどなく執政として満州国元首となる。

一月ごろ天皇は、御前会議の開催を側近に話している。牧野や鈴木は御前会議で拡大抑止をたとえ決めても、もしうまくいかなかったら会議の権威が傷つくと消極的だった。それは天皇の威信の失墜にもなる。裏を返せば、事態を悪化させた要因のひとつは、聖断を下しても軍を抑止できなかったならばどうするか、これを側近たちは常に懸念して、御前会議で軍の抑止を決めることに優柔不断だったともいえる。

他方で、奈良は武官長として、天皇の意を汲み、事変直後から南陸相に、大なる出兵は「御前会議を要すへし」と述べていた。御前会議開催を示唆することで軍部を牽制していたようだ。軍への不信を貫いた一例もある。それは陸軍内で浮上していた河本大作の復権工作である。陸軍内の動きに天皇が明確に「ノー」と示したのである。ところが、陸軍には、果たして天皇がそのような決断をするのかといった疑問が浮上する。それはそのまま宮中関係者への不信になる。負の連鎖である。

犬養は昭和七（一九三二）年二月、総選挙を実施、民政党は大敗して、政権運営は政友会に委ねられた。閣僚は、民政党に比べて保守派が入閣している。かつて原敬の下で外相として政友会の国際協調路線の道を歩んだ内田康哉満鉄総裁は、三度目の外相に就任するため帰国途上、京都に立ち寄って元老西園寺に面会した。関東軍に接待を受けて認識を新たにしたのか、西園寺は、内田「伯の極端なる変化には、朝野共に驚いた」*13。内田は、いまや関東軍と調和し、宇垣と「意見は全然一致」したという。西園寺は、あまりの認識の違いに驚いたというが、内田は明らかに変節していた。内田と加藤高明は何度も外相を経験したが、元老とさえ対立して外交を推進する加藤の頑迷さは伊藤、桂などに好まれていた。これに対して内田は、大勢順応型だったことが時の首相には都合が良かったのかもしれない。その彼が満鉄総裁として満州に長く滞在し満州事変後に大きく変化し、外相に就任したことは事態が陸軍に有利に働いたことを意味する。

だが、宇垣にとっては陸相に荒木貞夫が就任したことは自身の陸軍への影響力を考えると問題だった。特に、参謀本部は閑院宮親王が総長だっただけに、真崎次長のイニシアチブは顕著だった*[14]。また海相に大角岑生が就任したのは海軍穏健派には後に大きな衝撃を与えることになる。軍縮問題で苦渋を飲んだ伏見宮軍令部総長ら強硬派の圧力で、その後の話だが、山梨勝之進大将（昭和八年三月予備役編入）、谷口尚真大将（昭和八年九月予備役編入）、左近司政三中将（昭和九年三月予備役編入）、寺島健中将（昭和九年三月予備役編入）、堀悌吉中将（昭和九年一二月予備役編入）といったいわゆる条約派将官を次々と予備役に編入した。こうした有為の将官を中央から喪失した海軍は、軍部の強硬論の歯止め役を失い、陸軍に引きずられ、日米開戦に疑問を呈する勢力を失い、開戦の遠因を作ったのではないかとも思われる。

ところで、犬養内閣は、司法相に鈴木喜三郎、文相に鳩山一郎、内閣書記官長に森恪というように右派とも言うべき論客がそろっていた。とはいえ、犬養首相は、軍部独走を許していたわけでもなく、綱紀粛正などを考え、真崎次長にも同件について話していた。

犬養内閣は、新しい体制を打ち出すため永年未経験だった皇族参謀総長制を採用した（昭和六年一二月）。事変に対する金谷総長の不始末もあったので、強力な総長人事を考えたのだろう。奈良は「持論としては不賛成」だった。皇族が政治や軍事に直接関与することは危険であることは承知していたからである。奈良も理解をしていたが、非常時にはやむないとの考えだった。この非常時だから重要なポストに特別な人事をという発想は、このころの日本政治で常態化しようとしていた。奈良は部内の不統一を修正するには「一良案」と考え、一二月二八日、南陸相の申し出を受けて天皇の「御意図」を伺い、一木宮相にも下問してこれに「御同意」だった。奈良も皇族総長の誕生を後押ししたことになる*15。

かつて、原敬が皇族の政治的な役割を懸念したが、非常時と見た犬養はむしろ政権側に取り込むことで軍部への押さえと目論んだようだ。非常時でのこの種の対処は日本の政治過程ではよくあることだが、多くが裏目になる。いずれにせよ、この一件で、軍部は皇族を盾にして政府の影響力を回避することが可能になる。その後軍令部総長も皇族となる。人事と制度の確定が、現実の軍の独断的な政策を容認することになる。松岡洋右の外相就任、東条英機の首相就任もそうだったが、奇をてらうような人事策は失敗することが多い。

さて、この人事は皇族による軍への抑止力のようにみえるが、事態は逆だった。天皇への拝謁奏上など細部は、真崎甚三郎参謀次長が総長代行で拝謁しているところから見ると、実権はさらに次長以下に移行していったことが理解できる。さらに天皇は弟宮たちと違い、現場の軍に所属したことがなく、彼らにしてみれば、我々のほうが現状の軍事状況が理解できるプロだという自負が存在したことは否定できない。

この件については戦後、海軍反省会（一九八〇年から九一年まで開かれた元海軍軍人による反省会）*16でも意見が出ている。陸軍や海軍の総長に皇族が存在すると、おいそれと意見できない空気があったことなど、問題点が多かったことが関係者の話が出ている。こうした検証は今後も重要だろう。抑止というより、軍首脳には丁度よい盾になっていたことが反省会でも出されている。非常時に負の連鎖が続くことは事態をさらに悪化させる。

一方、上海では関東軍と特務機関の策謀により、上海共同租界の周辺で日中両軍が衝突する事件が発生した。中国人による在上海日本人僧侶襲撃事件がきっかけになっている。謀略の事件だった。これが上海に駐留する日本の海軍陸戦隊の軍事行動を引き起こした。上海事変である。満州での混乱から目をそらすためといわれている。古くは、明治三三年、明治四五年、大正三年の厦門出兵事件を髣髴とさせるような事件である。いずれも中国で不穏な政治情勢に乗じた出兵事件だった。今回は外務省も止められず、堂々と日本軍が軍事展開していることが前回と違っている。

戦火の拡大を懸念した天皇は奈良を呼び、「経費の節減に考慮するやう」に陸相や総長に伝えることを命じ、奈良は職務を遂行した。事件のたびに奈良は天皇の不拡大方針を軍部に伝える役割を果たしている。だが、奈良の伝達力が弱かったのか、軍部が天皇の威厳を軽んじていたのか、軍内部の迷走の結果か、関東軍の独走に対する暗黙の了解か、いろいろな要素がそこには考えられるが、再三の奈良の軍部への伝達は決定的な効果がなかったことを歴史が示している。さらに天皇は二月一七日、牧野を呼んで日中開戦になる懸念を伝えている。

非常時における軍部に対する武官長の役割、それはそもそも意思決定の代行者ではないだけに、相手側には都合のいい解釈にもなる。統帥部に対する天皇の意思の伝達、それは政党政治の弱体によってさらにこれも弱くなっていく様子をいみじくも奈良の史料が語っている。

個人の回想だけに奈良の軍部への不信を全面的に信ずることもできないが、彼の実直な性格や政治工作ができない性格を考えると、敗戦という衝撃的な出来事を振り返りながら、武官長として当時の軍の独走状況を止められず、天皇の宸襟を悩ますことになったという無念さも

「回顧録」の筆を走らせたのだろう。

大陸で続発する事件に天皇は「御疲れの御模様」だった。『昭和天皇実録』では、二月二三日の側近たちの会話で天皇の不眠が問題になっている。ブリッジや玉突きといった娯楽が会議で話題になった。ところが、天皇が選んだのは儒学関係の御進講だった。古川氏が天皇が「徳治主義」(『昭和天皇』)を考えていたからというのがこれである。二月二一日、上海の日本軍を「連盟総会の期日たる三月三日までに引揚る様」との話が天皇よりあった。すでに高橋蔵相も荒木陸相に対し、陸軍の上海からの撤兵を言及していた。

一方、犬養首相は陸軍の動きをともかくレベルダウンさせることを模索していた。真崎甚三郎参謀次長に面会した際も一部将校の左遷人事を天皇に言上する旨示唆している。しかし二月二〇日、原田は西園寺に対し、「軍の方では、犬養総裁がやたらに陛下のお力によって軍を抑へようといふ気持ちがあると言って、それに対する反感が非常に高まっている」*17という報告をしている。軍の綱紀粛正問題で、政府が天皇に大権の行使を願う方策だが、これは宮中は回避したい。他方で、強硬派は粛清されてはたまらない。反撃に出ることになる。真崎に情報が流れれば、中堅将校にそれは流れる。

不穏な空気は現実になった。国内では二月九日、井上準之助が暗殺され、三月五日には團琢磨も暗殺されるという不穏な事態が続いた。血盟団事件だった。

三月一一日、天皇は上海に出兵していた陸戦隊などの撤兵を言及した。さらに一九日、停戦が議論される中、陸海軍当局の「意思疎通」について「別に御心配の模様」だったという。二五日にも「遂に纏めたき御恩召」があった。四月一五日、上海からの撤退について、天皇は真崎次長に対し、「妄りに増兵するにはあらざるべし」と述べ、また「国際連盟からの委員の保護は大丈夫なるべし」と注意を促した。天皇は、リットン調査団のメンバーの安全を危惧していたのである。

さて、犬養内閣は基本方針を、満州における権益の保証と中国の主権を認めることにおいていたが、このことは独立国を志向する関東軍とは真向から対立するものであった。満州国承認に否定的だった犬養首相は、ついに五月一五日、暗殺された。犯人には将校らが加わっていた。

午後九時半、大岑海相と荒木陸相が説明のため参内、言上した。この事件で宮中関係者の警備が厳重になった。高橋臨時首相の退任式が午前二時に挙行された。奈良宅にも多数の警官や憲兵がやってきて、警備は一段と強化された。軍人の関与した事件が多くなっていた。綱紀粛正などが徹底されることはなかった。

天皇の心配は朝香宮親王や秩父宮親王の境遇にまでおよんでいた。二人から話を聞いているうちに天皇自身も心配になったのだろう。「青年将校の言動意外に過激なるや」と感じた天皇は、「秩父宮殿下を他に転補の必要なきや陸軍大臣にも相談せよ」と奈良に話している。奈良は天皇が「殿下も余程左傾化し居るを感ぜられたる如く」という点を記している。陸軍将校だった秩父宮親王は青年将校に利用される可能性も十分あった。

ところで一六日、真崎参謀次長が武官府を訪問した。昨夜陸軍将校が六名やって来て面会したというのである。皇道派の軍人だろう。これを聞いた奈良は「奇異に感じた」と記しているが、真崎と荒木陸相のパイプの太さについては暗に認めている。人事も真崎の意向が荒木の行動に反映していること、真崎は「荒木は表面に立て傀儡となる居るに過ぎずとの評判」をも耳にしていた。それは「ある程度事実なるべきを信ず」としている。さらに「真崎は武藤大将を担ぎ佐賀閥を代表し居る」ことも十分知っていた。奈良にこの程度の情報しかないのならば、武官府は陸軍の蚊帳の外にあったというべきだろう。皇道派といわれる天皇親政を望む軍人たちが跋扈するようになる。

ともかく秩父宮親王の転補が五月一五日から二週後におこなわれているところをみると、天皇自身も青年将校たちの動きにかなり憂慮していたことがわかる。

昭和七（一九三二）年五月二六日、斎藤実内閣が成立した。ついに政党政治は終焉した。奈良の印象では、同内閣は「拙速主要を採らす」して時局の状勢を「吟味」する新政策を取っていると理解していた。従来の「反対政党主義では時局の収拾不可能なるへしと認められ」たからだ。斎藤は海軍の穏健派、つまり軍との調和で編み出された挙国一致内閣だった。

一〇月一九日、満州国の謝介石外交部長が訪日した。満州国執政に就任した溥儀の親書を捧呈するためである。謝介石は奈良の旧知の人物で、彼が天津の駐屯軍司令官時代に交流があった。この一連の動きでまもなく溥儀の訪日問題が浮上することになる。

一方、関東軍は山海関に向って動き始めていた*18。いわゆる中国本土への接近である。すでに斎藤首相が天皇に対して「熱河省に手を附けず」と奏上していただけに、奈良としてはまたもや出先軍部が「従はざるは実に恐懼の至り」という心境だった。奈良はこのころ「恐懼」という言葉を何度も記述している。切歯扼腕する奈良の心情は察するにあまりある。

満州国承認と熱河作戦

昭和八（一九三三）年一月一四日、閑院宮参謀総長が拝謁して、満州駐屯の第一〇、第四師団の部隊増加の允裁を仰いだ。二月四日、熱河侵入について天皇は、閑院宮総長に「慎重の態度」を、さらに万里の長城を越えて「関内に進入することなき条件」をつけて弁許する様な事態になった。

これに対し、閑院宮総長も「断じて関内に進入せしめさるへき」を奉答している。閑院宮親王は大正一〇年、裕仁皇太子の外遊時に後見人として供奉した人物だ。天皇の意向がどこまで閑院宮親王に通じるのか、また伏見宮親王も同様である。多くの回想録や日記、文書などからだけでは理解しがたい皇族の人間関係が両者には横たわっているのだろう。同時に、閑院宮総長が真摯に統帥権を理解し、大権を尊重するかである。ともあれ極めて危うい皇族総長の手腕だった。原敬が皇室を「恩賞の府」に思い巡らした話は、もはや遠い過去になった。

二月八日、斎藤首相は、熱河作戦は「不同意」と上奏した。国際連盟との関係で違反になるというのである。閣議ではまとまらず、作戦に反対の声もあったが、荒木陸相に押し切られそうだった。一〇日、天皇は、参内した総長に、内閣で承認が得られないので「中止能はさるや」と述べた。要するに作戦中止命令である。

翌一一日、斎藤首相は、熱河作戦は国際連盟の規約違反となり連盟除名の危惧があること、しかし、軍は「御裁可を得居る」として聞く耳を持たないので、「統帥最高命令を以て之を中止し得ざるや」との話を天皇は奈良に下問した。またも天皇の権威で統制を図ろうという思惑である。政府に統帥権がないだけに、軍の独走となると、天皇の大権行使を期待する動きだった。そのとき天皇は「御興奮の体」だったという。こうした悪循環が繰り返される。

奈良は、裁可取り消しについて反対し、「慎重熟慮」を天皇に述べている。「陛下の統帥命令にて之を中止せしめんとすれば恐らくは大なる紛擾を惹起し政変を来たす」として、「就いては尚慎重の御熟慮遊ばさるるよやう御願ひ申上たく」と奉答した。天皇は、大権行使を示唆するが、奈良は「熟考」をと止めている。天皇の政治責任を恐れてか、現場での解決を考える奈良だが、斎藤首相が困惑しているほどでうまくいくはずもない。

奈良は、鈴木侍従長同様、国策の決定は「政府が責任を以てなさざるべからず」というのが当然であって、天皇の統帥命令で中止するような斎藤首相の「申上様は甚だ狡猾なる態度」であると批判する。これは斎藤首相が責任を回避し「責任を陛下に帰し奉る如き申上様」と奉答した。この奈良の判断にはいろいろ解釈が起き、憲法論議にもなる。奈良は軍部の帷幄上奏、それによる政変を危惧していたのだが、このジレンマが政権の不安定さを引き起こす。政府が責任を回避しているとの奈良の主張はもっともだが、統帥を優先すれば、これも宮中が困惑する。この一件は、またも天皇の宸襟を悩ますことになる。

斎藤首相もそのことはわかっていたのだろう。皇族たる閑院宮親王が総長であるため、斎藤首相も強く総長に反対を言えない。軍部はそれを逆手に取ることが可能だった。となれば軍部独走を阻止できるのは天皇でしかない。宮中としては、それは政府の職務であって、天皇のいわば聖断を回避したい。まさに悪循環だった。といってこのまま作戦を決行させるわけにはいかない。

そこで、再び天皇は、徳大寺公弘侍従に、出張中の奈良に会って、熱河作戦中止につき「此点に関し意見」を聞きたいとした。天皇の意向は、すなわち熱河攻略は東三省問題と別個の問題で、総長に「熱河攻略は中止するを可と考へふる故此点に関し武官長の意見を聞けと陛下の仰せなり」との話だった。翌一二日、奈良は参内、拝謁して万里の長城を越えることは「絶対に慎むべき」こと、これを了承しないならば「熱河作戦中止を命ずべし」と奉答、天皇の同意を得た。

奈良は、直ちに真崎次長を呼び出して「御注意の点を伝達」した。真崎は、小田原の閑院宮総長に報告すると述べたが、奈良は、さらに「山海関の城内占領を撤退」は可能かと聞けば、参謀本部は撤退を述べるが、関東軍は反対で「実行できず」として意見が合わないと答えた。要するに出先「軍部の不服従」である。

斎藤首相の不鮮明さ、リーダーシップの欠如に奈良も嘆息しているが、そもそも真のリーダーが首相に就任できるのか、それさえも怪しい時代になっていた。だからこそ斎藤首相も苦肉の言上をするのだが、かえってその行為は「自ら責任を取らず責任を陛下に帰し奉る如き模様」に奈良には見えるのである。

参謀次長が関東軍の「不服従」を武官長に公言するなど、明治・大正時代では考えられないことだ。しかし、直ちに満州へ作戦課長を派遣して善処することを確認し、真崎よりこの状況はすぐ奈良から天皇に言上され、天皇は珍しく「御機嫌麗しく」話があったという。だが、好転しないので天皇は、奈良を呼び、長城付近からの撤退、張学良を排除すること、山海関城内よりの撤退、以上三点について、陸軍の意見を聞くように「下問」があった。参謀本部に行き、奈良は真崎次長や第一部長に問うと、張学良は「飽くまで打倒」の対象であり、山海関からは「今直ちに撤退は不可能」との反応だった。この報告を聞いた天皇は、「陛下の御軫念恐察に堪へず」と記している。天皇は、事態が勝手に進行していることに不愉快だが、現場をコントロールできないことに疲れていたようだ。

元老西園寺もここにいたって満州国建国についてはあきらめたようだった。かつて伊藤博文が、日露戦後、満州問題協議会の席上、児玉源太郎に対し、満州で軍部の支配力が強まることを批判、クレームをつけて組織替えをおこなわせた腕力のある政治家はいなかった。ただ満州国の総務長官だった駒井徳三に対し、「若し満州から一歩出ると、日本の国礎をあやうくします」*19と釘をさすぐらいがせめてもの抵抗だった。

ともあれ斎藤首相の弱腰も問題だが、戦前の天皇の大権の不明朗さ、責任の所在について大きな問題がある。天皇機関説が意義を持つのもデモクラシー到来の反映だった。だが明治憲法をいかにデモクラシー時代と整合させるか、枢密院では不可能だったかもしれないが、大戦後に徹底して議論すべきだった。その後国体明徴運動が現状を突き動かしていく。天皇機関説への排撃はデモクラシーの限界を物語るものだった。非常時においては、台頭する強硬論に対し、これを批判する声は抑制されてしまう。これに手を貸していたのは新聞である。

一方、昭和八（一九三三）年三月二七日、日本はついに国際連盟を脱退、ロンドン軍縮調印からわずか三年で日本は孤立の道を歩み始めていた。奈良は陸海軍部内の青年将校たちの「思想不良の傾向は尚未だ改善」の様子がないのは、「実に遺憾なり」と記すほどだった。

成立した満州国に対し、関東庁、関東軍、大使の三位一体化を図る工作がおこなわれていた。

いうまでもなく陸軍の強い要望だった。この結果、関東軍司令官が満州国大使に就任することになり、初代大使は武藤信義になった。軍司令官が大使を兼任するなどかつてなく、満州国のみである。八月八日、那須に武藤は赴いて、天皇より「事件の拡大を防止し張学良時代より一層の善政」を希望する「御沙汰」があった。

ところで満州国大使を司令官が兼任することに、外務省側はなかなか容認できなかった。この結果、執政、皇帝溥儀の秘書役として林出賢次郎が送り込まれた。林出は和歌山県御坊の出身で県費留学生となり、東亜同文書院を卒業して外務省の通訳となった。その後昭和八年、満州国執政府行走となった。つまり皇帝の秘書官である。中国各地を旅行し清朝の風習に熟知し、宮中用語を巧みに操り、溥儀の信頼も厚かった。

外務省は軍司令官が大使だったため満州国情報がなかなか入らず、苦労していた。そこで林出が関東軍に隠れて秘密の報告を外務省に送るようになる。それは多くが溥儀と関東軍司令官の会見の内容を記したものだった。いわゆる「厳秘会見録」といわれるものである*[20]。これは天皇や宮中もあずかり知らないことで、外務省の情報収集のひとつだった。後年、憲兵隊司令官を兼ねていた関東軍の東条英機参謀長の知るところになり、昭和一三年、林出は職を解かれ帰国する。これによって多くの彼の史料が御坊市の実家に持ち込まれ保存された。

平成四（一九九二）年八月初め、波多野澄雄氏と林出の実家の御坊市を訪れたときである。林出家の土蔵にはいくつかの行李や中国産の品々で溢れていた。そこで書簡、メモ、書類、そして「厳秘会見録」が残されていた。御遺族が「会見録」の丁寧な目録を作成されており、その後、同史料は外交史料館に寄贈された。すでに、外交史料館には断片的に存在していたが、関東軍や陸軍に秘密裏にこれほど溥儀と満州国大使の会談録が残されているとは驚きだった*[21]。

皇帝溥儀の行動で注目したいのは、昭和一〇年と一五年の二度の訪日である。溥儀は天皇と会見し、皇族と親しく過ごす日々の中で、国民の間に皇室の絶対的な存在を確認することになる。この体験で、溥儀は天皇とは兄弟関係にあるとして満州国政府の官僚に訴えた。さらに満州国用の三種の神器を準備、建国神廟などを建立して満州国は日本と兄弟国家と述べ、皇室の権威を借りて関東軍を牽制しようとした。「外交文書」を見ていると、溥儀が訪日前後に、外務省に対し、同国に神社建立への準備や伊勢神宮に侍従武官を送らせるなど権威の確立のために協議していることが興味深い。外務省には、溥儀の予想外の工作に困惑するメモが残されている*[22]。

武官長後任問題

昭和八(一九三三)年二月七日、奈良に対し、荒木陸相より武官長の後任問題の話があった。東宮武官長、侍従武官長の期間一〇年余、確かに勇退の声が聞かれるころだった。穿った見方をするならば、陸軍側に天皇の意を忠実に伝える奈良の姿勢は煙たい存在と映っていたかもしれない。荒木陸相は、真崎次長の意見もあるとして、本庄繁を第一候補に、西義一、川島義之の順をあげた。荒木陸相は、愛媛出身で陸軍内では中立だった川島を「推薦し難く」、旧会津出身で、奈良の後輩にあたる砲兵の西は「大将として不適任」であることが紹介され、閑院宮総長にも本庄を推薦していたことが紹介されていた。すでに外堀を埋められた様子だった。

本庄の名前がまず挙がるところに、奈良への不満の表れと思わざるを得ない。このメンバーを奈良は天皇に言上したところ、西、川島について特に意見はなかった。だが本庄については「満州事変に尤関係深き故」のため難色があった。功労賞となるような人事では天皇も本意ではない。以前にも天皇は、軍の河本大作大佐の復帰工作に難色を示し退けた経緯があった。天皇も、政府や軍部の人事にクレームをつけることが増えたが、何度も政府や軍部から要請があると、立憲君主の立場だろうが、強いて反対をしないことはわかっている。河本のケースは異例だが、それでも天皇の本心を側近がどこまで斟酌するか、非常に微妙な阿吽の呼吸があったようだ。

だがこの人事に、絶対不可でもないと理解した奈良は牧野内大臣や一木宮相と相談、「本庄の温厚なる態度」と満州事変も「部下に余儀なくされた」と理解した上で、奈良は言上した。天皇もようやく本庄中将について「可なり」と述べる。だが、天皇は、「満州事変の功績者が為めと云ふ理由を閑院宮より聴きたるが之は不可」と釘をさしたのである。本庄が本国に帰任してまもなく、天皇との陪食があった。天皇は事変について功績を讃える勅語を与えた後、謀略の噂にふれた。本庄は否定したが、明らかに天皇は不満を表している。やはり閑院宮総長は満州事変の論功行賞のような発想で本庄の武官長就任を言及したようだ。それは陸軍の本音でもあった。

あくまで人物本位というのが宮中側の言い分だった。河本の復権は不可としても、本庄については軍首脳の意向を天皇は受け入れた。武官長の後任人事で、これほど天皇が言及したのも異例だった。

かくして本庄の武官長就任は決定した。だが、天皇の決心は揺らいでいた。奈良が後任武官長の決定を言上した際、天皇は「尚稍不安の御様子」で「本庄に能く話し置くやう」との話があった。その後も天皇の不満は続き、陸相や総長にも「御不満の意を洩らせらるべきよう御様子」で、同様の憂慮を何度も聞く奈良としては、「恐懼に堪へず、然し当時の大勢上如何とも し難し」と記すはかはなかった。本庄の武官長就任にはとかくの風説が流れていたのである。奈良武官長時代の最後はまさに激動、奈良にとっても十分な宮中仕えをできたとは言い難い環境にあった。

『木戸幸一関係文書』には、山本英輔海軍大将の文書「斎藤内府ニ送ル書」中に、荒木陸相が「本庄大将又推薦セシトキハ宮中方面ニ相当邪魔アリシガ如ク、陸相ノ断固タル決心ニヨリ漸ク実現セリト聞ク」*23という文脈がある。

この文書と奈良の記述を見る限り、本庄の武官長就任にあたり、その「邪魔」的役割をした本尊は天皇その人ではないかと思われる。天皇の意図を体していたことを考えると鈴木侍従長も可能性がある。このあたりの情報も宮中という菊のカーテンの成せる技かもしれない。

武官長人事について、原田熊雄は、当初「本庄侍従武官長には深謀遠慮が足りないとでもいうか、陸下のおっしゃることをそのまゝ陸軍に伝へたり、或は軍の言ふことをそのまゝ陛下に申上げたりして、その間自から取捨選択の妙を発揮していた奈良前武官長に及ばないものがあるため、起さないで済む問題までが自然と問題化して来る、というやうな傾きがあるのではなからうか」*24と述べている。職務に忠実で皇太子時代から天皇の気質を周知している奈良の手腕を原田は高く評価していたのである。それだけに逆に本庄に対しては、不満だったのである。ところが一年もたたないうちにその評価は好転した。

「とにかく、貴下が侍従武官長に就任されたことは非常によかった。といふのは、陸軍の若い連中達が、それとなく陛下の御聡明なことをだんだん伝へきいて、陸軍省や参謀本部の幹部どころの連中が、しきりに陛下の御聡明な点を話し合ふといふことになって来て、我々の耳にまで響いて来る。恐らく貴下あたりが、大臣や参謀次長あたりに折りに触れて言はれることが伝はるんだらうと思ふ。これが他の人だったら、なかなか本当にしない。まことに有り難いことである」*[25]

原田は本庄に「有難い」と述べている。その本庄は、確かに当初は天皇が軍事に不熱心と思っていたようだが、側近となり奉仕するなかで、「其御頭脳ノ明敏恐縮ノ至リナリ」*[26]と驚きをもって記すようになった。高級将官は、日ごろの参内、拝謁、下問程度の接触では、天皇の真意はなかなかわからないようだ。いみじくも、本庄は、宮中に奉仕して、初めて天皇の実像を知ることになったということだろう。

一方、武官長引継ぎにさいして本庄は、奈良から様々なアドバイスがあったようだ。一二月一一日の奈良からの教示について紹介しよう。

「十二月十一日　奈良閣下ヨリ教ヘラルヽ処ニ拠レバ、内閣ノ争論等面倒トナリシトキ陛下ガ総理ノ要求アリタリトスルモ、総理以外ノ国務大臣ヲ招致シ之ヲ纏メシメントセラルヽ事ハ極力之ヲ避クルヲ要ス。

換言スレバ御上ガ政争ノ渦中ニ投ゼラルヽ虞レアレバナリ。即チ御上ガ同意サレタ方ハ袞龍ノ袖ニカクレテ其意思ヲ貫徹シタルコトヽナリ、反対サレタル方ハ御上ノ仰セナリトテ袞龍ノ袖ニ隠レテ自己ノ責任ヲ逃ルヽコトヽナレバナリ。

又御上ノ御賛同ヲ得ザルモノハ御信任薄ラギシモノトシテ辞表ヲ呈スルガ政治家トシテ執ルベキ処ナルベシ。又一度御上ノ御裁断ニ拠リテ解決セントスルコトヽナリ先例トナルベシ。即チ常ニ陛下ガ政争ノ渦中ニ投ゼラルヽ先例ヲヒラクモノニシテ、此ハ往時御維新直後伊藤、山県当時ハ此ノ如キコトアリタランカナレドモ、今日於イテハ憲法政治ノ下ニハ避クベキコトヽス。

故ニ総理ニ極力纏ムベキヲ奨メラルヽノ外夫レガ為メ内閣カ倒ルトモ致方ナク、悪弊ヲ遺サヾル為メ必要事ナリトス。」*27

奈良がどのような姿勢で天皇の輔弼をしていたか、よく表れている。奈良は、青年皇太子時代から東宮武官長の任にあって天皇の信任が厚かったからこそ武官長のあるべき姿を会得していたのだろう。首相を中心に国務をまとめ、天皇の信任が薄くなったときの処し方、天皇を政争の渦中に置かないためにも、さらに天皇が裁断するとそれが先例となるため、憲法の下に政治を推進することなどいわゆる立憲政治を尊重する姿勢を本庄に伝達した。武官長の引継ぎで、業務事項ではなく、心得というべき注意事項などが『日記』などに残されることは珍しい。

さて、奈良の宮中勤めが終了を迎えるころ、天皇は相変わらず中国状勢を懸念していた。天皇は真崎次長の中国の「共匪」の状況の奏上を受けたとき、天皇は「目下日本の対支政策は支那に同情援助を欠き春秋の策法に依れば支那を助くるに等しとも言ひ得る如し」と述べ、「対支方針を重大にして共匪の撲滅を容易ならしめては如何参謀本部の意向を尋ね見よ」との注意もあった。ここまで述べる天皇も珍しい。軍の本来の目的はむしろ反共ではないのかというのが天皇の主張である。シベリア出兵時でそうだが、反共なのか、権益の獲得なのか、政治状況によって使い分ける軍部も狡猾である。

一方、蒋介石は第五次の共産党掃討作戦を準備していた。天皇は、この蒋介石の方策と共闘をして、反共で日中の連携の可能性を考えていたのだろうか。最上の選択肢ではないかもしれないが、当時としては反共ならば日中提携は可能性のある方策だった。

奈良は「御意見は大局を達観せるもの」と考え、その問題の指摘に思わず「恐れながら御聡明に敬服す」とまで記している。しかし参謀本部から返答はなかったようである。

こうした事態に、天皇は「輿論と云ふも現今の如く軍人が個人の意見を圧迫するやうでは真の輿論は分らず」とまで述べ切っていたのである。天皇と軍の乖離はいっそう広がっていた。

昭和八（一九三三）年四月六日、奈良はついに侍従武官長の職務を終了した。直後の一〇日に関東軍が長城線を越え、華北に侵入した。一八日、天皇は、新任の本庄武官長を呼び、「関東軍に対し、其前進を中止せしむべき命令を下しては如何」*[28]と強い調子で下問している。天皇の不満の表れに本庄も驚いたのではないだろうか。

翌一九日、本庄は真崎次長に、これを伝え、次長はこれを関東軍に伝達、二三日に長城線まで兵力を引き上げた。天皇の威信は維持された。ところが、五月七日、再び関東軍は長城線を越えている。天皇は本庄に「勝手にこれを無視したる行動を採るは、綱紀上よりするも、統帥上よりするも」問題と憤慨している様子が『本庄日記』に記してある*[29]。奈良は、天皇の下問があるたびに懸命の奉答をしているが、本庄にどれほどの大局観があっただろうか。

一方、奈良は、四五年に及ぶ軍人生活を終了した。四月二四日、湯浅倉平内大臣が奈良を訪問、叙爵の恩命があった。同時に後備役に入った、一木前宮相と同様に、奈良は男爵を叙爵した。長期間の宮中奉仕のみならず、天皇の信任が厚かった二人への慰労である。

かくして奈良は、初めての浪人の身となったが、一四日、まず陸軍将官談話会の幹事となり、五月三〇日文政審議会の委員に就任している。その他は各地での講演、退職報告のため伊勢神宮に出かけ、あわせて関西地方を旅行している。

二・二六事件と政治の混迷

政局がますます混迷を深めようとしていたとき、昭和八年八月、西園寺は高齢を理由に元老職引退を伝え、今後は重臣と内大臣との協議で天皇へ奉答する旨を述べた。木戸幸一は、西園寺のこの希望を止めようとした。ともかく元老と重臣との協議（枢府議長と首相前官礼偶者）での決定としたかったようだ。他方で、牧野はこのメンバーに政党関係者が加わること（若槻や高橋）に危倶し、結局元老、内大臣、枢府議長の三名になった。西園寺は心配していた。原田に述べている。

「今日では、もう既にさういふ小時期も過ぎ去らうとしているやうに感ずる。……所謂専制政治的になり過ぎて、寧ろその反動として軍人と国民が一緒になり、その結果、皇室を認むといふやうなことが出来ては、甚だ心配に堪へない。」*30

西園寺はやはり「前総理全部を召され」て、それから元老の下問を受けるという方式を考えていた。つまり首相経験者による後継者の指名である。この件についてはいろいろ研究成果もあるが、紙面の都合でここでは省略する。斎藤首相の辞職、後継奏上はその最初の場面だった。宮中には前首相全員が参集した。西園寺はすでに後継を岡田啓介に決めていたようである。その後の重臣会議では異論はなく岡田啓介に大命降下となった。奈良はようやく客観的に組閣を見る立場になっていた。しかし、彼から見た新政権は「従来の例を破りたる小物内閣」だった。

ちょうどこのころ本庄武官長が数度奈良を訪問した。要するに「政変の際武官長として自ら処すべき方途又陛下に申上ぐべき方途に付き意見を問はれた」のである。要するに激動の宮中を体験した奈良に教えを乞うのである。

奈良は政変に際して主体的に動いたこともなく、武官長の職務にその意味において忠実だった。本庄の発言に予想外のことと感じたのか、奈良は「唯不思議に感じ居りし」も、あるいは「一部政局浪士等彼を動かさんとしありたるか」と疑問を投げかけている。これは、その後の二・二六事件発生で、後年になって腑に落ちず、妙だと感じたかもしれない。

一方、軍内の統制はますます混乱していた。地方の連隊長は青年将校の言動に悩まされ、軍中央に訴えてくる機会も増加していた。実はこのころ山口勝中将の息子で、本庄の女婿の山口一太郎大尉が時々奈良の下にきて「不可解の話」をしていたようである。宮中の様子を奈良に聞きに来ていたのかもしれない。山口は砲兵出身で成績優秀、砲弾の着弾距離の測定ではいくつかの発明をしている。奈良は「甚だ怪しい」と感じて「円滑に訓戒」したという。山口は、皇道派将校に同情的で、二・二六事件において、決起将校をサポートした一人だった。

陸軍中央では、昭和九年一〇月『国防の本義とその強化の提唱』を作成して国家革新を合法的手段から進めようと考えていた。そのためには観念的な青年将校、西田税、北一輝らの行動を認知することはできない、いわゆる統制派幕僚は永田鉄山軍務局長を中心に大きな力を持ちうるにいたった。しかし翌一〇年、永田軍務局長は相沢三郎中佐に暗殺され、事態は流動化していった。

当時の将校の空気を語るものがある。新井勲中尉は『日本を震撼させた四日間』*31で次のように書いている。

「(安藤)聞く所によると、侍従武官長の本庄さんも歩一の山口〔一太郎大尉、本庄の女婿〕さんには、手を焼いてるそうです。侍従武官長がこの有様なら、陛下が何と思って居られるか、よく考えなければならぬと思うんです。

(村中)そりゃそうさ、本庄さんにすれば責任があるから……。しかしそれで陛下がそうだとは断定はできん。

(安藤)われわれが前衛として、飛出したとしても、現在の軍の情勢では、果して随いて来るかどうか問題です。……

(村中)……われわれが飛び出したら、あとの陸軍は何をすると云うんだ。……われわれの迫力で押しさえすれば、軍は結局随いて来る。われわれの迫力が問題なんだ。……」

二・二六事件を引き起した将校たちはさすがに天皇の気持ちは「断定」できないが、蜂起すれば「迫力」でついてくるとの判断があったようだ。無責任な発想だが、軍人の一部にはこうした思い込みが広がっていたのだろうか。天皇と一部青年将校の認識のギャップはそれほどまでに広がっていたことになる。

しかし、この一連の発言の中で安藤は、軍隊の使用について、それは慎重に検討する必要があること、もし使用する時は、「陛下が御自ら元老重臣を斬ろうと考えられ居る場合、その時だけに許さるべきです」と釘を差しているが、村中は「なに、陛下だって御不満さ」と反論、新井は「不満と云うことと、これを斬るということは違います」と言及していた。血気盛んな将校たちの葛藤のなかに軍隊使用に対する認識の濃淡が明白に読み取れる。結局新井は同志からはずれることになる。

昭和九年、一〇年は陸軍内の不統制ぶり以外は、奈良にしてみれば引退後の平穏な日々だった。二月に天皇機関説問題が発生するや、政府は圧力により美濃部達吉の著作の発売禁止をするなど、国体明徴運動はその象徴的な政治闘争だった。天皇は明らかにこの種の運動に不満だった。四月二五日、本庄に対し、「軍部に朕は機関説を排撃しつつ、而も此の如き、自分の意思に悖る事を勝手に為すは即ち、朕を機関説扱と為すものにあらざる乎」と皮肉ともいえる指摘をしている。

このような論議は高級将官の間でもあった。川島陸相の晩餐会で、大井成元大将が厳しく「渡辺教育総監の言動天皇機関説に傾き居ると非難追窮」があり、これにはさすがに奈良も「稍行過ぎたる行為」と思うほどだった。美濃部の追放も、「元来軍人のなすべきことにあらざる」ことと批判、「陸軍部内の不規律不統制実に嘆はしき状態」と奈良は嘆息するばかりだった。「政論に惑わず政治に拘わらず」といった「忠節」の項にある軍人勅諭の持つ有効性は失われていた。

翌一一年二月二六日、奈良が最も恐れていた事件がついに突発した。二・二六事件の勃発だった。鈴木貫太郎侍従長は重傷、岡田首相、牧野前内大臣は逃れて助かり、渡辺錠太郎教育総監、高橋蔵相らが死亡した。天皇の側近が次々と襲われた未曾有の事件だった。

『昭和天皇実録』によれば、天皇は二六日午前六時二〇分に起こされ事件を知ったようだ。この日から三日間、本庄は四一回も天皇に呼び出されている。

事件に対し天皇が激怒したことはよく知られ、「朕ガ股肱ノ老臣ヲ殺致ス、此ノ如キ兇暴ノ将校等、其精神ニ於イテモ何ノ恕スベキモノアリヤ」と言及、また陸軍が対応に苦慮しているさなか、「非常ナル御不満ニテ、自殺スルナラバ勝手ニ為スベク、此ノ如キモノニ勅使杯、以テノ外ナリ」とまで怒りを表示していたと伝えられている。本庄もさすがに内情を説明し難い空気となり、「固ヨリ、返ス言葉モナク」、「厳然タル御態ハ却テ難有ク、又条理ノ御直シキニ寧ロ感激ス」[*32]とまで記している。

ところで奈良は、真崎の動きに「奇怪なる事実」を感じとっていた。事件の朝、加藤寛治大将が伏見宮邸を訪問したり、また真崎が陸相官邸に赴いていること、「大命を拝するを心に期したるが如き形跡を示したり」と奈良は疑っている。彼らは皇道派将校とつながっているからだ。ともあれ牧野が狙われ、鈴木が重傷、渡辺や斎藤の死は奈良には衝撃だった。

二・二六事件により陸軍内の皇道派、統制派といった「中堅層以下の対立は大体止みたる」状況となったが、むしろ上層部の「政治干与精神は続て伸張」していることは奈良も認めていた。その象徴となる求心力はヒトラーであり、ムッソリーニだったようだ。彼らに「傾倒」した陸軍関係者は「政党及議会と協和せず全体主義を主張」し、その「横暴」を奈良は嘆息していた。しかも政党や経済界も腐敗しており、これが「志士国士軍をして憤慨せしめたることも事実」だった。

さて、二・二六事件の関係者は全員が有罪となった。本庄の子息も関与していたとして本庄侍従武官長は責任を取り辞任、わずかの勤務期間で終わった。後任は、宇佐美興美中将だった。彼は陸士一四期、軍務局騎兵課長、騎兵学校長を歴任、騎兵畑一筋である。満州事変のときは、騎兵第一、第四、その後第三旅団を合わせて騎兵集団を率いて馬占山軍を追撃して名をなした。これも満州事変の功労人事と見られても不思議ではない。

本庄の在任期間は奈良と比べわずかな期間だった。他方で、三月には湯浅宮相が内大臣に転出、松平恒男が宮内大臣、その後、後任の侍従長には、地味だが立派な人物という西園寺の評もある予備役になっていた百武三郎海軍大将が就任、そして広田弘毅内閣が誕生した。『昭和天皇実録』では「百武三郎日記」の存在が明らかになっている。蛇足だが、昭和一一年一一月、中国の綏遠において、関東軍の関与で内蒙古の徳王などが攻め込み、敗北するという綏遠事件があった。天皇は心配し宇佐美に尋ねるが、陸軍は関与していないと奉答し、湯浅大臣から、軍の非を庇うことに不満を述べている。また松平康昌内大臣秘書官長は原田熊雄に「陛下の武官長であるといふ建前よりも、陸軍の武官長」（昭和一三年一〇月）*33で、天皇の下問に、「抗弁」したことも批判している。どうも天皇や宮中の信任は薄かったようだ。

七月二〇日、事件関係の処理が終了後、奈良は久しぶりに天皇に拝謁した。天皇は「深く此の事件を遺憾」として、かつての一〇月事件や五・一五事件の「処理不徹底なりしため」に二・二六事件にまで発展したのではないかと言及した。天皇の心情を知る奈良だけに本音を吐露したのだろう。

またこの種の「非常不達の事件を未然に予知出来ざりしは不思議に思ふ」と感想を吐露し、奈良としても「誠に御尤」で「唯々恐懼」するのみだった。いかに宮中が雲の上の存在でも現状から遊離していたかを物語るような天皇の発言でもある。

一方、三月二一日、奈良は大日本武徳会会長に就任した*34。同会は明治二八年、京都で丹羽圭介らによって組織された精神鍛錬の団体である。当初は天皇の行幸に合わせて様々な催物を主催する組織だったが、昭和一三年に武道を総合的に組織する団体へと変貌した。以後、奈良は各地の武徳会に出張して武徳祭や演武大会に出席する行事が増加した。さらには東京オリクピック開催の件もあり、武徳会内では東京武徳殿を建設する計画が高まっていた。

1 本庄繁編『本庄繁日記』(原書房、一九六七年)。本庄繁、伊藤隆編『本庄繁日記』(昭和五年〜昭和八年一二月)(山川出版社、一九八三年)。
2 前掲『西園寺公と政局』第二巻。
3 同右。
4 同右。
5 前掲『昭和天皇独白録』。
6 戸部良一『日本陸軍と中国』(講談社選書メチエ、一九九九年)。緒方貞子『満州事変 政策の形成過程』(岩波書店、二〇一一年)。渡辺行男『宇垣一成 政軍関係の確執』(中公新書、一九九三年)。
7 林久治郎『満州事変と奉天総領事』(原書房、一九七八年)。
8 日本国際政治学会太平洋戦争原因研究部編『太平洋戦争への道』第二巻(朝日新聞社、一九八七年)、島田俊彦『関東軍』(講談社学術文庫、二〇〇五年)、同『満州事変』(講談社学術文庫、二〇一〇年)。

9　小林龍夫・島田俊彦編『現代史資料7　満州事変』（みすず書房、一九六四年）。
10　前掲『西園寺公と政局』第二巻。
11　花谷正「満州事変はこうして計画された」（『別冊知性』一九五五年一二月号、河出書房）。
12　前掲『宇垣一成日記』第二巻。
13　内田康哉伝記編纂委員会『内田康哉』（鹿島研究所出版会、一九六九年）、前掲『西園寺公と政局』第二巻。
14　前掲『昭和の軍閥』。伊藤隆他編、真崎甚三郎『真崎甚三郎日記　3』（山川出版社、一九八二年）参照。
15　前掲『西園寺公と政局』第二巻。
16　戸高一成『証言録　海軍反省会』（PHP研究所、二〇〇九年）。
17　前掲『西園寺公と政局』第二巻。
18　森久男『日本陸軍と内蒙工作』（講談社選書メチエ、二〇〇九年）。
19　前掲『西園寺公と政局』第三巻、駒井徳三『大陸への悲願』（講談社、一九五四年）。
20　中田整一『満州国皇帝の秘録　ラストエンペラーと「厳秘会見録」の謎』（幻戯書房、二〇〇五年）。また波多野勝『昭和天皇とラストエンペラー』（草思社、二〇〇七年）参照。
21　「林出賢次郎関係文書」（外交史料館）。NHKの中田整一氏の取材班も調査に入っている。成果は前掲『満州国皇帝の秘録　ラストエンペラーと「厳秘会見録」の謎』の労作がある。一方、「厳秘会見録」について、その後慶應義塾大学の池井優名誉教授、山田辰雄名誉教授らとの研究会で史料分析を始める予定となったが、あまりに内容が多岐にわたり、物理的な制約もあり断念した経緯がある。
22　前掲『昭和天皇とラストエンペラー』。
23　木戸日記研究会『木戸幸一日記　上下』（東京大学出版会、一九六六年）。

24 前掲『西園寺公と政局』第四巻。
25 同右。
26 前掲『本庄繁日記』。
27 同右。
28 同右。
29 前掲『西園寺公と政局』第五巻。
30 同右。
31 新井勲『日本を震撼させた四日間』（文春文庫、一九八六年）。
32 前掲『本庄繁日記』。伊藤隆ほか『二・二六事件とは何だったのか』（藤原書店、二〇〇七年）。前掲『昭和の軍閥』。
33 前掲『西園寺公と政局』第七巻。
34 大日本武徳会については、坂上康博「大日本武徳会の成立過程と構造　一八九五〜一九〇四年」（福島大学行政社会学会『行政社会論集』一巻三・四号、一九八九年）、山本礼子『米国対日占領政策と武道教育―大日本武徳会の興亡』（日本図書センター　二〇〇四年）を参照されたい。

第９章
☆武官長退任後

枢密顧問官時代

昭和一二（一九三七）年五月一四日、奈良は枢密顧問官に就任した。実は、この前に二・二六事件に関し、真崎大将の裁判にさいして林銑十郎陸相より一時現役に復帰して裁判長就任の話もあったが、奈良はこれを謝絶した。この話も奈良の実直な性格さゆえのことだった。さて、枢密院入りについて、奈良は、予想はしていたとはいえ「意外に早く実現したるに驚き且つ大に喜べり」という具合だった。林首相の配慮と感じていたようだ。だが、林といえば満州事変のときの越境将軍、大権干犯の大将が陸相、首相を務めるわけだが、周囲に影響されやすい人物でもあった。石原莞爾が「猫にも虎にもなる」と林を表現しているのは興味深い。林首相は「大西郷」の噂もあったが、元来政治家ではなく、果断実行する荒武者でもなく、「成功」を彼に期待するのは無理と奈良は理解していた。

奈良は各方面の会長、顧問職に就任していたため愛国恤兵会長はともかく、武徳会会長は辞任することに決意した。その最後の仕事として一ツ橋の国民体育館の落成式に参列している時に、林内閣が総辞職し、六月四日、近衛文麿内閣が成立した。近衛は貴族院議長の職が長く、政界や軍部にも面識があり「各方面の評判高」く「人望もあり」ということは奈良にも伝わっていた。

だが奈良は心中疑問を懐いていた。確かに近衛は「聡明を以て名望高き」も、それがゆえに「実行力乏しきは通弊」で、「軍部の必要より軍自ら進軍することはなしと断言し難き旨」言上があったことが紹介され、結局同内閣も陸軍の力に流されていくのである。「横暴顕著なる此時勢に処して果して成功するや」とは卒直な疑問だった。ましてや近衛の性格をみても「意思弱く」、「決断力欠らず」、果断断行の勇気が「乏き」ことでは、目下の時局に処するには負担が重いのではないかというものであった。一般の政治家と離れた生活体験をしていた貴族院議員では、平時はともかく非常時において困難な問題を切り開くことは困難だった。

この内閣の試練はすぐにやってきた。組閣一ヶ月の七月七日、蘆溝橋事件が発生したのである。奈良は、この事件は満州事変と「同様の性質を有するにあらずや」と疑い、とするならば「時局の収拾は又容易ならずや」と憂慮していた。だが天皇は近衛に「過分の信頼」を置いているようで、むしろ事件「拡大」阻止に望みをもっていたようである*1。

一方、関東軍はチチハルまで進出、華北に進入した。中国では昭和一一年一二月、西安事件により国共が合作、内戦は停止し、対日交渉の窓口は、とりあえず中国側は一本化した。しかし、いわゆる日中戦争は泥沼化し、昭和一二年秋、トラウトマン工作は失敗、ついに翌一三年一月、「国民政府を対手とせず」という近衛の第一次声明が発表された。顧問官の中には「何処迄前進する積りなるや」と疑問の声が上ったが、杉山元陸相は「明答せざりし」という状況だった。杉山は満州事変のときには陸軍次官だった。彼は、国際連盟の空軍代表随員をも経験していたが、非常時には国際世論を考えるような軍人ではなかった。

枢密院では日中戦争について陸軍の真意、方向性を問いかける意見が続出している。その筆頭は金子堅太郎だった。金子は日清日露戦争の経験からアメリカの論調などを引用して「注意的質問」があった。一〇月二〇日、枢密院会議終了後、広田弘毅外相が珍しく数人に欧米各国の状況を語り、「各国の空気は一般に不良」と話したところ、聞いていた金子がまたも「痛烈なる質問」をあびせかけ、日本の外交官は「常に立ち遅れ」ていると難詰した。

昭和一三（一九三八）年、日中戦争は泥沼になろうとしていたが、いずれにしても「之を終局すべきや頗る困難の状況」で、軍部は停止して「国力の貯存に努むる決心を取らず」、むしろ「妄進戦域を拡大」する方策で、近衛声明を聞いた奈良は、「大なる不審を懐き賛成し難き」もので、蒋介石が抵抗するのは「敵として当然」で、これを相手にせずとなれば蒋政権を否認し、他の政権を樹立するという「隠謀に依る内政干渉」と理解していた。大陸での戦闘が不透明になる中、軍の報告は日露戦争時代とは比べ物にならないほどの曖昧になっていた。近衛首相がかつて「二年以内に撤兵」としていた声明は消威していたのである。

ところで顧問官石井菊次郎が欧州視察を終了して帰国した。五月四日、枢密院で石井の報告談があり、奈良も出席している。この外遊は外務省の「内々」の委嘱を受けたものだった。石井は、イタリアではムッソリーニやチアノ外相が「更に一層の親日的意見」を吐露し、「日本の行動を正当視」したことを紹介した。だがロンドンではチェンバレン首相、イーデン外相は「少しも好意的話しない」だったという。日本の外交使節が「如何に努力するも、日本の支那に対する態度を緩和せさる以上は、英国民の日本に対する感情を変更緩和することは不可能との意」を述べられたことを紹介した。

独伊はともかく、イギリスの冷遇は外交官出身の石井としては厳しさを感じていた。また揚子江で日本軍がレディーバード号やパネー号を爆撃したことに対して「俄然一層空気悪化」し、すでに面会を約束していた者はほとんど面会を謝絶してきたという苦い経験を紹介した。日華事変の問題が注目されていたのである。

枢密院では、依然として金子堅太郎が外務省の「仕事怠慢」といった批判を繰り返し、陸相や外相への「警告」を与えた。「金子顧問官ならではなし難きこと」と奈良は敬意を表しつつも、事態は悪化するばかりで、心中穏やかではなかった。しかしすでに日独伊防共協定が調印され、むしろこのころはさらなる提携強化が当局で議論されていた。

一方、日中戦争の長期化で、国際世論の反発や軍部の開催反対の声が強くなり、東京オリンピック、札幌冬季オリンピック、万国博覧会など次々と国際的な大会が開催を中止した。日本の孤立化が進んでいくことになる。

一一月三〇日、有田八郎外相が奈良たちに対し対中政策を御前会議で承認したものとして紹介した。すなわち、①中国の主権尊重、②国家賠償は要求せず(個人は別)、③政府において日本人顧問を入れる、④撤兵するが華北や上海~抗州の地点では駐兵、⑤華南の要地や島では海軍を駐屯させることもある、⑥英米等第三国の申入れには従来通りで、「其了解」を求めることだった。

中国問題で圧倒的な指導権を握ろうとするものだった。金子は近衛首相、有田外相に再び

「長々と質問し対米外交怠慢」と論難した。だがすでに枢密院の権威はなかった。日清日露戦争を経験してきた老政治家には、政権中枢や軍の決定を覆す影響力はもはやなかった。振り返ると山県や伊藤といった圧倒的な存在感があった時代に比べて隔世の感がある時代になった。

昭和一四（一九三九）年一月四日、平沼騏一郎内閣が誕生した。ファナティックな政治家の入閣を望まない西園寺としては、もっとも避けたい内閣の成立だった。有田外相、板垣征四郎陸相、米内光政海相らは留任した。日独伊軍事同盟交渉は大きな山をむかえていた。白鳥敏夫大使や大島浩（大島健一中将の長男）大使は、対英仏戦には独伊側に立って参戦すべきという三国同盟を主張、有田外相を苛立たせていた。原田は記している。

「陛下は両大臣に対して、陸軍大臣を特に呼んで、叱言を言おうかと思うという思し召しであった。内大臣は結果において、陸相は、外相、海相その他閣僚と協議しているのだから、こと新しく白鳥、大島の言明についてお叱言のあるのは、かえってよくない。おやめになった方がよろしいと言った。陛下は、それならば、そうしようと言われたのであるが、偶然、他の用件で、四月一二日、陸相が参内した時に、じゅんじゅんとお話になった。元来、出先の両大使が、自分と関係なく参戦の意を表したことは、大元帥の権限を侵したものではないか……はなはだ面白くないというようなお言葉をはかれたので、板垣陸相は大変恐縮して退出した。武官長の部屋に行って、いったい誰がすべてを訴えたのだろうかと憤慨していた」＊2

板垣も含め陸軍にとって都合の悪いことにあからさまに不満を言える空気ができあがっていた。一方ヨーロッパは風雲急を告げていた。三月にドイツはチェコを併合、イタリアは四月アルバニアを併合した。このような状況にイギリスも日本の動きへ感触をつかみたかったのか、五月一七日、英大使館で大晩餐会が開かれた。秩父宮親王夫妻、高松宮親王夫妻、各大臣、奈良、大島健一中将、伊丹松雄中将とピゴット少将らが出席した。これが親英米派の集まりと誤解され、また天津租界問題もあり国権主義者の攻撃材料になる要素になる。

そして五月二二日、独伊両国は軍事同盟を締結、これをみて陸軍は平沼騏一郎内閣に同盟の早期締結を迫った。八月には陸軍の三長官が「留保なしに、軍事同盟を締結すべきであると、意見が一致した」と発表して圧力をかけたのである。七月二七日、アメリカは、日米通商航海条約の廃棄を通告、日米英関係はますます不穏な空気になっていた。他方で、八月二二日、独ソ不可侵条約が調印された。いままで対ソという主旨で軍事同盟を締結しようとしていた日本だが、そのソ連がドイツと条約を結ぶとする事件に、二八日平沼首相は「欧州の天地は複雑怪奇」という談話を発表して総辞職した。責任放棄というほかはない。後継内閣は阿部信行内閣だった。しかし九月一日、ドイツがポーランドへ侵攻し、ついに第二次世界大戦が始まった。日本は四日、介入せずとの声明を発表、おりしも一五日、ノモンハン停戦協定が成立していた。関東軍がソ連軍に惨敗して、ソ連は東方の脅威がなくなった。

元老西園寺が死去したのが一一月だった。彼の見識は卓越するものがあったが、非常時において政友会創設者の伊藤博文のようなリーダーシップはなかった。まさか国際的孤立を日本が招くとは思ってもいなかっただろう。一二月二七日、野村吉三郎外相が外交状況を枢密院で報告した。すなわちヨーロッパの動乱は「今の所見当附かず」であり、中国の新政権への対応については、野村は「主として陸軍にて指導し括る故、自分は新聞に報道せられ居る位の外知らず」とあまりに率直に答え、外務省の外交指導が急低下していることが垣間みえる。だがこの内閣も長く続かず、昭和一五年一月一六日、米内光政内閣が新たに成立した。

ヨーロッパでは六月、パリが陥落、ドイツ軍の破竹の勢いに、国内では「バスに乗り遅れるな」という声が高まっていた。七月、ついに日独伊提携強化案が審議され始め、有田外相はアメリカを刺激すると反発する中、内閣は総辞職した。八月一七日、第二次近衛内閣が成立し、対米牽制を模索する松岡洋右が外相に就任した。その後九月二一日、日独伊三国軍事同盟が締結された。

松岡の曲芸的な外交に対し、枢密院でも反論が続出した。だが二六日、枢密顧問官石井は、「国家の利害関係の一致」から「賛成」するが、ヒトラーもムッソリーニも「余り信義に富む人とは信せるも」と注意を促すのがせいいっぱいであった。

松岡洋右外相は、昭和一六（一九四一）年三月一二日、東京を出発した。その出発直前、松岡の外交報告を奈良は聞いている。すなわち日本の外交は小村以来「正義を建前」としてきたが、「加藤高明外相以来正義を棄て権道に出て来れる」こと、松岡は、自身は「正義を以て勇往邁進しつつある」ことを自賛した。どうも英米協調について物言いしたかったようだ。しかし、出発を前に近衛首相と松岡の仲は離れ始めていた。松岡は近衛の推進する日米交渉に批判的だったのである。ムッソリーニ、ヒトラーと会見した松岡はモスクワに戻り、そこで日ソ中立条約をまとめてしまった。それも四月一三日、松岡が乗車する列車の出発を、スターリンが一時間延ばして調印するといういささか芝居がかった演出の成果でもあった。腹芸では、スターリンの方がかなり上手だったようだ。

奈良の松岡評はかなり厳しい。「世間の気受は良きも外務部内の評判は不良」で、「部下の心服は得られざりし」状況だったという。伝統的霞ヶ関外交を離れた曲芸的外交は、一見華やかなようだが、失敗すると結果のリスクは尋常ではない。松岡は、決断は速いが、「反面粗暴矩見」で「場当りに成功する山師形の人物」と相当の評価である。やはり非常時の奇抜な人事は、危険極まりない。

二四日、松岡外相はさっそく枢密院で報告、その中で「従来のソ連」は「不誠意を極め」ていたが、今日の事態において「更改すへきものと考へ居る」と述べた。枢府も条約で「別に、新に収穫あるものと思はれず」、ただ「日本の強味を示し又多少その反目を緩和したるならんや」と思われる程度だった。そこで枢密院としても本音は反対だが、「賛意を表するの外なし」とは奈良の思いだった。

しかし、日ソ中立条約締結からわずか二ヶ月後の六月、ドイツがソ連に攻め込んだ。七月三日、松岡外相は独ソ開戦(六月二二日)に対し「斯く早く開戦するとは思はなかった」と吐露、日本の方針としては、「今直に何事もする必要なし」と述べ、これでは条約は「あってもなくても関係なきこと故」に「松岡氏の説明では分らず」と枢府で追及された。松岡自身も後年、非を認める行動だった。また松岡は、三国同盟は「一生の不覚」と語ったとも伝えられている。

英米との関係悪化は誰が見ても明らかだった。奈良も日本の前途に「暗影を投じ」ていると不安視し、この状況に、近衛の力量も信頼出来ず、確かに「良き口実の下に戦争を中止するを望むもの少からざるも此意見を率直に口外すること難く」、何らの手を打つことなく昭和一六年前半は終了してしまったというのが奈良の感慨だった。

開戦と敗戦、公職追放

日米開戦の危機が高まるなかで日米交渉は続けられていた。一〇月一八日、東条英機内閣が成立した。奈良はこの際、「仮令聖断を煩はし陛下に御迷惑をかけても戦争を対支戦に局限」するべきとして、これによって「対英米を廻避するの勇断なかりしを惜む」と記しているのはひとつの結論だった。遅すぎた決意でもあった。

ところで、老齢となった陸海軍大将の間に、これまでの陸海軍の不和や派閥の争いの問題に対し、融和を図るため、まず陸軍において「匪躬会（ひきゅうかい）」をつくり、月一回会合する話が具体化しようとしていた。これが海軍にも広がっていった。陸軍では大井、尾野、西、奈良、海軍では財部、安保、鈴木の三大将である。「匪躬」とは聞きなれない言葉だが、これは「易経」に由来するものだ。蹇卦の「王臣蹇蹇す。躬の故に匪ず（あらず）」から、わが身を省みず国家のために忠節を尽くすという意味がある。「蹇蹇匪躬」という文言でも使用される。苦戦が続く中、彼らは日本の前途を危うんでいた。奈良もその一人だった。粉骨砕身、日清戦争や三国干渉に処した外相陸奥宗光の回顧録『蹇蹇録』にも通じる文言である。

このメンバーは昭和一六年夏ごろより終戦にいたるまで毎月一回程度参集、「当局及先輩の融和に致に努めた」という。戦史部図書館の「壱大日記」*3には、昭和一六年一〇月二一日、陸軍匪躬会幹事長の牛島貞雄から陸軍次官木村兵太郎への「講演者派遣依頼の件」という案内状が残っている。来る一一月一四日に「例会」として「現下の内外情勢に関する当局の御講話拝聴」することが記載されている。

また中村孝太郎大将や参謀本部から講演を受けていることからすると決して秘密の集まりでもないようだ。だが現場の軍幹部がどこまで真実を彼らに開陳したかは不明である。また戦争終結に向かって動いていたグループとの連携があったかどうかは定かではないが、史料を見る限り接点はないようだ。

一一月一五日、来栖三郎がワシントンに派遣された。野村駐米大使を支援するためである。奈良は「交渉は行詰りと見るの外なし」とすでに判断していた。奈良は東条首相の態度は交渉不成立を「覚悟」していると見ていた。それでも交渉を続けていることは「自ら不利の地位にある恐れ」があり、まさしく「優柔不断」と理解している。その一方で開戦の危険が真近にせまっていた。「是迄無謀に強硬策を取り、此処迄持来したるが適当ならさりし」とは奈良の偽らざる気持ちだった。だが「軍部の統制不可能なれば誰が局に当もその到着点は同一なるへし」とあきらめの境地だったのである。この日の東郷茂徳外相の声明を聞いても「将来の決心は少しも明ならず」だった。

一二月八日午前五時少し前、枢密院事務局よりの急な要請で枢密院に奈良たちは参集した。日米開戦の報である。各委員も「茲に至ては最早反対の意見なし」だった。

日英米戦争は一挙に南方へ拡大した。だが枢密院で報告される陸海軍からの報告は大略で、伊沢多喜男ら顧問官たちからは「真相発表又尚進められては」と質問があるほどだった。伊沢は浜口と親交があり、国体明徴運動に反対した人物でもある。顧問官の話を総合すると、戦時機密とはいえ、日本の敗北が始まるとそれはさらにひどくなったかのようである。

ところで開戦後の空気を奈良はどのように感じていたのだろうか。昭和一七年は産業経済が

「統制」され、国民の生活が「非常に圧迫」を加えられたが、国民は不平を唱えず「困難も訴ふるものなし」という状況で、昭和一八年は、海軍の損耗増大であることを認め、死傷者が増加して軍事援護事業が「一層必要に迫られた」たこと、戦闘も敗戦が続き「此際特に痛棒を感ずることを切なり」との認識であった。

また工業生産はあがらず、英米に比べても「大に低」く、「之を以て此戦争を遂行すること元来無理の冒険」と断定せざるを得なかった。ゆえに、この状況で戦争が継続するならば「日本は之に堪ゆる力あるや」、「国内の治安を確保し得るや」、国内に「擾覧惹起すべし」、現在は国民は「陸海軍に反対しては何事も出来ず」、ただ「傍観するの外なしと観念し居る如く」と悲観的だった。

奈良が終生を尽した陸軍は国民と遊離した軍隊に変質していることを痛感していた。奈良は「一大勇猛心を発揮」して国家のために身命を投げ出し「果断決行する為政者を待つ外なかるべし」と記している。ともあれ、戦局の状況の悪化はわからず、「唯必ず勝つ」との宣伝で、「士気を鼓舞する」ばかりで、いつまで戦争が続くのか、これに耐える力があるのか、どのように戦局を収拾するのか、誰も応えず、国民は結局「傍観するほかなし」と嘆息するばかりだった。

さらにもうひとつ考慮すべきことば、「言論の自由」、「秘密の保持」、「戦果の発表」についてであった。戦時中のため「言論の自由」については少々「制限を加ふること勿論必要」だが、「輿論の趨向を知る能はざる如く抑制するは適当ならず」、戦果の発表も「或る程度率直なる」こと、現在は「宣伝に傾き過ぎ、成功は過大に失敗は過小」になっていると指摘している。

これは戦後ならではの奈良の思いであろう。

むしろ奈良が驚いたのは、青年を動員して竹槍等を使用した「焦土戦闘」訓練である。「悲壮の決心は可なる」も、その効果は「寒心に堪へず」というほかはなかった。軍人なら理解しているはずが、なぜ「焦土戦闘」に走るのか、当時の空気を訝っている。

昭和一九年はまだ米軍の空爆は甚大ではなかった。ただ東条首相は内閣改造を実施し、東条陸相が参謀総長を兼任、島田繁太郎海相が軍令部総長を兼任するなど軍政両面の完全なる一致をみた。それは天皇のみが可能な役割だったはずである。

奈良は「適当の措置と認むるものなかるべく」、両方を兼任するとは「憲法の精神には合致せざる乱暴の措置」と理解するのは当然だったが、公式にいえる状況ではなかった。いまだかつてない改造内閣だった。これもサイパン陥落と総辞職、七月には小磯内閣が成立したが何ら進展はなく、戦局はますます悪化、空爆は一二月ごろより激化した。七七歳になった奈良だが、「体力衰へず」と元気ではあったが、生活必需品が欠乏して苦労だったようである。

奈良は、昭和一九年一〇月ごろの空襲で日米の実力を明らかに確認した。米軍機は一万メートルの高度にあり、日本の高射砲の砲撃は届かず、飛行機の上昇速度は逆に日本機にまさっており、「追及困難」は火を見るより明らかだった。「要するに戦況の真相は物質に於て大なる遜色ある」からだった。

一方、宮中方面においても、「最後の策として」、枢府議長、年輩においても「経歴に於ても充分の貫禄」あり、「平和主義者たる鈴木貫太郎氏を後継内閣首班」となった。奈良としては鈴木はもっとも信頼するかつての同僚だっただろうと思われる。奈良は、鈴木の方策を「国体の護持本土の保有を最後の線」として、その他は犠牲を出しても「平和を回復せん」との意図があることを信じていた。しかし鈴木内閣も当初は何ら手の打ちようがなかったのである。

ところで、昭和二〇年二月二八日、奈良が記すところは非観そのものになっている。

「戦況諸方面皆不利、外交も各方面皆不如意。……米も日本の弱点を見貫き早く片付けたる計画を取りくる如く本土に迫ること、急となれり……」

その間にも本土空襲は激化、五月二五日ついに奈良の自宅が全焼（土蔵以外）してしまった。奈良は家族と起きて防火の準備をし、そこへ警官二名がかけつけ身辺を守ったという。焼け出された奈良は元援護会本部に宿泊、五月三〇日、陸軍兵器本部より車の支援があり、当用品を携えて第二寮々長舎に移転した。

八月一五日、戦争はついに日本の降伏で終結した。かつて輔弼する側近たちが危惧していたことは天皇が政治的決断を見せることだった。典型的な例は、ロンドン軍縮問題で加藤寛治軍令部長が帷幄上奏までおこなって天皇に反対意見を披瀝しようとしたとき、鈴木貫太郎侍従長が事前に加藤部長に会見して、海軍の先輩、それも前任の軍令部長だったという理屈でだが、上奏を阻止したことがあった。軍縮条約賛成、反対で「天皇の宸襟を悩まし奉る」ことを回避することが彼の目的だった。満州事変以後も、側近たちは、軍部の独走に何度か大権を行使しようとする天皇の思いや、逆に要請する首相の姿勢もあったが、いずれも決定的な行使にいたらなかった。

ところが、ポツダム宣言受諾にさいし、御前会議では降服か戦争遂行か二つに分かれ、鈴木貫太郎首相が天皇に「聖断」を要請することになる。かつて天皇の「聖断」を回避した鈴木が皮肉というべきか「異例」の動きで、戦争終結に向けて天皇からの「御諮あらせられ」、一方で緊急を要するとして「可否の論議を避け只その承認を求めたるもの」となった。奈良もやむないことと認めるほかはなかったようだ。鈴木の侍従長のときの活躍を身近で見ていただけに、奈良もやむないことと認めることになる。

さらに、奈良が驚いたのは鈴木内閣に代って東久邇宮稔彦内閣が成立したことだった。ついにいままで回避してきた皇族内閣が成立したのである。このような事態に政治の責任者となること、また東久邇宮自身が「適任者」であるかどうかは疑問としているが、むしろ「軍部を抑へるため殿下を適任者と考へたるものなるやも知れず」と理解している点が的を射た評価ともいえた。皇族内閣は、戦前は禁じ手だったが、これも占領を平穏に始めるためには伝統の権威に頼らなければならなかった。従来は、政治責任を回避するため、皇族の組閣に奈良は消極的だったが、やむない事態だった。

奈良は、その後占領された「米国流の民主主義国に改造」されていくことに「頗る苛酷」と思わざるを得なかった。価値観が逆転しただけに、古き明治の人間には、日々考えられない事態が登場していた。国体の変更、教育改革、財閥解体というように奈良に言わせれば「米国の属国となりたる感」があった。さらにショックだったのは個人への懲罰だった。「善意」に解釈したいにせよ「行過ぎたる措置」というほかはなかったようである。自身にとっても他人事ではなかったのが軍人の公職追放だった。

その上に、恩給年金扶助料を取り上げられ、思想が「封建主義」ということで公職追放の対象となったのは「苛酷の措置」と感じていた。奈良は総司令部が「民主主義に基く大綱を示し」、判断実行を日本当局に委ねること適当と考えているが、降伏という事態は奈良の考えるほど甘くはなかったのである。

それは憲法改正もそうだった。近衛を中心に学者を動員して憲法改正を図っていたが、「此の如き微温的泥縄的措置は何等効果なきことは明か」だった。総司部の要求を待たず日本側は憲法研究を重ねたが、やはり総司部の満足を得るところとはならず、政府では新憲法を作成するため幣原内閣では金森徳次郎を中心に研究が始まった。

一方、奈良が所属していた大日本武徳会は改組して存続を図ったが、解散に追いこまれた。軍人援護会も解散、彼らの軍関係の組織は次々と消滅した。さらに軍人には必須の銃剣道などは軒並み禁止になった。それは映画や文献など様々な分野に及んでいった。奈良は昭和二一（一九四六）年三月二八日、追放令該当の理由を以て枢密顧問官の辞表を提出し、四月一七日、免官、退官、ここで奈良のすべての職務は終了した。奈良は、大島健一、泉二新熊（もとじしんくま）、百武三郎、桜内幸雄とともに依願免官となった*4。

これで奈良は純然たる無職時代に入った。世の中はインフレ、闇商売が横行していた。尋常の手段では財政は立て直すことは不可能で、「大政治家出でゝ非常手段取らざるべからず」と思うほかはなかった。食料事情の悪化は奈良を苦しみ始めさせていた。六月ごろより奈良は体調に異和感を感じ始めた。それは、ビタミン不足の脚気のようだった。戦後の生活事情の悪化が知らない間に彼の身体をむしばんでいたのである。八〇歳を越えた奈良にはさらに座骨神経痛が襲っていた。そのため歩行も弱くなった。それでも奈良が最も関心ある部門、それは宮中だった。「皇室の国家に対する関係全く一変」し、従来のような体面を維持することば全く困難になっていた。

このような苦境の中で、奈良にとってささやかな記念行事がおこなわれた。昭和二三年三月三日、渡欧記念のため参内し、久しぶりに天皇に拝謁した。裕仁皇太子時代の思い出は戦後も関係者との行事で続いていた。昭和二七年二月一四日、奈良は追放解除となった。日本もサンフランシスコ講和条約でようやく独立を取り戻した。翌二八年一月四日、秩父宮親王が崩御、そして一五日朝、妻光子が倒れ夕刻死去した。同年三月、明仁皇太子がエリザベス女王の戴冠式に出席するため戦後初めて外遊した。裕仁皇太子に供奉して外遊してから三〇年余、奈良は一段と感慨深く皇太子の外遊を見ていたのだろう。

奈良の晩年は、自身の陸軍生活の栄光からみれば無念の一言だっただろうことは想像に難くない。だが、奈良の人生、特に軍人生活は日本陸軍の栄光の時代だったことは間違いない。栃木から上京して苦学して陸士、陸大を優秀な成績で卒業、砲兵将校としても認められ、上原勇作や長州閥にもその実力を認められて軍政にも関与することになった。司令官や参謀長としては現地の有力者と常に対話を維持し、他方で兵士に対し綱紀粛正を求めたことは穏健さや指導力に秀でていることを証明している。

他方で、奈良は陸軍高級副官、砲兵課長、軍務局長と軍政での経験を積むなかで、決して強硬な対外論をみせていたわけではなく、むしろ穏健な姿勢で上司、それも田中義一、上原勇作といった個性の強い陸軍幹部と渡り合っていたことが判明する。この結果、パリ講和会議の陸軍の代表となり、シベリア撤兵の根回し役が回ってきたのだろう。

さらに長い期間、東宮武官長や侍従武官長の職にあったのは、そうした実直、温和な、また律儀な奈良の性格を宮中側近が高く評価したからである。武官長の就任によって、奈良は裕仁皇太子、昭和天皇の貴重な肉声を聞く立場を得た。同時に、大権を有する青年天皇の試行錯誤を鈴木らとともに懸命に支えていたことが判明する。だが、満州事変以降、軍の独走が続く中で天皇の不満の声を聞く奈良は、天皇の大権が揺らいでいく只中にいた。軍人として統帥権の危うさを間近で見た武官長でもあった。

この結果、明治末から昭和はじめにかけて、日本の政治、軍事、外交の背景、決断、混乱、迷走など様々な動きを知る最上級の史料を残すことになった。最終的には、師団長、陸軍次官、陸相といった軍本来のエリートコースを歩むことはなかったが、彼の真摯な姿勢に対し天皇の信任が極めて高くなったがゆえに、様々な局面で天皇の心情を近くで見たり聞いたりするという武官長としては得がたい経験をすることになった。

戦争末期、新宿周辺も爆撃にあい、奈良宅も延焼し貴重な史料も一部失われた。残された「日記」や「回顧録」を見てみると彼の功績と陸軍の実態を少しでも後世に残したいという奈良の遺言でもあろう。『宇垣一成』の日記も後世の研究者に読ませる面白さがあるが、奈良の史料も、業務に忠実だった高級軍人の律儀さが伺われるこれもまた秀逸な記録として、今後もさらなる研究成果の一翼を担うことになるだろう。

奈良は昭和三七年一二月二一日に死去した。九四歳だった。

1　秦郁彦『盧溝橋事件の研究』(東京大学出版会　一九九六年)、小林英夫『日中戦争』(講談社現代新書、二〇〇四年)、臼井勝美『新版　日中戦争』(中公新書、二〇〇〇年)。

2　前掲『西園寺公と政局』第七巻。

3　「壱大日記　第六号　昭和一六年」(「陸軍省大日記」防研)。『陸軍匪躬会会報』が昭和一六年七月から偕行社から出版されている。

4　「公文別録・親任官免・昭和二十一年~昭和二十二年」、また「「枢密院文書・官吏進退・昭和二十一年昭和二十三年」及び「昭和二十一年詔勅令第百九号第七条ニ依る調査表、奈良武次」参照、国立公文書館。

奈良武次　略年譜

慶応　四年　四月　六日　栃木県鹿沼市に生まれる。
明治二一年　七月二六日　士官学校卒業、任陸軍砲兵少尉、補近衛砲兵連隊付
　二三年　五月二四日　免本職要塞砲兵幹部練習所員被仰付
二四年　五月二四日　補要塞砲兵第四連隊第一大隊付
二五年一一月　一日　任陸軍砲兵中尉
二七年　七月二五日　動員下令
　　　　九月一八日　補要塞砲兵第四大隊第一大隊副官
二八年　八月　四日　免本職要塞砲兵副官
二九年　二月二二日　任陸軍砲兵大尉
　　　一二月二一日　陸軍大学校入学
三〇年一二月二五日　補下関要塞砲兵連隊中隊長
三二年一二月二一日　陸軍大学校卒業
三三年　四月一一日　参謀本部付被仰付
　　　　一六日　参謀本部付被免、補軍務局課員
三四年　二月二八日　要塞戦用器材調査委員を命ず
　　　一一月　三日　任陸軍砲兵少佐　補由良要塞砲兵連隊第四大隊長兼鳴門要塞司令官
　　　一一月一八日　要塞戦用器材調査委員会を免す
三六年　二月　九日　免本職並兼職軍事研究として独国駐在被仰付
三七年　四月　五日　独国駐在被免、参謀本部被仰付

六月　一日　宇品出発
八月一九日　旅順攻撃に参与
三八年　一月一四日　攻城砲兵司令部復員、独立重砲兵旅団司令部部員被仰付
二月二七日　奉天会戦に参与
三月　一日　任陸軍砲兵中佐
三月二四日　参謀本部被免、陸軍省軍務局課員被仰付
三九年　二月二四日　陸軍省軍務局課員　軍事研究として独国駐在被仰付
四一年　八月二八日　独国駐在被免、陸軍技術審査部付被仰付
九月　四日　陸軍省御用掛兼勤を命す
一二月一九日　陸軍省及教育総監部御用掛兼勤を免す　補陸軍軍務局砲兵課長
四二年　二月　九日　陸軍技術審査部御用掛兼勤を命す
四三年　四月一八日　野戦砲兵操典改正案審査委員を命す
七月二二日　任陸軍砲兵大佐
四五年　一月　九日　兼補陸軍技術審査部議員
六月　四日　軍用自動車調査委員を命す
大正　元年　九月二八日　免本職、補陸軍省副官兼陸軍省軍務局砲兵課長
二年　二月二四日　免兼陸軍省軍務局砲兵課長
三月一四日　陸軍技術審査部御用掛兼勤を免す、
三年　八月　七日　任陸軍少将、補支那駐屯軍司令官
四年　七月　五日　免本職、青島守備軍参謀長被仰付
五年　三月三一日　免青島守備軍参謀長、補陸軍軍務局長
七年　六月　一日　軍需局参与被仰付

七月二四日　任陸軍中将
一二月　三日　欧州出張被仰付
一二月一七日　軍需局参与被免、免本職並兼職参謀本部付被仰付、軍用自動車調査委員長被免
八年　二月　五日　講和全権委員随員被仰付
九年　一月一五日　シベリアへ出張を命す
七月一六日　参謀本部付被免、補東宮武官、補東宮武官長
一〇年　二月一四日　皇太子殿下海外御巡遊供奉被仰付
一一年　七月二四日　補侍従武官長、兼補東宮武官、補東宮武官長
一三年　八月二〇日　任陸軍大将
昭和元年　二月　四日　勅令により東宮武官官制廃止に付き東宮武官、東宮武官長は廃止
五年　八月一八日　補議定官
八年　四月　六日　後備役被仰付
四月二五日　依勲功特授男爵
五月三〇日　文政審議委員被仰付
一一年　三月二七日　大日本武徳会会長嘱託
一二年　五月一四日　任枢密顧問官
一三年　六月三〇日　傷兵保護院顧問被仰付
一四年　三月三一日　後備役満了　退役
一七年　三月　五日　大日本武徳会の組織変更により会長は総理大臣となる
一九年　九月　七日　補議定官
二一年　八月　五日　公職追放指定
三七年一二月二一日　死去

著　者
波多野 勝（はたの まさる）
1953年岐阜県生れ。慶応義塾大学法学部卒、同大学院修了、法学博士。日本外交史、国際政治専攻、現代史研究家。
主な著書『浜口雄幸』（中公新書）、『日米野球史』（PHP 新書）、『裕仁皇太子ヨーロッパ外遊記』『東京オリンピックへの遥かな道』『明仁皇太子エリザベス女王戴冠式列席記』（以上、草思社）、『海軍の外交官　竹下勇日記』『内田良平関係文書』（以上共編、芙蓉書房出版）、『浜口雄幸日記・随感録』（共編、みすず書房）、『左腕の誇り・江夏豊自伝』（新潮文庫）、『日米野球の架け橋』（芙蓉書房出版）など。

奈良武次（ならたけじ）とその時代（じだい）
――陸軍中枢・宮中を歩んだエリート軍人――

2015年 1月20日　第1刷発行

著　者
波多野（はたの） 勝（まさる）

発行所
㈱芙蓉書房出版
（代表 平澤公裕）
〒113-0033東京都文京区本郷3-3-13
TEL 03-3813-4466　FAX 03-3813-4615
http://www.fuyoshobo.co.jp

印刷・製本／モリモト印刷

ISBN978-4-8295-0641-7